高等学校法学系列教材·基础与应用

税 法
（第2版）

周 晖　刘 东◎主　编
张冠男　刘久照◎副主编

清华大学出版社
北　京

内容简介

本书以我国现行税收法律、法规和有关规范性文件为依据，全面概述了中国现行税收制度以及税收税制改革的精神，具体介绍了以下内容：税法概论，增值税法，消费税法，关税法，企业所得税法，个人所得税法，土地增值税法，财产税和行为税法制度，资源税、环境保护税和城镇土地使用税法，特定目的税法制度，税收征收管理法，税收法律责任及税务纠纷的解决。

本书配有丰富的案例分析，以培养、提升读者的实务操作技能。此外，本书融入了税收法律法规的实践教学理念，具有知识系统、理论难度适中、实用性突出、易于理解掌握等特点，既可作为普通高等院校法学专业教学的首选教材，也可兼顾高职高专、应用型大学的教学，还可以用于税务从业者的在职教育培训。

本书封面贴有清华大学出版社防伪标签，无标签者不得销售。
版权所有，侵权必究。举报：010-62782989，beiqinquan@tup.tsinghua.edu.cn。

图书在版编目(CIP)数据

税法/周晖，刘东主编.—2版.—北京：清华大学出版社，2023.6
高等学校法学系列教材．基础与应用
ISBN 978-7-302-63486-7

Ⅰ.①税… Ⅱ.①周… ②刘… Ⅲ.①税法—中国—高等学校—教材 Ⅳ.①D922.22

中国国家版本馆CIP数据核字(2023)第086337号

责任编辑：刘　晶
封面设计：汉风唐韵
责任校对：王荣静
责任印制：宋　林

出版发行：清华大学出版社
网　　址：http://www.tup.com.cn，http://www.wqbook.com
地　　址：北京清华大学学研大厦A座　邮　编：100084
社 总 机：010-83470000　邮　购：010-62786544
投稿与读者服务：010-62776969，c-service@tup.tsinghua.edu.cn
质量反馈：010-62772015，zhiliang@tup.tsinghua.edu.cn

印 装 者：三河市少明印务有限公司
经　　销：全国新华书店
开　　本：185mm×260mm　印　张：20　字　数：411千字
版　　次：2014年7月第1版　2023年6月第2版　印　次：2023年6月第1次印刷
定　　价：79.80元

产品编号：091116-01

本书编审委员会

主　　任：牟惟仲
副主任：林　征　　冀俊杰　　张昌连　　翁心刚　　唐征友
　　　　　王海文　　张建国　　车亚军　　李遐桢　　李大军
编　　委：李爱华　　李遐桢　　周　晖　　侯春平　　刘志军
　　　　　李耀华　　温耀原　　张肖华　　白　硕　　罗佩华
　　　　　苑莹焱　　郎晨光　　侯　斌　　崔嵩超　　储玉坤
　　　　　刘久照　　郭　可　　杨四龙　　李官澄　　朱忠明
　　　　　葛胜义　　郭建磊　　荆　京　　张冠男　　侯晓娜
总　　编：李大军
副总编：李爱华　　侯春平　　周　晖　　温耀原　　罗佩华
专家组：李遐桢　　王海文　　李耀华　　杨四龙　　郎晨光

序　言

随着改革开放进程的加快和社会主义市场经济的推进,我国经济建设呈现出持续向好的态势,已经成为全球第二大经济体。经济发展越快,市场竞争越激烈,越是需要法律法规做保障。法律法规既是规则,也是市场主体的行为道德准则。法律法规在开拓国际市场、开展国际商务活动、防止金融诈骗、打击违法犯罪、推动民族品牌创建、构建和谐社会等方面发挥着越来越大的作用。

目前,我国正处于经济稳步发展的重要时期,随着经济转型、产业结构调整、传统企业改造,涌现了大批旅游、物流、电子商务、生物医药、文化创意、绿色生态、循环经济等新型产业。近年来,国家及时颁布、修订了一系列法律法规,涉及民法、劳动法、旅游法、商标法、税法、保险法等诸多领域,为的是更好地搞活经济,活跃市场,确保我国经济的健康、可持续发展。

市场经济是法治经济,经济活动必须遵纪守法,法律法规执行与监管是市场经济的永恒主题。随着我国法律体系的不断健全,企业越来越重视规范经营。当前,面对经济的快速发展、激烈的国际市场竞争,更新观念、学习全新法律法规、调整业务知识结构、掌握各项新的管理制度、加强在职在岗人员的法律法规应用技能培训、强化法治道德素质培养已成为亟待推进的工作内容。

社会需要有知识、会操作、能顶岗的实务型专业人才,本套丛书的出版不仅有力地配合了高等教育法律教学的创新和教材更新,而且也满足了社会需求,起到了为国家经济建设服务的作用;对依法治国、依法办事、依法经营,对加强法治观念、树立企业形象、提升企业核心竞争力具有积极的现实意义。

本套教材作为普通高等教育本科院校法律法规课程的特色教材,以习近平法治思想为统领,以《法治中国建设规划(2020—2025年)》为纲,以读者应用能力培养为主线,严格按照教育部关于"加强职业教育、突出实践技能与能力培养"的教育教学改革要求,结合各项法律法规的教学特点,以及企事业单位对各种法律专业人才的实际需求,组织多年从事法律法规相关课程教学的专家学者与具有丰富实践经验的律师共同撰写。

本套教材包括《法律基础》《民法总论》《经济法》《商法》《海商法》《税法》《国际商法》《劳动与社会保障法》《金融法律法规》《保险法律法规》《会计法律法规》《电子商务法律法规》《律师与公证》等。参与编写的单位有:吉林工程技术师范学院、北京物资学院、华北科技学院、北京联合大学、哈尔滨师范大学、北方工业大学、山西大学、首钢工学院、牡丹江大学、北京教育学院、燕山大学、北京城市学院、东北财经大学、北京财贸职业学院、厦门集美大学、北京朝阳社区学院、大连商务学院、北京西城社区学院、郑州大学、北京石景山社区学院、大连海事大学、浙江工业大学、大连工业大学等全国三十多所高校和社区学院。

本套教材紧密结合中国经济改革与发展实际,融入法律法规实践教学理念,坚持改革创新,注重与时俱进,有效解决了本科法律教材知识老化、案例过时、重理论轻实践等问题,具有选材新颖、知识系统、案例真实、贴近实际、通俗易懂等特点。本套教材既可以作为普通高等教育本科院校、高职高专院校相关专业课程的首选教材,也可以作为各类企事业机构从业人员的在职培训教材,对于广大社会公众也是非常有益的普法资料。

在教材编著过程中,我们参阅借鉴了大量有关法律法规的书刊资料和国家新出台的政策法规及管理制度,并得到有关行业企业领导与专家学者的悉心指导,在此一并致谢。为配合本套教材的使用,本书提供配套电子课件,读者可以从清华大学出版社网站(www.tup.com.cn)下载。希望全国各地区普通高等教育、高职高专院校积极选用本套教材,并请读者多提改进意见,以使教材不断完善。

编委会主任　牟惟仲
2022 年 4 月

第 2 版前言

税收法律法规是我国社会主义法律体系的重要组成部分，是国家税收工作的法律依据。《中华人民共和国国民经济和社会发展第十四个五年规划和二〇三五年远景目标纲要》(以下简称《纲要》)前瞻性、系统性地擘画了国家发展蓝图，《纲要》明确指出：完善现代税收制度，健全地方税、直接税体系，优化税制结构，适当提高直接税比重，深化税收征管制度改革，建设智慧税务，推动税收征管现代化。"十四五"时期，随着我国进入高质量发展阶段，公平与效率之间协调时，公平问题更为重要，提高直接税比重是优化税制结构的一个重要方向，直接税对于调节收入分配、促进社会公平具有更好的效应。要建立一个适应经济波动并进行有效调节、体现国家产业政策并适合国情，促进国民经济可持续发展，满足国家财政政策需求的税制体系。

在高等教育的课程体系中，税法是法学、财税、财经管理等专业的重要课程。本书作为相关专业的特色教材，坚持以习近平法治思想为统领，严格按照教育部关于"加强职业教育，突出应用能力培养"的教学改革要求，紧密结合全新法律法规的具体规定编写。本书的出版，不仅有力配合了高等院校法学、财税、财经管理等专业的教学创新和教材更新，也起到了为国家经济建设服务的作用。

由于本书融入了税收法律法规的实践教学理念，坚持改革创新、力求严谨、注重与时俱进，具有知识系统、理论难度适中、案例真实、贴近实际、突出实用性、易于理解掌握等特点，既可作为普通高等院校相关专业教学的首选教材，也可兼顾高职高专、应用型大学的教学，还可以用于税收从业者的在职教育培训，并为广大社会读者提供有益的学习指导。

本书由李大军筹划并具体组织，周晖和刘东主编、周晖统改稿，张冠男和刘久照副主编；由牟惟仲教授审定。作者写作分工：牟惟仲（序言），周晖（第一章、第三章、第十一章），刘久照（第二章、第九章），张冠男（第四章、第八章），温耀原（第五章），刘东（第六章、第十章），郭可（第七章），苑莹焱（第十二章）；李晓新（制作课件）。

本书的再版得到了业界专家学者的具体指导，在此一并致谢。为方便教学使用，本书配有教学课件，读者可以从清华大学出版社网站(www.tup.com.cn)免费下载。因作者水平有限，书中难免存在疏漏不足，恳请同行和读者批评指正。

编 者

2022 年 11 月

目 录

第一章 税法概论 ··· 1
  第一节 税收概述 ·· 1
  第二节 税法概述 ·· 3
  第三节 税法要素 ·· 8
  第四节 税法体系 ··· 22

第二章 增值税法 ··· 31
  第一节 增值税概述 ··· 31
  第二节 增值税的计算 ··· 45
  第三节 增值税的税收优惠 ··· 55
  第四节 增值税的征收管理和发票管理 ·· 59
  第五节 出口货物退（免）税制度 ·· 63

第三章 消费税法 ··· 67
  第一节 消费税概述 ··· 67
  第二节 消费税的纳税义务人、征收范围及税率 ··························· 69
  第三节 消费税的计税依据 ··· 74
  第四节 消费税应纳税额的计算 ··· 79
  第五节 消费税的征收管理 ··· 86

第四章 关税法 ·· 89
  第一节 关税概述 ··· 89
  第二节 关税的征税对象和纳税义务人 ·· 92
  第三节 关税税率的适用规则 ·· 93
  第四节 关税完税价格 ··· 97
  第五节 关税减免 ··· 103
  第六节 关税应纳税额的计算方法 ·· 105
  第七节 关税征收管理 ··· 107

第五章 企业所得税法 ··· 111
  第一节 企业所得税概述 ··· 111
  第二节 企业所得税纳税人、税率和应纳税所得额 ····················· 112

第三节 企业所得税的计算 ················· 114
第四节 资产的税务处理 ··················· 124
第五节 企业所得税税收优惠 ··············· 128
第六节 企业所得税的征收管理 ············· 133

第六章 个人所得税法 142
第一节 个人所得税概述 ··················· 142
第二节 个人所得税纳税人、征收范围和应纳税所得额的确定 ············· 144
第三节 个人所得税的税收优惠 ············· 158
第四节 个人所得税的计算方法 ············· 161
第五节 个人所得税的征收管理 ············· 174

第七章 土地增值税法 177
第一节 土地增值税法概述 ················· 177
第二节 纳税人、征税范围和税率 ··········· 178
第三节 土地增值税应纳税额的计算 ········· 180
第四节 土地增值税的税收优惠 ············· 183
第五节 土地增值税的征收管理 ············· 184

第八章 财产税和行为税法制度 185
第一节 房产税法 ························· 185
第二节 车船税法 ························· 191
第三节 印花税法 ························· 196
第四节 契税法 ··························· 205

第九章 资源税、环境保护税和城镇土地使用税法 210
第一节 资源税法 ························· 210
第二节 环境保护税法 ····················· 220
第三节 城镇土地使用税法 ················· 231

第十章 特定目的税法制度 236
第一节 城市维护建设税法 ················· 236
第二节 车辆购置税法 ····················· 239
第三节 耕地占用税法 ····················· 243
第四节 船舶吨税法 ······················· 247
第五节 烟叶税法 ························· 251

第十一章 税收征收管理法 254
第一节 税收征收管理法概述 ··············· 254
第二节 税务管理 ························· 256

第三节　税款征收 ··· 268
　　第四节　税务检查 ··· 277
第十二章　税收法律责任及税务纠纷的解决 ··································· 282
　　第一节　税收法律责任 ··· 282
　　第二节　税收行政争议的解决 ·· 296

第一章 税法概论

【本章学习目标】
1. 了解税收实体法构成要素、我国现行税制,理解税法、税收的特征、税收法律关系。
2. 理解税收的作用、税法的原则。
3. 了解我国税种分类、我国现行主要税种。

第一节 税收概述

一、税收的概念

(一)税收的定义

税收是财政收入的主要来源,是国家机器得以运转不可或缺的组成部分。现代法治国家中,税收与税法关系密不可分,税法是税收的法律表现形式并确定税收的具体内容。

税收征收必须依法律明文规定,避免税收机关滥用国家权力,以保护纳税人的合法权益。税法在保证国家财政收入、实施宏观调控、维护市场经济秩序和保护纳税人合法权益等方面发挥着重要的作用。

税收是国家为了实现其职能,凭借其政治权力强制地、无偿地征收实物或货币,以取得财政收入的一种手段,是国家参与国民收入分配与再分配的一种方式。税收的概念包括以下含义。

1. 税收是一个历史范畴

税收同其他社会现象一样,也有其自身产生、发展和消亡的历史。税收不是自古就有的,它与国家存在直接联系,两者密不可分,是国家机器赖以生存并实现其职能的物质基础。

2. 税收是一个财政范畴

国家为了维持其存在和实现其职能,必须消耗一定的物质财富,因而必然要通过一定的途径、采取一定的方式取得财政收入。税收就是国家取得财政收入的主要途径和主要方式。

3. 国家征税凭借的是政治权力

国家筹集任何一种财政收入,都必须凭借某种权力。国家征税,凭借的不是财产权力,而是国家的政治权力。

4. 税收是一个分配范畴,它体现了特定的分配关系

社会再生产是由生产、分配、交换和消费组成的有机整体。税收在社会再生产过程中,属于分配范畴。税收是一种以国家为主体的分配,它体现的是以国家为主体的分配关系。

(二) 税收的特征

税收与其他财政收入形式相比,具有强制性、无偿性和固定性三个特征。这就是所谓的税收"三性",它是税收本身所固有的。

1. 强制性

强制性是指国家以社会管理者的身份,凭借政权力量,通过颁布法律或法规,按照一定的征收标准进行强制征税。负有纳税义务的纳税人必须依法、按时、足额纳税,否则就要受到法律制裁。

2. 无偿性

无偿性是指国家在征税时,不需要向纳税人付出任何形式的对价;纳税人虽然从国家的公共产品中获益,却无权要求直接返还。税收的无偿性特征是税收不同于其他财政收入形式的最本质的特征。它既不同于国有资产收入或利润上交,也不同于需还本付息的国债制度,还区别于市场监督管理、交通管理等行政管理部门因服务社会而收取的各种形式的规费。税收的无偿性至关重要,体现了财政分配的本质,它是税收"三性"的核心。

3. 固定性

固定性是指国家税收以法律形式预先规定征税范围和征收比例,便于征纳双方共同遵守。税收的固定性既包括时间上的连续性,也包括征收比例的固定性。

税收的固定性决定于法律的稳定性,国家在征税之前就以法律形式将课税对象、征收比例或数额等公布于众,然后按事先公布的标准征收。课税对象、征收比例或数额等税收法律一旦明文规定就不能轻易更改,这是法治国家的基本要求。因此税收法律必须在一定时期内保持稳定不变,未经严格的立法程序,任何单位和个人对税收法律都不得随意变更或修改,因此,税收是一种固定的连续性收入。

二、税收的根据

税收的根据,也就是国家为什么要征税,人民为什么要向国家纳税。它不仅是税收理论需要解决的基本问题,也是税法理论需要解决的基本问题。总体而言,国家之所以要征税,是由经济必然性和历史必然性决定的。

(一) 征税是实现以国家为主体的"社会扣除"的需要

国家需要运用税收工具获得实现其职能所需要的资金;由于国家担负着维护社会安

定,抵御外来侵略,发展科学、文化、教育、卫生和社会保障等事业,发展能源、交通等基础设施,以及管理社会经济秩序等重要任务,因而需要运用税收形式取得一定数量的资金。

(二)征税是市场经济体制的内在要求

在市场经济体制下,市场对资源配置起基础性作用的同时,国家也必须加强宏观调控,综合运用各种经济杠杆调控经济的运行。

(三)征税是处理国家与各种经济成分和公民个人之间分配关系的需要

国家要从不同的经济成分和个人手中取得收入,调节其收入水平,同时保障其合法权益,必须通过征税的形式,把国家与各种经济成分和个人之间的分配关系纳入法治化管理的轨道并固定下来。

第二节 税法概述

一、税收关系及其法律调整

(一)税收关系的概念

税收关系是一种特定的社会产品分配关系,是整个社会关系的组成部分。税收关系是因国家组织税收收入而发生的社会关系。

作为一种特殊形式的经济关系,国家取得税收收入的过程,实际上也就是国家政治权力介入私人经济领域,实现一定数量资财所有权的无偿转移的过程,所以税收关系非常复杂,它既非纯粹的经济关系,也非纯粹的公权力关系,而是由税收经济关系、税收征纳程序关系和税收监督保障关系共同构成的复合体。

在税收关系中,税收经济关系,即资财无偿从私人所有转移为国家所有的关系是核心关系,税收征纳程序关系、税收监督保障关系都是因税收经济关系派生出来,并为税收经济关系服务的社会关系。

(二)税收关系的法律调整

税收属于经济学概念,税收关系作为一种特定的社会产品分配关系,关系着国家能否有效地占有和支配一部分社会产品和国民收入,关系到国家职能能否顺利实现,而且关系到各种不同性质和规模的经济组织和社会各阶层民众的利益。由此可以说,调整税收关系的法律规范就是税法。

税法,即税收法律制度,是国家权力机关和行政机关制定的,用以调整国家与纳税人之间在征纳税方面的权利与义务关系的法律规范的总称。它是国家法律的重要组成部分。税法是以宪法为依据,调整国家与社会成员在征纳税方面的权利与义务关系,维护社会经济秩序和纳税秩序,保障国家利益和纳税人合法权益的一种法律规范,是国家税务机关及一切纳税单位和个人依法征税、依法纳税的行为规则。

税法与税收存在着密切的联系,税收活动必须严格依照税法的规定进行,税法是税收的法律依据和法律保障。税收以税法为其依据和保障,而税法又必须以保障税收活动的有序进行为其存在的理由和依据。此外,税收作为一种经济活动,属于经济基础范畴;而税法则是一种法律制度,属于上层建筑范畴。国家和社会对税收收入与税收活动的客观需要,决定了与税收相对应的税法的存在;而税法则对税收的有序进行和税收目的的有效实现起着重要的法律保障作用。

(1)税法是由国家制定或者认可的

现代各国的税法,都是由有权制定法律规范的国家机关按照法定程序制定的。

(2)税法所体现的是统治阶级的国家意志

税法集中体现了统治阶级的国家在社会产品分配方面的意志和愿望。

(3)税法所调整和确认的是国家税收活动中所发生的社会关系——税收关系

只要是国家税收活动中所发生的社会关系,都属于税法调整和确认的范围。

(4)税法是由一系列单行的税收法律规范构成的综合性法律

税法是由一系列单行的税收法律规范组成的,税法只是一个总的名称,法学意义上的税法,有广义和狭义之分。广义的税法包括所有调整税收关系的法律、法规、规章和规范性文件。狭义的税法特指由全国人大及其常委会制定和颁布的税收法律。

上述四层含义反映的是不同国家的税法具有的共性,由于社会制度、政权结构、经济发展水平等因素的影响,税法调整的范围以及税收法律规范的完备程度都有所不同。

二、税法的分类

按税法的权限划分、征税对象、适用范围、规定内容,可以对税法作出不同的分类。

(一) 按照主权国家行使税收管辖权分类

按照主权国家行使税收管辖权的不同,税法可分为国内税法和国际税法。

1. 国内税法

国内税法是特定国家制定或者认可的,实施于该国主权所达范围之内的法律规范。一般是按照属人或属地原则加以规定。

2. 国际税法

国际税法是调整国家与国家之间税收关系的法律。国际税收法律关系的主体都是国家。国际税法主要包括双边或多边国家间的税收协定,国际公约中有关税收的条款,国际税收惯例和国际法院的判例等。

(二) 按照税法的内容分类

按照税法规定的内容的不同,税法可分为税收实体法和税收程序法。

1. 税收实体法

税收实体法是具体规定税收法律关系主体权利与义务的税收法律规范,这些法律规范具体规定各税种的征收对象、征收范围、税目、税率、纳税地点等。例如《中华人民共和国企业所得税法》(以下简称《企业所得税法》)、《中华人民共和国个人所得税法》(以下简称《个人所得税法》)就属于税收实体法。

2. 税收程序法

税收程序法是为保障税收实体法所规定的权利与义务的实现而制定的税收法律规范。《中华人民共和国税收征收管理法》(以下简称《税收征收征管法》)就属于税收程序法。

税收实体法和税收程序法相互联系,相互依存,不可分割。

(三) 按照税法效力分类

按照税法效力等级的不同,可以将税法分为税收法律、税收法规、税收规章。

1. 税收法律

税收法律是享有国家立法权的国家最高权力机关,依照法律程序制定的规范性税收文件。我国税收法律是由全国人民代表大会及其常务委员会制定的,其法律地位和法律效力仅次于宪法,但高于税收法规、规章。我国现行税法体系中,《个人所得税法》《企业所得税法》《车船税法》和《税收征管法》等属于税收法律。

2. 税收法规

税收法规是最高行政机关,地方立法机关根据其职权或国家最高权力机关的授权,依据宪法和税收法律,通过一定法律程序制定的规范性税收文件。

我国目前税法体系的主要组成部分是税收法规,由国务院制定的税收行政法规和由地方立法机关制定的税收地方法规两部分构成,其具体形式主要是条例或暂行条例。如《中华人民共和国增值税暂行条例》(以下简称《增值税暂行条例》)、《中华人民共和国消费税暂行条例》(以下简称《消费税暂行条例》)等。税收法规的效力低于宪法、税收法律,但高于税收规章。

3. 税收规章

税收规章是国家税收管理职能部门、地方政府根据其职权和国家最高行政机关的授权,依据有关法律、法规制定的规范性税收文件。在我国,具体指财政部、国家税务总局、海关总署以及地方政府在其权限内制定的有关税收的办法、规则、规定,如《税务行政复议规则》《税务登记管理办法》《税务行政处罚裁量权行使规则》等。

税收规章可以增强税法的灵活性和可操作性,是税法体系的必要组成部分,但其法律效力较低。一般情况下税收规章不作为税收司法的直接依据,只具有参考性的效力。

(四) 按照征收对象分类

按照征收对象的不同,税法可分为流转税法、所得税法、资源税法、财产税法和行为税法。

1. 流转税法

流转税法是规定对货物流转额和劳务收入额征税的法律规范,主要包括增值税法、消费税法、关税法等。这类税法的特点是与商品生产、流通、消费有密切联系。对什么商品征税、税率的高低,对商品经济活动都有直接的影响,易于发挥政府对经济的宏观调控作用。

2. 所得税法

所得税法是规定对纳税单位和个人获取的各种所得或利润额征税的法律规范,主要包括企业所得税法、个人所得税法等。其特点是可以直接调节纳税人收入,发挥其公平税负、调整分配关系的作用。

3. 资源税法

资源税法是规定对纳税人利用各种资源所获得的收入征税的法律规范,主要是为保护和合理使用国家自然资源而课征的税。我国现行的资源税、城镇土地使用税、土地增值税等税种均属于资源课税的范畴。

4. 财产税法

财产税法是规定对纳税人财产的价值或数量征税的法律规范,包括房产税法、契税法、车船税法和耕地占用税法等。

5. 行为税法

行为税法是规定对某些特定行为征税的法律规范,包括印花税法和城市建设维护税法等。

三、税法的作用

(一) 税法是国家财政收入的法律保障

税收是国家财政收入的主要支柱,一般情况下,国家95%的财政收入都要来自税收。国家通过税收立法,对这一收入给予法律上的保障。据此,税法规定了税种、税目、税率、缴纳期限,并规定了违反税法应负的法律责任等强制措施,来保证国家的财政收入。

国家要无偿地向纳税人取得税收,没有法律的约束和国家强制力的保障是不够的。也即财政收入的实现,必须有法律作为保障。不论任何公民,如果有违反税法的行为,都要受到法律的约束和制裁,对严重违反税法的公民,司法机关还要依法惩处。

(二) 税法是国家宏观调控经济的法律手段

税收作为国家宏观调节经济的一种重要手段,其在政府收入中的重要份额,决定了对公共部门消费的影响,进而会影响总需求。税法在税目、税率、减免税等方面的规定,会直接影响投资行为,从而对总需求产生影响。这样就达到了调节社会生产、交换、分配和消费,促进社会经济健康发展的目的。

(三) 税法是保障和促进税收制度改革顺利进行的法律武器

改革不合理的税收制度,建立适应社会主义市场经济发展要求的税收制度,是市场经济健康发展的需要,税法在促进、保障税收制度改革以及保护、完善新的税收制度方面,起着重要的作用。

由于税法的强制性特点,国家可以依靠强制力解决税收制度改革中出现的矛盾,排除改革中遇到的阻力,保证税收制度改革措施的顺利推行。国家运用税法这一法律形式,使新的税收关系和秩序规范化、制度化,有助于税收制度的确立和普遍推行,使税收制度改革的成果得到更好的巩固。

(四) 税法是维护国家权益,促进国际经济交往的可靠保证

税法规定对外国客商和来华进行经济技术文化交流的外国人行使征税权,维护了国家主权。在规定征税的前提下,实行税率从低、优惠从宽、手续从简的政策,对外国客商以优惠的同时简化纳税手续,有利于吸引外国人从事各种交流活动。税法根据平等互利的原则,实行区别对待,采取高低不同的税率和不同的征税及减免税措施,有利于发展我国的对外贸易。

国家根据本国需要,对不同的进口商品规定差别税率,进行必要的鼓励和限制,调节进出口产品的品种和数量,维护国家经济利益;税法根据国家扩大出口,争取外汇收入的要求,规定除国家限制出口的商品以外,免征关税,免征国内增值税、消费税,或者给以出口退税的待遇,对提高我国产品在国际市场上的竞争力起到了积极作用。

四、税法的原则

(一) 税收法定原则

税收法定原则是指由国家税收立法机关决定全部税收问题的税法基本原则,即如果没有相应的税法作前提,则国家不能征税,公民也没有纳税的义务。税收主体必须依据且仅依据法律的规定征税;纳税主体必须依据且仅依据法律的规定纳税。税收法定原则是税法中一项十分重要的基本原则。它一般由三项具体原则构成。

1. 征税要素法定原则

征税要素的具体的内容都要由法律来加以规定,如果其中一项有违法定主义,税收行为便不能有效成立。税收行为有效成立应具备的基本要素包括税收债务人、征税对象、税基、税率和税收特别措施。

2. 征税要素明确原则

征税的各个要素不仅应当由法律作出专门的规定,而且这种规定还应当尽量明确,避免出现漏洞和歧义,不给权力的滥用留下空间。

3. 程序保障原则

这要求立法机关在立法的过程中对各个税种征收的法定程序加以明确完善的规定。征税机关必须严格依据法律的规定征收税款，无权变动法定税收要素和法定征收程序，不允许征纳双方之间达成变更税收要素或征税程序的税收协议。

（二）税收效率原则

税收效率原则是指用尽可能少的人力、物力和财力消耗取得尽可能多的税收收入，并通过税收分配促使资源合理有效的配置。它包括两方面的含义。

一方面是税收要保持中立性，应当使市场经济机制发挥有效配置资源的调节作用。国家征税不能伤害市场经济机制的这种调节作用，否则会产生不良的影响。另一方面是国家征税使纳税人除了因纳税而负担税款这笔资金外，不应再使纳税人承受额外经济负担。

（三）税收公平原则

税收公平原则是指征税应根据经济能力或纳税能力平等分配负担。此原则包含了税收的横向公平与纵向公平两个方面。

1. 横向公平

横向公平要求经济能力或纳税能力相当的人应当缴纳数额相同的税收，并且税收负担与其经济状况相适应。

2. 纵向公平

纵向公平要求经济能力或纳税能力不同的人应当缴纳不同的税收，纳税人之间的税收负担差别要同纳税人的经济能力或纳税能力的差别相适应。

第三节 税法要素

一、税收法律关系的构成要素

（一）税收法律关系

税收法律关系是指税收法律制度所确认和调整的国家与纳税人之间、国家与国家之间以及各级政府之间在税收分配过程中形成的权利和义务关系。税法是税收法律关系产生的前提，即税收的课赋和征收必须基于法律的规定，国民仅根据法律的规定承担纳税义务。税收法律关系体现为国家征税与纳税人纳税的利益分配关系。总体上，税收法律关系与其他法律关系一样，由主体、客体和内容三个要素构成。这三个要素之间互相联系，形成统一的整体。

1. 税收法律关系主体

税收法律关系主体是指税收法律关系中享有权利和承担义务的当事人，即税收法律关系的参加者,分为征税主体和纳税主体。

(1)征税主体

征税主体是指税收法律关系中享有征税权利的一方当事人,即税务行政执法机关。具体包括各级税务机关。

税务机关是指参与税收法律关系,享有国家税收征管权力和履行国家税收征管职能,依法对纳税主体进行税收征收管理的当事人。严格意义上讲,只有国家才能享有税收的所有权。因此,国家是真正的征税主体。但是国家总是通过法律授权的方式赋予具体的国家职能机关来代其行使征税权力,因此,税务机关通过获得授权成为法律意义上的征税主体。我国现行法律明确规定了履行征税职能的行政机关,除此之外,没有法律明文授权,任何机关都不能成为征税主体。

税务机关的权利与义务体现在职权和职责方面。税务机关行使的征税权是国家法律授予的,是国家行政权力的组成部分,具有强制力。这种权力不能由行使机关自由放弃或转让,并且具有程序性。征税主体享有国家权力的同时意味着必须依法行使职权,也即职权与职责相对等,体现出职、权、责三者的统一。

(2)纳税主体

纳税主体即税收法律关系中负有纳税义务的一方当事人。包括自然人、法人。对这种权利主体的确定,我国采取属地兼属人原则,即在华的外国企业、组织、外籍人、无国籍人等,凡在中国境内有所得来源的,都是我国税收法律关系的纳税主体。

①自然人。作为税收法律关系主体的自然人,是指税法上设定有纳税义务的公民,包括中国公民、城乡个体工商业户、港澳台同胞、外国人和无国籍人。作为税收法律关系主体的自然人包括:取得应税收入、拥有并使用应税财产、作出应税行为的公民个人,城市个体经济主体,从事农业商品生产的个体专业户,个人合伙经营以及从事农业产品交换的个体公民等。自然人划分为居民个人和非居民个人。

②法人。作为税收法律关系主体的法人,是具有民事权利能力和民事行为能力,依法独立享有民事权利和承担民事义务的组织。法人应当依法成立,应当有自己的名称、组织机构、住所、财产或者经费。法人成立的具体条件和程序,依照法律、行政法规的规定。设立法人,法律、行政法规规定须经有关机关批准的,依照其规定。法人主要包括以下几种。

一是营利法人。以取得利润并分配给股东等出资人为目的成立的法人,为营利法人。营利法人包括有限责任公司、股份有限公司和其他企业法人等。

二是非营利法人。基于公益目的或者其他非营利目的成立,不向出资人、设立人或者会员分配利润的法人,为非营利法人。非营利法人包括事业单位、社会团体、基金会、社会服务机构等。

三是特别法人。机关法人、农村集体经济组织法人、城镇农村的合作经济组织法人、基层群众性自治组织法人,为特别法人。

四是非法人组织。非法人组织是指不具有法人资格,但是能够依法以自己的名义从事民事活动的组织。非法人组织包括个人独资企业、合伙企业、不具有法人资格的专业服务机构等。

③外国法人。外国法人包括外国的公司、企业和其他经济组织。在我国境内设立机构、场所,从事生产、经营和虽未设立机构、场所,但有来源于我国境内所得的外国公司、企业和其他经济组织,应当按照我国税法规定纳税,因而成为我国税收法律关系中的纳税主体。外国法人分为居民企业和非居民企业。

2. 税收法律关系客体

税收法律关系的客体,是指税收法律关系主体双方的权利和义务所共同指向的对象,主要包括物、行为和货币。

(1)物

物是指那些由税法规定的,能够在税收法律关系中充当权利对象的物品或者其他物质财富。在我国税法中,能够充当税收法律关系客体的物,主要是房屋、自然资源等。

(2)行为

行为是指税收法律关系主体为了实现一定的经济或者其他目的而进行的活动。作为我国税收法律关系客体的行为,按照税法规定,有使用车船的行为、占用耕地的行为、书立领受凭证行为等。

(3)货币

货币作为税收法律关系的客体具有广泛性,只有以货币作为媒介才能够实现分配关系,它是税收法律关系主体的绝大部分税收权利和税收义务的依托。作为我国税收法律关系客体的货币,按照我国税法规定,有生产经营取得的货币收入、利润以及公民取得的货币收入等。

小贴士

税收法律关系客体与征税对象的区别

税收法律关系客体与征税对象较为接近,在许多情况下是重叠的,但有时两者又有所不同。税收法律关系的客体属于法学范畴,侧重于其所连接的征税主体与纳税主体之间权利义务的关系,不注重具体形态及数量关系,较为抽象;而征税对象属于经济学范畴,侧重于表明国家与纳税人之间物质利益转移的形式、数量关系及范围,较为具体。例如,流转税的法律关系客体是纳税人生产、经营的商品、货物或从事的劳务,而征税对象是其商品流转额或非商品流转额;财产税的法律关系客体是纳税人所有的某些财产,征税对象是这些财产的价值额。

3. 税收法律关系内容

税收法律关系的内容是指税收法律关系主体所享受的权利和应承担的义务。主要包括征税主体的权利义务和纳税主体的权利义务。这是税收法律关系中最核心的内容。它具体规定了税收法律关系主体可以为何种行为,不可以为何种行为,如果违反了税法的规定,应当如何处罚等。

(1)税收职权

税收职权是税务机关依法行使征收和管理职能时所享受和承担的特殊的权利和义务。我国除了《税收征管法》对征税职权作了集中规定外,在行政处罚法、有关国家机关组织法、立法法和宪法中都涉及税收职权问题。税收职权的内容可归纳为下列九项。

①征纳规范制定权。即征税机关依法制定税收行政法规、规章、决定等具有普遍约束力的税收规范性文件的权力。征纳规范制定权是征税机关的抽象征税行为,对税收征纳活动具有广泛的影响。另外,有权征税机关对税收行政法律规范的解释,在性质上也是征税规范制定活动。

②税收计划权。即征税机关有权确定在未来一定时期内所要实现的国家税收收入目标的权力。在市场经济条件下,税收计划应以非指令性为主,要正确处理完成税收计划与依法征税的关系,即必须要在严格执行税法的前提下组织税收计划的实现,不能为了完成税收计划而违法多征、少征、提前征收或摊派税款。

③税款征收权。即征税主体依法对具体的税款征收事项作出决定的权力。税款征收权是征税职权中的核心权力,运用得也最广泛,它与纳税主体的纳税义务相对应,其所作出的征税决定直接涉及纳税人的权利义务。税款征收权包括应纳税额确定权、税款入库权。为了保证税款征收权的有效行使,征税主体还可依法行使与税款征收权相关的下列权力:税负调整权、税收保全权(代位权、撤销权)、税款优先权、税款追征权等。

④税收管理权。这是为了保证具体的税款征纳活动的顺利实现,而由法律规定的征税机关进行的税收基础性管理活动的权力,它具有基础性、广泛性等特点。税收管理权的内容有税务登记管理、账簿凭证发票管理、纳税申报管理、税源监控等。

⑤税收检查权。它是为了保证征税决定的作出和税收征管目标的实现,而依法对纳税人等遵守税法和履行纳税义务情况进行的调查、检查、审计和监督活动的权力。税收检查的主要目的是获取信息和证据。税收检查权的行使在实践中有多种形式,如税务稽查、税务检查、税务审计和税务调查等。

⑥获取信息和协助权。即征税主体有权从纳税主体、其他组织和个人处获得与纳税有关的信息,有权要求有关部门、单位和个人提供征税协助。征税主体在行使获取信息权和协助权时,要注意处理与纳税人的隐私秘密权的关系。

⑦征税强制权。它是征税机关为了预防税收违法行为,确保纳税义务的履行而依法对纳税主体实施强制手段的权力,它包括采取预防性的税收保全措施和执行性的强制执行措施的权力。

⑧税收处罚权。它是征税机关对违反税收法律规范的行为人给予制裁的权力。

⑨争议裁决权。它是征税机关对发生在征纳主体之间的争议进行行政复议的权力。为了保证公正和法治,征税机关的行政复议裁决还要受到司法审查的监督。

(2)税收权利

权利是国家通过法律规定,对法律关系主体作为、不作为某种行为或者要求他人作为、不作为某种行为的许可和保障。税收权利是指国家通过税法以及有关法律规定,对纳税主体作为、不作为某种行为或者要求征税主体作为、不作为某种行为的许可和保障。

纳税主体的权利有广义和狭义之分。广义的纳税主体的权利包括自然权利和税收法律关系中的权利。此处所指纳税主体的权利采取狭义概念,即纳税主体在税收法律关系中所享有的权利,既包括实体法方面的权利,也包括程序法方面的权利。

我国税法规定,纳税主体的权利主要有:税务知情权、要求保密权、申请减免税权、申请退税权、陈述申辩权、税收救济权、控告检举权、请求回避权、取得完税凭证权、拒绝检查权、申请延期申报权、申请延期缴纳税款权、税收监督权等。

(3)税收义务

义务是国家通过法律规定,对法律关系主体行为的一种约束,它表现为要求人们必须作为一定的行为,或者表现为要求人们必须抑制一定的行为。税收义务是指税法所规定的税收法律关系主体应承担某种行为的必要性或者责任。

在税收法律关系中,不同的主体,其税收义务也各不相同。

①征税主体的税收义务。法律赋予征税主体的税收职权同时是征税主体的职责,也是征税主体的义务。此外,征税主体在行使税收职权时,必须履行不侵犯纳税主体的合法权益的义务。征税主体的义务包括:依法办理税务登记、开具完税凭证的义务,保密的义务,宣传税法、无偿提供纳税咨询服务的义务,提供高质量纳税服务的义务,依法进行回避的义务,多征税款立即返还的义务,实施税收保全过程中的义务,出示税务检查证的义务,受理行政复议及应诉的义务等。

②纳税主体的税收义务。纳税主体的义务分为广义的义务(包括所有法律意义上的义务)和狭义的义务(仅指税收法律关系中的义务),这里采取狭义概念。纳税主体的义务主要有:依法办理税务登记,依法设置账簿,正确核算并保管账簿和有关资料,按照规定开具、使用、取得发票,按期进行纳税申报,按时缴纳或解缴税款,自觉接受管理和税务检查等。

(二)税收法律关系的产生、变更与消灭

税法是引起税收法律关系的前提条件,但税法本身并不能产生具体的税收法律关系。税收法律关系的产生、变更和消灭必须有能够引起税收法律关系产生、变更或消灭的客观情况,也就是税收法律事实。

税收法律事实是指税务机关依法征税的行为和纳税人的经济活动行为,发生这种行

为才能产生、变更或消灭税收法律关系。税收法律事实可以分为税收法律事件和税收法律行为。税收法律事件是指不以税收法律关系主体的意志为转移的客观事件,如自然灾害可以导致税收减免,从而导致税收法律关系内容的变化。税收法律行为是指税收法律关系主体在正常意志支配下作出的活动,如纳税人开业经营即产生税收法律关系,纳税人转业或停业就造成税收法律关系的变更或消灭。

1. 税收法律关系的产生

税收法律关系的产生是指税收法律关系主体之间权利与义务关系的形成。税收法律关系的产生只能以纳税主体应税行为这一法律事实的出现为标志。而纳税义务产生的标志应当是纳税主体进行的应当课税的行为,如销售货物、取得应税收入等。例如:2000年国务院发布了《中华人民共和国车辆购置税暂行条例》,由此产生了新的税收法律关系。

2. 税收法律关系的变更

税收法律关系的变更是指由于某一法律事实的发生,使税收法律关系的主体、内容和客体发生变化。引起税收法律关系变更的原因是多方面的,具体有以下几种。

(1)税法的修订或者调整

例如:21世纪初,我国税收实体法制建设进一步完善,原有的许多个案减免税取消,纳税人由享受一定的减免税照顾变为依法纳税,类似的税法修订或调整,使得税收法律关系发生变更。

(2)税务机关组织结构或管理方式的变化

例如:2018年,省级以下国家税务局、地方税务局合并。国家改革了国税地税征管体制。

(3)纳税人自身的组织结构发生变化

例如:纳税人发生分立、合并、联营、迁移等情况,需要向税务机关申报办理变更登记或重新登记,从而引起税收法律关系的变更。

(4)纳税人的经营或财产情况发生变化

例如:某企业由工业生产变为非商品经营,其纳税种类则由缴纳增值税改为缴纳营业税,税收法律关系因此而变更。

(5)不可抗力造成的破坏

例如:由于自然灾害等不可抗力的原因,纳税人遭受了重大财产损失,被迫停产、减产。纳税人依法向主管税务机关申请减税得到批准的,税收法律关系发生变更。

3. 税收法律关系的消灭

税收法律关系的消灭是指这一法律关系的终止,即其主体间权利义务关系的终止。税收法律关系消灭的原因主要有以下几个方面。

(1)税法的废止

例如:2005年国家废止了《农业税条例》,结束了农民负担"皇粮国税"的历史,由此产生的税收法律关系归于消灭。

(2) 纳税义务的履行

纳税人履行纳税义务是最常见的税收法律关系消灭的原因,它包括两类情况:一是纳税人依法如期履行纳税义务,二是税务机关采取必要的法律手段,使纳税义务被强制地履行。

(3) 纳税义务的免除

纳税人符合免税条件,并经税务机关审核确认后,纳税义务免除,税收法律关系消灭。

(4) 法院的判决或裁定

这是税收法律关系消灭的司法依据。

(5) 纳税主体的消失

没有纳税主体,纳税无法进行,税收法律关系因此而消灭。

(三) 税收法律关系的保护

税收法律关系是同国家利益及企业和个人的权益相联系的。保护税收法律关系,实质上就是保护国家正常的经济秩序,保障国家财政收入,维护纳税人的合法权益。税收法律关系的保护方法主要有四种。

1. 税收管理方法

税收管理方法是指国家对税收活动以及与税收活动密切相关的社会活动进行的组织、指挥、调节和控制。它是保证税收管理活动朝着既定的方向发展,达到预期目的的各种方式、手段和措施的总称。税收管理贯穿于税收活动的全过程,覆盖于税收活动的各个方面,也即贯穿于税收法律关系主体行使税收权利(职权)和履行税收义务的全过程。税收管理方法是保护税收法律关系的重要方法。

2. 税收监督方法

税收监督是代表国家行使征税权的税务机关对纳税人履行纳税义务、代征人代征税款以及扣缴义务人代扣、代缴税款的情况进行督促检查。税收监督的目的是督促税收法律关系的主体遵守税法,依法行使税收权利和履行税收义务,维护税收秩序。

3. 法律制裁方法

法律制裁是有权的国家机关对违反税法的行为人依其应负的法律责任所采取的惩罚性措施。《中华人民共和国刑法》(以下简称《刑法》)明确规定了违反税法要承担的刑事责任。通过这些法律制裁措施的采用,对违反税法、破坏税收法律关系的行为给予惩罚,可以保证税收权利不受侵犯,保证社会主义市场经济秩序的健康发展。

4. 行政复议和行政诉讼方法

税务机关根据法律规定有作出具体行政行为的权力。纳税人对税务机关作为的征税行为可以申请行政复议和提起行政诉讼。

税收法律关系的保护对权利、义务主体双方是平等的,不能只对一方保护,而对另一方不予保护,对权利享有者的保护,就是对义务承担者的制约。

二、税法的构成要素

税法的构成要素,又称课税要素,是指各种单行税法具有的共同的基本要素的总称。这一概念包含以下基本含义:一是税法构成要素既包括实体性的,也包括程序性的;二是税法构成要素是所有完善的单行税法共同具备的。如果仅为某一税法所单独具有而非普遍性的内容,不构成税法要素,如代扣代缴义务人。

税法的构成要素一般包括:纳税人、征税对象、税目、税率、纳税环节、纳税期限、纳税地点和减税免税等,其中纳税人、征税对象、税率是税法的三个基本要素。

(一) 纳税人

纳税人也称纳税义务人,是指一切履行纳税义务的自然人、法人或其他组织。这一税法要素解决国家对谁征税的问题,是正确处理国家与纳税人之间分配关系的首要条件。因此每一部单行税法都会规定特定的纳税人,它是构成税法的基本要素。

掌握纳税人的概念,还要区分纳税人与负税人、代扣代缴义务人的联系和区别。

1. 纳税人与负税人

负税人是经济学中的概念,即税收的实际负担者。纳税人与负税人是两个既有联系又有区别的概念。纳税人是法律用语。税收有直接税和间接税之分,直接税无法转嫁,纳税人就是实际的负税人,如所得税;间接税是可以转嫁出去的税,纳税人如果能够通过一定途径把税款转嫁或转移出去,这时纳税人就不再是实际负税人,如消费税等。税法只规定纳税人,不规定负税人。

2. 纳税人与代扣代缴义务人

代扣代缴义务人是指有义务从持有的纳税人收入中扣除其应纳税款并代为缴纳的企业、单位或个人。税法明确规定了代扣代缴义务人的职责,税务机关应向其颁发代扣代缴证书。代扣代缴义务人必须严格履行扣缴义务。

(二) 征税对象

征税对象,又称征税客体、课税对象。它是指税法规定的征税目的物,即对什么征税。它是税法的最基本要素,也是区分不同税种的主要标志。根据征税范围不交叉的原则设计出来的各个税种都有自己的征税对象,需要税法明确界定。比如,企业所得税的征税对象就是应税所得;增值税的征税对象就是货物或者应税劳务在生产和流通过程中的增值额。

征税对象是一个抽象的概念,它只概括地表明了征税的标的物,在税法或税收条例中,往往找不到有关征税对象的直接表述,而是通过规定计税依据和税目等方式将其具体化地表述出来。

1. 计税依据

计税依据,又称税基,是计算应纳税额所依据的标准。它所解决的是在确定了征税对象之后如何计量的问题。计税依据分为从价计征和从量计征两种类型。从价计征的税款,以征税对象的价值量(如销售额、营业额)为计税依据。从量计征的税款,以征税的自然实物量(如体积、面积、数量、重量等)为计税依据。税种不同,计税依据也不同。

2. 税目

税目是各个税种所规定的具体征税项目。它是征税对象的具体化。规定税目的目的在于区别不同的具体对象,规定高低不同的税率,以体现国家的税收政策。

税目的制定一般采用两种方法:

(1)列举法

列举法是具体列举征税对象来确定对什么征税,对什么不征税的方式。比如,现行消费税具体规定了烟、酒等15个税目。

(2)概括法

概括法是按照商品大类或行业设计税目。概括法适用于品种类别繁杂、界限不易划清的征税对象。

(三)税率

税率是应纳税额与课税对象之间的数量关系或比例关系,是指课税的尺度,反映了征税的深度。在征税对象既定的情况下,税率的高低直接影响到国家财政收入的多少和纳税人税收负担的轻重,反映了国家与纳税人之间的利益分配关系。因此,税率是税法的核心要素,也是衡量税负轻重与否的重要标志。

税率有名义税率与实际税率之分。名义税率是指税法规定的税率,是应纳税额与计税金额(或数量单位)的比例;实际税率是实际缴纳税额与实际计税金额(或数量单位)的比例。在实际征税时,由于计税依据等要素的变动和减免税等原因,名义税率与实际税率可能不一致。

我国现行税率有三种基本形式,即比例税率、累进税率和定额税率。

1. 比例税率

比例税率是指对同一征税对象,不分数额大小,规定相同的征收比例。我国的增值税、城市维护建设税、企业所得税等采用的是比例税率。比例税率有四种类型。

(1)产品比例税率

产品比例税率是指按产品大类或品种分别设计不同税率,如消费税采用的就是产品比例税率。有的产品还按质量标准设计多档次税率,如卷烟就是按照不同等级分设四等三档税率。

(2)行业比例税率

行业比例税率是指按照应税产品或经营项目所归属的行业设计税率,盈利水平不同的行业采取不同的比例税率,如增值税,交通运输业、有形动产租赁服务适用不同税率。

(3)地区差别比例税率

地区差别税率是指对同一课税对象按照其所在地区分别设计不同税率。地区差别比例税率具有调节地区之间级差收入的作用,如城市维护建设税采用的就是这种税率。

(4)幅度差别比例税率

幅度差别比例税率是指在税法规定的统一比例幅度内,由地方政府根据本地具体情况确定具体的适用税率,如现行税制中归地方的一些税就是由各地在一定幅度内自主确定的。

2. 累进税率

累进税率就是按征税对象数额的大小划分若干等级,每个等级由低到高规定相应的税率,征税对象数额越大,税率越高;征税对象数额越小,税率越低。累进税率一般多在收益课税中使用,有全额累进税率、超额累进税率(见表1-1)、超率累进税率和超倍累进税率四种形式。我国现行税法体系采用的累进税率形式只有超额累进税率、超率累进税率。

(1)超额累进税率

超额累进税率即把征税对象按数额的大小分成若干等级,每一等级规定一个税率,税率依次提高,但每一纳税人的征税对象则依所属等级同时适用几个税率分别计算,将计算结果相加后得出应纳税款。目前采用这种税率的税种是个人所得税。

表 1-1 某三级超额累进税率表

级 次	全月应纳税所得额(元)	税率(%)	速算扣除数
1	5000 以下	10	0
2	5000~20 000(含)	20	500
3	20 000(含)以上	30	2500

【随堂测验 1-1】

纳税人甲某某月应纳税所得额为 6000 元,用上表所列税率,其应纳税额可以分步计算:

第 1 级的 5000 元适用 10% 税率,应纳税为 5000×10%=500 元;

第 2 级的 10 000 元(6000-5000)适用 20% 的税率,应纳税为 1000×20%=200 元;

其该月应纳税额=5000×10%+1000×20%=700 元;

为了简化超额累进的计算,可采用"速算扣除法",即按全额累进的方法计算出税额,

再从中减去一个"速算扣除数",其差额即为超额累进的应纳税额。用公式表示为:

超额累进的应纳税额＝应纳税所得额×按全额累进所适用的税率－速算扣除数;

其该月应纳所得税额＝6000×20％－500＝700元。

【解析】

目前我国采用这种税率的税种主要是个人所得税。全额累进税率计算方法简便,但税收负担不合理,不利于鼓励纳税人增加收入。超额累进税率累进幅度比较缓和,税收负担较为合理,一般不会发生增加部分的税率超过增加的征税对象数额的不合理现象。有利于鼓励纳税人增产增收。

(2)超率累进税率

超率累进税率即以征税对象数额的相对率划分若干级距,分别规定相应的差别税率,相对率每超过一个级距的,对超过的部分就按高一级的税率计算征税。目前采用这种税率的是土地增值税。

3. 定额税率

定额税率是按征税对象确定的计量单位,直接规定一个固定的税额,所以又称固定税额、单位税额。定额税率的优点是计算简便,税负不受物价波动的影响,但有时也可能造成不公平的税负。目前采用定额税率的有资源税、城镇土地使用税、车船税等。

(1)地区差别定额税率

地区差别税额是指对同一课税对象按不同地区规定高低不同的固定税额。

(2)分类分级定额税率

分类分级税额是指按课税对象的类别和等级,分别对单位征收对象规定不同的税额。等级高的税额就高,等级低的税额就低。如车船税,对机动船舶征税就是采取分类分级定额税率。

4. 其他形式的税率

(1)实际利率与名义税率

实际税率是指实际负担率,即纳税人在一定时期内实际缴纳税额占其课税对象实际数额的比例。

名义税率是指税法规定的税率。

在实际征税中,由于计税依据、税收减免、税率制度等原因,纳税人实纳税额和应纳税额不一致,实际征税对象数量与税法规定的征税对象数量也会不一致,从而出现实际税率与名义税率的不一致的情况。实际税率的意义在于它反映了纳税人的实际负担,体现了税收制度和政策真实的作用强度。纳税人依据实际税率权衡实际利益分配。

(2)零税率与负税率

零税率亦称"税率为零"。它是指对某种课税对象和某个特定环节上的课税对象,以零表示的税率。零税率是免税的一种方式。表明征税对象负有纳税义务,但不需缴纳税款。

零税率与免税不同。免税是指对某种课税对象和某种纳税人,免除其本身负担的应纳税额,而外购的货物或劳务仍然是含税的。税率为零时,不仅纳税人本环节课税对象不纳税,而且以前各环节转移过来的税款亦须退还,才能实现税率为零。

真正体现零税率的理论定义的,是增值税对出口产品实行零税率,即纳税人出口产品不仅可以不纳本环节增值额的应纳税额,而且可以退还以前各环节增值额的已纳税款。对出口产品实行零税率,目的在于奖励出口,使我国商品以不含税价格进入国际市场,以增强商品在国际市场上的竞争力。

(四)纳税环节

纳税环节是指税法上规定的征税对象在从生产到消费的流转过程中应当缴纳税款的环节,有广义和狭义之分。广义的纳税环节是全部征税对象在再生产中的分布。如资源税分布在生产环节,所得税分布在分配环节等。狭义的纳税环节是应税商品在流转过程中应纳税的环节。商品课税的纳税环节,应当选择在商品流转的必经环节。纳税环节一般是根据有利于生产、有利于商品流通、便于征收管理和保证财政收入等原则确定的。

按照纳税环节的多少,可将税收课征制度划分为以下两类。

1. 一次课征制

一次课征制是指同一税种在商品流转的全过程中只选择某一环节课征的制度,是纳税环节的一种具体形式。一次课征制税源集中,既可以避免重复征税,也可以避免税款流失。如车辆购置税。

2. 多次课征制

多次课征制是指同一税种在商品流转全过程中选择两个或两个以上环节课征的制度,如增值税采就取用这种征税制度。

(五)纳税期限

纳税期限是指纳税人向国家缴纳税款的法定期限。纳税期限是税法的强制性在时间上的体现,合理确定和严格执行纳税期限对于财政收入的稳定增长和及时入库起着重要的作用。不同性质的税种以及不同情况的纳税人,其纳税期限也不相同。

纳税期限要根据国民经济各部门生产经营的不同特点、不同的征税对象、纳税人应纳税额的多少及距离纳税地点的远近等因素确定。大体可分为两种。

1. 按期纳税

按期纳税是指以纳税人、扣缴义务人发生纳税义务或者扣缴税款义务的一定期间作为纳税计算期。如《增值税暂行条例》规定,按期纳税的纳税间隔期分为15日、1个月或1个季度。

2. 按次纳税

按次纳税是指以纳税人从事生产、经营活动的次数作为纳税计算期。一般适用于对某些特定行为的征税或者对临时经营者的征税,如车辆购置税、耕地占用税等,对临时经营者、个人所得税中的劳务报酬所得等均采取按次纳税的办法。

3. 按年计征,分期预缴或缴纳

如企业所得税按规定的期限预缴税款,年度结束后汇算清缴,多退少补。房产税、城镇土地使用税实行按年计征,分期预缴或缴纳。

明确纳税期限,对于保证国家财政收入的稳定、及时,促进纳税人认真履行纳税义务、加强经营管理都具有重要的作用。

由于纳税人、扣缴义务人在纳税计算期内所取得的应税收入、应纳税款、代扣代收税款都需要一定的时间来进行结算和办理有关手续,因此,税法还根据税种的不同,明确规定了不同的税款缴库期。税款缴库期是指纳税计算期届满后,纳税人、扣缴义务人向税务机关报缴税款的期间。

(六) 纳税地点

纳税地点是指纳税人申报缴纳税款的地点。规定纳税人申报纳税的地点,既有利于税务机关实施税源控管,防止税收流失,也可以便利纳税人缴纳税款。我国税收法律制度对纳税地点规定的总原则是纳税人在其所在地就地申报纳税。同时考虑到某些纳税人生产经营和财务核算的不同情况,对纳税地点也作了不同规定。例如增值税和企业所得税等,除另有规定者外,由纳税人向其所在地税务机关申报纳税。

(七) 减税、免税

减税、免税是指对某些纳税人和征税对象给予鼓励和照顾的一种特殊规定。它把税收的统一性和必要性灵活性地结合起来,体现因地制宜和因事制宜的原则,更好地贯彻税收政策。减税、免税的具体形式有以下三种。

1. 税基式减免

税基式减免是指通过直接缩小计税依据来实现减税免税。具体又包括起征点、免征额、项目扣除、跨期结转等。起征点是税法规定的征税对象达到开始征税数额的界限,征税对象的数额未达到起征点的不征税;达到或超过起征点的,则就其全部数额征税。

免征额是征税对象总额中免予征税的数额,它是按照税法规定的标准从征税对象总额中预先扣除的数额,免征额的部分不征税,只就其超过免征额的部分征税。项目扣除是指在征税对象总额中允许扣除某些项目的金额,而只就其余额作为计税依据计算应纳税额。跨期结转是将某些费用及损失向前或向后结转,抵消一部分收益,缩小税基,实现减免,如企业发生年度亏损,可用下一纳税年度的所得弥补。

2. 税率式减免

税率式减免是指通过直接降低税率来实现减税免税。包括重新确定税率、选用其他税率、零税率等形式。

3. 税额式减免

税额式减免是指通过减少一部分或全部应纳税额的方式实现的减税、免税。包括全部免征、减半征收、合订减免律、抵免税额以及另定减征税额等。

（八）税务争议

税收争议是税收行政争议的简称，又称税务争议，它有广义与狭义之分。广义的税收争议，既包括内部的税收争议，也包括外部的税收争议；狭义的税收争议仅指外部的税收争议。

1. 内部的税收争议

内部的税收争议包括两种：一是征税行政主体之间的争议，主要是有关税收权限的争议。如国家税务局和地方税务局认为自己对某项事务都有权管理或无权管理，从而对税收管理权限产生了积极或消极的冲突。二是征税行政主体与其所属的公务人员之间的争议，又称为税收处分争议，主要是有关行政处分的争议，如某个公务员不服税务机关的警告处分而产生的争议。

2. 外部的税收争议

外部的税收争议是指征税行政主体与公民、法人或者其他组织之间在税收征收和管理过程中，因特定的税务具体行政行为而引起的纠纷。

（1）税收管理争议

税收管理争议是指纳税人、扣缴义务人与税务机关就税务登记、征收方式、税收管辖、定税信息和其他涉及税收管理的问题与税务机关产生的争议。

（2）税务违法案件争议

税务违法案件争议是指税务机关的税源管理部门或税务稽查机关对纳税人、扣缴义务人和其他涉及税收违法案件的当事人就对其违法案件进行检查、税务处理、处罚结果和其他事项产生的争议。

（3）涉及债务的税收争议

涉及债务的税收争议是指税务机关与纳税人、扣缴义务人的债权债务人，因能够引起债权债务消灭的行为涉及税收问题时所引起的争议。

（九）税收法律责任

税收法律责任是指税收法律关系的主体因违反税收法律规范所应承担的法律后果。明确规定税收法律责任，不仅有利于维护正常的税收征纳秩序，确保国家的税收收入及时足额入库，而且有利于增强税法的威慑力，为预防和打击税收违法犯罪行为提供有力的法律武器，也有利于维护纳税人的合法权益。税收法律责任依其性质和形式的不同，可分为行政责任和刑事责任。

1. 行政责任

行政责任是指对违反税法的当事人,由税务机关或由税务机关提请有关部门依照行政程序所给予的一种税务行政制裁。行政责任的追究一般以税务违法行为发生为前提,这种税务违法行为不一定造成直接的经济损失。对违反税法的当事人追究行政责任,通常是在运用经济制裁还不足以消除其违法行为的社会危害性的情况下进行的。追究行政责任的方式主要有行政处罚和行政处分两种。

2. 刑事责任

刑事责任是对违反税法行为情节严重、已构成犯罪的当事人或直接责任人所给予的刑事制裁。追究刑事责任以税务违法行为情节严重、构成犯罪为前提。

行政责任一般是由税务机关依法追究,而刑事责任则是由司法机关追究。刑事责任是税收法律责任中最严厉的一种制裁措施。

第四节 税法体系

一、我国税收法律制度的沿革

(一) 1978 年以前的税制建设状况

从 1949 年中华人民共和国成立到 1978 年这段时间,我国的税制建设经历了一个曲折发展的过程。新中国成立后,党和国家立即着手建立新税制。1950 年 1 月 30 日,中央人民政府政务院发布《全国税政实施要则》,规定全国共设有 14 种税,即货物税、工商业税(包括营业税和所得税两个部分)、盐税、关税、薪给报酬所得税、存款利息所得税、印花税、遗产税、交易税、屠宰税、房产税、地产税、特种消费行为税和使用牌照税。此外,还有各地自行征收的一些税种,如农业税、牧业税等。

在执行中,税制作了一些调整。将房产税和地产税合并为城市房地产税,将特种消费行为税并入文化娱乐税(新增)和营业税,增加契税和船舶吨税,试行商品流通税,农业税由全国人民代表大会常务委员会正式立法。薪给报酬所得税和遗产税始终未开征。

1958 年,我国进行了新中国成立以后第一次大规模的税制改革,其主要内容是简化工商税制,试行工商统一税,甚至一度在城市国营企业试行"税利合一",在农村人民公社试行"财政包干"。至此,我国的工商税制共设 9 个税种,即工商统一税、工商所得税、盐税、屠宰税、利息所得税(1958 年停征)、城市房地产税、车船使用牌照税、文化娱乐税(1966 年停征)和牲畜交易税(无全国性统一法规)。1962 年,开征了集市交易税,1966 年以后各地基本停征。

1973 年,我国进行了新中国成立以后第二次大规模的税制改革,其核心仍然是简化工商税制。至此,我国的工商税制一共设有 7 种税,即工商税(包括盐税)、工商所得税、城市房地产税、车船使用牌照税、屠宰税、工商统一税和集市交易税。对国营企业只征收一道工商税,对集体企业只征收工商税和工商所得税两种税,城市房地产税、车船使用牌照税、屠宰税仅对个人和极少数单位征收,工商统一税仅对外适用。

但是,由于税种越来越少,税制越来越简单,大大缩小了税收在经济领域中的活动范围,严重地影响了税收职能作用的发挥。

(二) 1978 年至 1982 年的税制改革状况

这一时期是我国税制建设的恢复时期和税制改革的准备、起步时期,党和国家从思想上、理论上、组织上、税制上为后来的改革做了大量的准备工作,打下了坚实的基础。

从 1980 年 9 月到 1981 年 12 月,我国第五届全国人民代表大会先后通过并公布了《中外合资经营所得税法》《个人所得税法》和《外国企业所得税法》。同时,对中外合资企业、外国企业和外国人继续征收工商统一税、城市房地产税和车船使用牌照税。这样,初步形成了一套大体适用的涉外税收制度,适应了我国对外开放初期引进外资,开展对外经济技术合作的需要。在此期间,国务院还批准开征了烧油特别税,发布了《牲畜交易税暂行条例》。

(三) 1983 年至 1991 年的税制改革状况

这一时期可以说是我国税制改革全面探索的时期,取得了改革开放以后税制改革的第二次重大突破。作为企业改革和城市改革的一项重大措施,1983 年,国务院决定在全国试行国营企业利改税,即将新中国成立以后实行了 30 多年的国营企业向国家上缴利润的制度改为缴纳企业所得税的制度,并取得了初步的成功。这一改革从理论上和实践上突破了国营企业只能向国家缴纳利润,国家不能向国营企业征收所得税的禁区。这是国家与企业分配关系改革的一个历史性转变。

为了加快城市经济体制改革的步伐,经第六届全国人民代表大会及其常委会批准,国务院决定从 1984 年 10 月起在全国实施第二步利改税和工商税制改革,发布了关于征收国营企业所得税、国营企业调节税、产品税、增值税、营业税、盐税、资源税的一系列行政法规。

此后,国务院又陆续发布了关于征收集体企业所得税、私营企业所得税、城乡个体工商业户所得税、个人收入调节税、城市维护建设税、奖金税(包括国营企业奖金税、集体企业奖金税和事业单位奖金税)、国营企业工资调节税、固定资产投资方向调节税(其前身为 1983 年开征的建筑税)、特别消费税、房产税、车船使用税、城镇土地使用税、印花税、筵席税等税收的法规。1991 年,第七届全国人民代表大会第四次会议将《中外合资经营所得税法》与《外国企业所得税法》合并为《外商投资企业和外国企业所得税法》。

至此,我国的工商税制共有 32 种税收,即产品税、增值税、营业税、资源税、盐税、城镇土地使用税、国营企业所得税、国营企业调节税、集体企业所得税、私营企业所得税、城乡个体工商业户所得税、个人收入调节税、国营企业奖金税、集体企业奖金税、事业单位奖金税、国营企业工资调节税、固定资产投资方向调节税、城市维护建设税、烧油特别税、筵席税、特别消费税、房产税、车船使用税、印花税、屠宰税、集市交易税、牲畜交易税、外商投资企业和外国企业所得税、个人所得税、工商统一税、城市房地产税和车船使用牌照税。

从 1978 年到 1992 年,随着经济的发展和改革的深入,我国的工商税制改革进行了全面的探索,改革逐步深入,取得了很大的进展,初步建成了一套内外有别的,以流转税和所得税为主体,其他税种相配合的新的税制体系,这套税制的建立,在理论上、实践上突破了长期以来封闭型税制的约束,转向开放型税制;突破了统收统支的财力分配的关系,重新确立了国家与企业的分配关系;突破了以往税制改革片面强调简化税制的框子,注重多环节、多层次、多方面地发挥税收的经济杠杆作用,由单一税制转变为复合税制。这些突破使我国的税制建设开始进入健康发展的新轨道,与国家经济体制、财政体制改革的总体进程协调一致。

(四) 1992 年至 1994 年税制改革状况

1992 年 9 月召开的党的十四大提出了建立社会主义市场经济体制的战略目标,其中包括税制改革的任务。1993 年 6 月,中共中央、国务院作出了关于加强宏观调控的一系列重要决策,其中的重要措施之一就是加快税制改革。同年 11 月,党的十四届三中全会通过了《关于建立社会主义市场的发展经济体制若干问题的决定》,明确提出了税制改革的基本原则和主要内容。

在中共中央、国务院的直接领导下,从 1982 年起,财税部门就开始加快税制改革的准备工作,1993 年更是抓住机遇,迅速制定了全面改革工商税制的总体方案和各项具体措施,并完成了有关法律、法规的必要程序,于 1993 年底之前陆续公布,从 1994 年起在全国实施。

1994 年税制改革的主要内容是:第一,全面改革了流转税制,实行了以比较规范的增值税为主体,消费税、营业税并行,内外统一的流转税制。第二,改革了企业所得税制,将过去的对国营企业、集体企业和私营企业分别征收的多种所得税合并为统一的企业所得税。第三,改革了个人所得税,将过去的对外国人征收的个人所得税、对中国人征收的个人收入调节税和个体工商业户合并为统一的个人所得税。第四,对资源税、特别目的税、财产税、行为税做了大幅度调整,如扩大了资源税的征收范围,开征了土地增值税,取消了盐税、奖金税、集市交易税等 7 个税种,并将屠宰税、筵席税的管理权下放到省级地方政府,新设了遗产税和证券交易税(但是一直没有立法开征)。

证券交易印花税改革。1990 年 7 月 1 日深圳市政府参照中国香港地区证券市场,颁布了《关于对股权转让和个人持有股票收益征税的规定》,最先在深圳证券市场课征证券交易印花税。1991 年 10 月,深圳市将印花税税率调整到 3‰,上海也开始对股票买卖双方实行双向征收,税率为3‰。

1992年6月12日,国家税务总局和国家体改委联合下发《关于股份制试点企业有关税收问题的暂行规定》,明确规定了股份制试点企业向社会发行的股票,因购买、继承、赠与所书立的股权转让书据,均依书立时成交金额,由立据双方当事人分别按3‰的税率缴纳印花税。

1994年税制改革时,提出了将证券市场上的印花税改造成证券交易税独立征收的设想,并规定买卖双方双向征收3‰,同时规定在证券交易税未出台之前,仍按原办法征收印花税,鉴于当时条件不够成熟,《工商税制改革方案》做出"缓一步出台"的决定。之后,证券交易印花税税率历经多次上下调整,2008年4月24日起,国家税务总局调整证券(股票)交易印花税税率,由3‰调整为1‰。

经过多年来的逐步完善,我国已经初步建立了适应社会主义市场经济体制需要的税收制度,对于保证财政收入,加强宏观调控,深化改革,扩大开放,促进经济与社会的发展,起到了重要的作用。

(五)进入21世纪,国家税制改革状况

1. 大幅度调整出口退税政策

自2004年1月1日起,党和国家改革出口退税机制,加大中央财政对出口退税的支持力度,建立中央和地方共同负担出口退税的新机制。实行宽税基、低税率、严征管的原则,稳步推进税收改革。

2. 停征农业税

2005年12月29日,第十届全国人大常委会第十九次会议经表决决定,第一届全国人大常委会第九十六次会议于1958年6月3日通过的《农业税条例》自2006年1月1日起废止。

3. 统一内外资企业所得税

2007年3月16日,第十届全国人民代表大会第五次会议决定,自2008年1月1日起,开始施行《企业所得税法》。统一了内、外资企业所得税,统一并适当降低了企业所得税税率,统一和规范了税前扣除办法和标准,统一了税收优惠政策,建立了"产业优惠为主、区域优惠为辅"的新税收优惠体系。

4. 个人所得税的改革

2002年1月1日,个人所得税收入实行中央与地方按比例分享。

2005年12月14日,第十届全国人大常委会第十八次全体会议通过了《关于修改〈中华人民共和国个人所得税法〉的决定》,规定工资、薪金所得费用扣除标准将从每月800元提高到每月1600元,自2006年1月1日起施行。

2007年6月29日,第十届全国人民代表大会常务委员会第二十八次会议通过了《关于修改〈中华人民共和国个人所得税法〉的决定》,对个人所得税法进行了第四次修正。

2007年12月29日,第十届全国人大常委会第三十一次会议表决通过了《关于修改〈个人所得税法〉的决定》。2008年3月,新修订的《中华人民共和国个人所得税法》和《中华人民共和国所得税法实施条例》实施。

十一届全国人大常委会第二十一次会议于2011年6月30日表决通过关于修改个人所得税法的决定。修改后的《个人所得税法》于2011年9月1日起施行。

根据2018年8月31日第十三届全国人民代表大会常务委员会第五次会议《关于修改〈中华人民共和国个人所得税法〉的决定》,国家第七次修正《个人所得税法》,修改重点主要有:工资薪金、劳务报酬、稿酬和特许权使用费等四项劳动性所得首次实行综合征税;个税起征点由每月3500元提高至每月5000元(每年6万元);首次增加子女教育支出、继续教育支出、大病医疗支出、住房贷款利息和住房租金等专项附加扣除;优化调整税率结构,扩大较低档税率级距。

5. 增值税转型改革

从2004年7月1日起,增值税转型试点首先在东北三省的装备制造业、石油化工业等八大行业进行;2007年7月1日起,将试点范围扩大到中部六省26个老工业基地城市的电力业、采掘业等八大行业。

2008年7月1日,又将试点范围扩大到内蒙古自治区东部五个盟市和四川汶川地震受灾严重地区。除四川汶川地震受灾严重地区以外,其他试点地区实行的试点办法的主要内容是:对企业新购入的设备所含进项税额,先抵减欠缴增值税,再在企业本年新增增值税的额度内抵扣,未抵扣完的进项税余额结转下期继续抵扣。

为确保增值税转型改革顺利实施,做好增值税、消费税和营业税之间的衔接,2008年国务院修订通过了《中华人民共和国增值税暂行条例》(以下简称《增值税暂行条例》),自2009年1月1日起施行。

2009年1月1日起,国务院决定自在我国所有地区、所有行业推行增值税转型改革,由生产型增值税转为国际上通用的消费型增值税。这一改革的核心内容是允许企业抵扣其购进设备所含的增值税,此举将消除我国当前生产型增值税制产生的重复征税因素,降低企业设备投资的税收负担,在维持现行税率不变的前提下,是一项重大的减税政策。

2011年,财政部、国家税务总局发布了《关于印发〈营业税改征增值税试点方案〉的通知》,此次税制改革简称"营改增"。经国务院批准,自2013年8月1日起,在上海市等地进行试点的基础上,在全国范围内开展交通运输业和部分现代服务业营业税改征增值税的试点工作。从2014年起,相继在铁路运输业、邮政电信业推行营改增试点。

自2016年5月1日起,生活服务业、金融业、建筑业、房地产业四个行业全面进入"营改增"试点,至此,增值税全面开始实施,营业税完成历史使命。2018年3月,国务院常务会议决定,从5月1日起,降低增值税税率,以减轻企业税负。2019年4月,为刺激经济发展,国务院决定进一步降低增值税税率。

6. 消费税调整

消费税是我国1994年税制改革时设置的税种,当时主要选择了烟、酒、小汽车等11类应税产品。从2006年4月1日起,对我国消费税的税目、税率及相关政策进行调整。此次政策调整是1994年税制改革以来消费税最大规模的一次调整。2008年,国务院修订通过了《中华人民共和国消费税暂行条例》(以下简称《消费税暂行条例》),自2009年1月1日起施行。

7. 以完善立法为首要任务的财税改革

车船税法的实施:2011年,全国人大常委会通过《中华人民共和国车船税法》(以下简称《车船税法》),自2012年1月1日起施行。城镇土地使用税的统一:2006年,国务院公布《关于修改〈中华人民共和国城镇土地使用税暂行条例〉的决定》和修改后的《中华人民共和国城镇土地使用税暂行条例》(以下简称《城镇土地使用税暂行条例》),自2007年1月1日起施行,开始对外商投资企业、外国企业和外国人征税。耕地占用税的统一:2007年,国务院公布修改后的《中华人民共和国耕地占用税暂行条例》(以下简称《耕地占用税暂行条例》),自2008年1月1日起施行,开始对外商投资企业、外国企业和外国人征税。房产税的统一:自2009年1月1日起,外商投资企业、外国企业和组织、外籍个人适用《中华人民共和国房产税暂行条例》(以下简称《房产税暂行条例》)缴纳房产税。城市维护建设税和教育费附加的统一:自2012年12月1日起,我国统一内外资企业城市维护建设税和教育费附加制度,对外商投资企业、外国企业及外籍个人征收城市维护建设税和教育费附加。

2013年11月,党的十八届三中全会明确提出了未来税制改革的具体任务,2014年6月30日中共中央政治局通过《审核财税体制改革总体方案》,主要涉及"六税一法"的改革,即增值税、个人所得税、消费税、资源税、房地产税、环境保护税和税收征收管理法的改革。

为促进资源节约集约利用,加快生态文明建设,财政部、国家税务总局于2016年5月9日联合发布《关于全面推进资源税改革的通知》,扩大征税范围,对水征收资源税。2019年,全国人民代表大会常务委员会通过了《中华人民共和国资源税法》(以下简称《资源税法》),自2020年9月1日起施行。资源税法是贯彻习近平生态文明思想、落实税收法定原则、完善地方税体系的重要举措,是绿色税制建设的重要组成部分。

2006年,国务院颁布了《中华人民共和国烟叶税暂行条例》(以下简称《烟叶税暂行条例》)。2017年,全国人民代表大会常务委员会通过了《中华人民共和国烟叶税法》(以下简称《烟叶税法》),自2006年4月28日起开始施行。

2011年,《中华人民共和国车船税法》(以下简称《车船税法》),经全国人民代表大会常务委员会通过,自2012年1月1日起施行。2019年4月23日,第一次修正。《中华人民共和国环境保护税法》(以下简称《环境保护税法》),于2018年1月1日起实施。《中华人民共和国船舶吨税法》(以下简称《船舶吨税法》),自2018年7月1日起施行。《中华人民共和国车辆购置税法》(以下简称《车辆购置税法》),自 2019 年 7 月 1 日起施行。《中华人民共和国耕地占用税法》(以下简称《耕地占用税法》),自 2019 年 9 月 1 日起施行。《中华人民共和国契税法》(以下简称《契税法》),自 2021 年 9 月 1 日起施行。《中华人民共和国城市维护建设税法》(以下简称《城市维护建设税法》),自 2021 年 9 月 1 日起施行。

2016 年,全国人民代表大会常务委员会通过了《中华人民共和国环境保护税法》(以下简称《环境保护税法》),于 2018 年 1 月 1 日起实施。2021 年 6 月 10 日,第十三届 2016 年,全国人民代表大会常务委员会通过了《中华人民共和国印花税法》(以下简称《印花税法》),自 2022 年 7 月 1 日起施行。该法将证券交易印花税纳入法律规范。同时简并取消许可证照等印花税税目,降低加工承揽等合同税率,减轻企业税负,使税收征管更加科学规范,减少自由裁量权,堵塞任意性漏洞。

8. 税收征管法制建设

2001 年 4 月 28 日,第九届全国人民代表大会常务委员会第二十一次会议对《税收征管法》进行了全面修订。与原法比较,修订后的《税收征管法》在税务管理、税款征收、税务检查和法律责任等方面作了许多新规定,突出地体现了对纳税人权益的保护。

2002 年 9 月 7 日,国务院颁布了《税收征收管理法实施细则》,对《税收征管法》的规定予以细化。2003 年 4 月 23 日,国家税务总局印发了关于贯彻《税收征收管理法》及其实施细则若干具体问题的通知,对税务登记代码、纳税申报等问题作了说明。随后,国家税务总局又相继发布了具体的管理办法,如《纳税信用等级平管理试行办法》《税务登记管理办法》等。根据《中华人民共和国行政复议法》(以下简称《行政复议法》)《税收征管法》和其他有关规定,国家税务总局于 2004 年 2 月发布了《税务行政复议规则(暂行)》,并于 2015 年 12 月 28 日发布修订后的《税务行政复议规则》,于 2018 年 6 月 15 日再次修订。

2002 年国家税务总局发布了《关于进一步做好所得税收入分享体制改革后征管工作的通知》,对分享体制改革后的征管问题予以明确。

我国在 1995 年初,确立了新的税收征管模式。我国现行的征管模式为"以申报纳税和优化服务为基础,以计算机网络为依托,集中征收,重点稽查,强化管理"的征管模式,确立了纳税人在纳税中的主体地位,还纳税权利、义务、责任于纳税人。税务行政服务明显优化。税收征管的科技含量逐步提高,加快了以计算机网络为依托的征管现代化进程。建立了人机结合的税务稽查体系,税务稽查力度不断加大。税务系统的社会形象明显改观。2004 年国家税务总局发布了《关于进一步加强税收征管工作的若干意见》,对强化税源管理作了具体规定。同时,形成了纳税申报的"一窗式"、涉税事项的"一站式"、征管信息的"一户式"管理格局。

2013 年 6 月,国务院法制办向社会公布了《税收征管法》修正案草案,公开征求意见,拉开了《税收征管法》新一轮修订的序幕。

2016 年 11 月 30 日,国务院税务总局制定了《税务行政处罚裁量权行使规则》,自

2017年1月1日起施行。

截至2019年12月,我国政府签署的税收协定(安排)覆盖了111个国家和地区,这些双边协定对于防止国际避税和逃税具有十分重要的意义。

9. 税收征管体制改革

党的十八大以来,习近平总书记关于全面深化改革的重要指示和关于税收工作的重要论述,为推动税收改革提供了根本遵循。2018年2月,党的十九届三中全会开启了国税地税征管体制改革的新征程。2018年6月15日,按照党中央、国务院统一部署,全国各省(自治区、直辖市)级以及计划单列市的国税局、地税局正式宣告合并,36个省级新税务机构统一挂牌,标志着国税地税征管体制改革迈出阶段性关键一步。

此次改革主要内容是合并省级及省级以下国税地税机构,实行以税务总局为主与省(自治区、直辖市)政府双重领导管理体制,将基本养老保险费、基本医疗保险费、失业保险费等各项社会保险费交由税务部门统一征收。2018年7月,市、县级税务局逐级分步完成集中办公、新机构挂牌等改革事项。至此,省、市、县、乡四级新税务机构完成挂牌。

2021年3月24日,中共中央办公厅、国务院办公厅印发了《关于进一步深化税收征管改革的意见》,主要目标是:到2022年,在税务执法规范性、税费服务便捷性、税务监管精准性上取得重要进展。到2023年,基本建成"无风险不打扰、有违法要追究、全过程强智控"的税务执法新体系,实现从经验式执法向科学精确执法转变;基本建成"线下服务无死角、线上服务不打烊、定制服务广覆盖"的税费服务新体系,实现从无差别服务向精细化、智能化、个性化服务转变;基本建成以"双随机、一公开"监管和"互联网+监管"为基本手段、以重点监管为补充、以"信用+风险"监管为基础的税务监管新体系,实现从"以票管税"向"以数治税"分类精准监管转变。

到2025年,深化税收征管制度改革取得显著成效,基本建成功能强大的智慧税务,形成国内一流的智能化行政应用系统,全方位提高税务执法、服务、监管能力。

二、我国现行税法体系

一个国家要根据本国的具体政治经济条件来建立自己的税收制度。各个国家的政治经济制度不同,所以税收制度也各不相同,具体征税办法也千差万别。我国现行税法体系主要分为两个部分。

(一) 税收实体法体系

我国现行税收法律体系是在原有税制的基础上,经过1994年工商税制改革后形成的。现共有18个税种,按照征税对象分为五类。

(1)商品(货物)和劳务税类

包括增值税、消费税和关税。主要在生产、流通或者服务业中发挥调节作用。

(2) 所得税类

包括企业所得税、个人所得税、土地增值税。

主要是在国民收入形成后,对生产经营者的利润和个人的纯收入发挥调节作用。

(3) 财产和行为税类

包括房产税、车船税、印花税和契税。主要是对某些财产和行为发挥调节作用。

(4) 资源税和环境保护税类

包括资源税、环境保护税和城镇土地使用税。主要是对因开发和利用自然资源差异而形成的级差收入发挥调节作用。

(5) 特定目的税类

包括城市维护建设税、车辆购置税、耕地占用税、船舶吨税和烟叶税。主要是为了达到特定目的,对特定对象和特定行为发挥调节作用。

上述税种中的进口的增值税和消费税、关税和船舶吨税由海关负责征收管理,其他税种由税务机关负责征收管理。

上述税种,以国家法律的形式发布实施的有 12 个:车辆购置税、车船税、船舶吨税、个人所得税、耕地占用税、环境保护税、企业所得税、烟叶税、资源税、契税、城市维护建设税、印花税。其他各税种都是经全国人民代表大会授权立法,由国务院以暂行条例的形式发布实施的。上述税收法律法规组成了我国的税收实体法体系。

(二) 税收程序法体系

除税收实体法外,我国对税收征收管理适用的法律制度,是按照税收管理机关的不同而分别规定的。

(1) 由税务机关负责征收的税种的征收管理,按照全国人大常委会发布实施的《税收征管法》及各实体税法中的征管规定执行。

(2) 由海关负责征收的税种的征收管理,按照《中华人民共和国海关法》(以下简称《海关法》)及《进出口关税条例》等有关规定执行。

上述税收实体法和税收征收管理法律制度构成了我国现行的税法体系。

第二章 增值税法

【学习目标】
1. 掌握增值税计税依据的具体规定及应纳税额的计算。
2. 理解增值税的纳税期限及纳税地点的规定。
3. 了解增值税的出口退税。

【导学案例】

某企业为增值税一般纳税人。2022年9月,该企业外购货物支付增值税进项税额8万元,并收到对方开具的增值税专用发票并认证;销售货物取得不含税销售额100万元。

已知销售的货物适用13%的增值税税率,计算该企业2022年9月份增值税应纳税额。

第一节 增值税概述

一、增值税的概念

增值税是以增值额为征税对象征收的一种税,就是以商品生产流通和劳务服务各个环节所创造的新增价值额为征税对象的一种税。"增值额"可以理解为,纳税人在一定时期内销售商品或者提供劳务所取得的收入大于其购进商品(包括为生产成品所购买的原材料、燃料、动力、低值易耗品等,或直接购进的半成品、成品)或接受劳务时所支付的金额的差额。

例如,某企业生产某产品,耗费原材料、燃料、动力等外购项目金额为60元,该产品销售价格为110元,如不考虑其他因素,则每件产品的增值额为50元(110元-60元)。

为了更好地理解增值税,我们看一个例子:甲厂是木材加工厂,乙厂和丙厂是家具厂。甲厂需要购进原木进行加工,乙厂需要从甲厂购进加工好的木材生产家具,丙厂直接购进原木自己加工生产家具。现在假设甲厂购进70万元的木材,经过加工后以100万元的价格卖给乙厂,乙厂用这些木材加工成家具后,再以200万元的价格出售;而丙厂直接购进70万元的原木,对木材加工后再加工成家具,也以200万元的价格出售。现在有两种办法征税:

1. 销售额计税

甲厂卖给乙家具厂的单件木材的销售收入是 100 万元,税率 13%,即缴纳 13 万元税款;乙厂以这批木材加工成家具,销售收入 200 万元,按照同样的税率,要缴纳 26 万元税款。丙厂以原木加工成家具,销售收入 200 万元,按照同样的税率,要缴纳 26 万元税款。

计算一下:乙厂生产的家具,从原木到家具,经过两个环节,共缴纳税款 13+26=39 万元;丙厂生产的家具,从原木到家具,只经过一个环节,共缴纳税款 26 万元。

2. 按增值额计税

甲厂购进原木花费 70 万元,销售收入是 100 万元,增值额是 100-70=30 万元,税率 13%,缴纳 30 万元×13%=3.9 万元税款;乙厂购进木材花费 100 万元,销售收入 200 万元,增值额是 200-100=100 万元,按照同样的税率,要缴纳 100 万元×13%=13 万元税款;丙厂购进原木花费 70 万元,销售收入 200 万元,增值额是 200-70=130 万元,按照同样的税率,要缴纳 130 万元×13%=16.9 万元税款。

计算一下:乙厂生产的家具,从原木到家具,经过两个环节,共缴纳税款 3.9+13=16.9 万元;丙厂生产的家具,从原木到家具,经过一个环节,共缴纳税款也是 16.9 万元。

如果按第一种办法纳税,木材厂卖出的木材交了一道税;用木材做成家具,木材的价值已成为家具价值的一部分,再按家具的销售全额征税,也就是对生产家具的木材再征了一道税,形成对木材的重复征税,不利于市场的公平竞争,也不利于专业化协作生产。

如果按第二种办法征税,也即按商品生产流通各个环节的增值额征税,情形就不同了。乙厂销售家具,收入 200 万元,减去为生产家具购进的木材 100 万元,其增值额为 100 万元,按 13% 的税率征税,只须缴税 13 万元;连同木材厂缴纳的 3.9 万元税款,家具一共负担税款 16.9 万元,与丙厂生产的同样产品的税收负担相同。

小贴士

早在 1917 年,美国学者 T. 亚当斯就已提出增值税的雏形,1948 年,法国进行了增值税的征收实践,并逐渐推广到欧洲诸国及其他国家。迄今为止,已有 140 多个国家和地区开征了增值税。

增值税之所以受到各国青睐,源于自身设计的一系列优点:(1)增值税是"中性"税种,它以商品流转的增值额为计税依据,可以有效防止重复征税,促使纳税人之间公平竞争;(2)增值税实行"道道征收,税不重征",能够体现经济链各个环节的内在联系,促进互相监督,保证税收的稳定增长;(3)增值税的税收负担在商品流转各个环节合理分配,可以促进生产的专业化和纳税人的横向联合,从而提高劳动生产率,鼓励出口和促进本国经济的发展。

二、增值税的类型

按照外购固定资产处理方式的不同,可以将增值税划分为消费型增值税、收入型增值税和生产型增值税三种类型。

（1）消费型增值税允许纳税人在计算增值税时，将外购固定资产的价值一次性扣除，可以彻底消除重复征税问题，有利于促进技术进步，它是世界上实行增值税的国家普遍采用的一种类型。

（2）收入型增值税允许纳税人在计算增值税时，将外购固定资产折旧部分扣除。

（3）生产型增值税不允许纳税人在计算增值税时扣除外购固定资产的价值。由于生产型增值税的税基中包含了外购固定资产的价值，对这部分价值存在重复征税问题。生产型增值税客观上可以抑制企业固定资产投资。

目前，只有极少数发展中国家实行生产型增值税，大多数国家开征的都是消费型增值税，我国原来开征的是生产型增值税，从2009年1月1日起，我国全面改征消费型增值税，实现了"增值税转型"。此项改革有利于鼓励投资，鼓励设备更新，因为消费型增值税最能体现增值税的优越性。

小贴士

《关于明确增值税小规模纳税人减免增值税等政策的公告》（财政部、税务总局公告2023年第1号）明确规定：

一、自2023年1月1日至2023年12月31日，对月销售额10万元以下（含本数）的增值税小规模纳税人，免征增值税。

二、自2023年1月1日至2023年12月31日，增值税小规模纳税人适用3%征收率的应税销售收入，减按1%征收率征收增值税；适用3%预征率的预缴增值税项目，减按1%预征率预缴增值税。

三、自2023年1月1日至2023年12月31日，增值税加计抵减政策按照以下规定执行：

（一）允许生产性服务业纳税人按照当期可抵扣进项税额加计5%抵减应纳税额。生产性服务业纳税人，是指提供邮政服务、电信服务、现代服务、生活服务取得的销售额占全部销售额的比重超过50%的纳税人。

（二）允许生活性服务业纳税人按照当期可抵扣进项税额加计10%抵减应纳税额。生活性服务业纳税人，是指提供生活服务取得的销售额占全部销售额的比重超过50%的纳税人。

（三）纳税人适用加计抵减政策的其他有关事项，按照《财政部 税务总局 海关总署关于深化增值税改革有关政策的公告》（财政部 税务总局 海关总署公告2019年第39号）、《财政部 税务总局关于明确生活性服务业增值税加计抵减政策的公告》（财政部 税务总局公告2019年第87号）等有关规定执行。

四、按照本公告规定，应予减免的增值税，在本公告下发前已征收的，可抵减纳税人以后纳税期应缴纳税款或予以退还。

【随堂测验2-1】
我国现行增值税的类型属于( )。
A. 生产型　　　　B. 消费型　　　　C. 收入型　　　　D. 未定型
【解析】
正确答案是B。自从2009年1月1日起,我国全面改征消费型增值税。

三、增值税的征收范围

根据《增值税暂行条例》的规定,增值税的征收范围包括:在中华人民共和国境内销售货物或者加工、修理修配劳务(以下简称劳务),销售服务、无形资产、不动产以及进口货物。

(一)销售货物

1. 一般销售货物

一般销售货物,是指通常情况下,在中国境内有偿转让货物的所有权,货物,是指有形动产,包括电力、热力、气体在内。有偿,是指从购买方取得货币、货物或者其他经济利益。

2. 视同销售货物行为

下列行为或者没有转让货物的所有权,或者只是无偿转让货物的所有权,为了平衡各类经营方式及各类货物之间的税负,便于税源的控制,税法规定对这类行为视同销售,征收增值税。单位或者个体工商户的下列行为,视同销售货物:

(1)将货物交付其他单位或者个人代销;
(2)销售代销货物;
(3)设有两个以上机构并实行统一核算的纳税人,将货物从一个机构移送其他机构用于销售,但相关机构设在同一县(市)的除外;
(4)将自产或者委托加工的货物用于非增值税应税项目;
(5)将自产、委托加工的货物用于集体福利或者个人消费;
(6)将自产、委托加工或者购进的货物作为投资,提供给其他单位或者个体工商户;
(7)将自产、委托加工或者购进的货物分配给股东或者投资者;
(8)将自产、委托加工或者购进的货物无偿赠送其他单位或者个人。

上述八种行为确定为视同销售货物行为,均要征收增值税。其确定的原因有两个:一是保证增值税税款抵扣制度的实施,不至于因发生上述行为而造成税款抵扣环节的中断;二是避免因发生上述行为而造成货物销售税收负担不平衡的矛盾,防止通过上述行为逃避纳税的现象。

3. 混合销售行为

一项销售行为如果既涉及货物又涉及非增值税应税劳务,则为混合销售行为。从事货物的生产、批发或者零售的企业、企业性单位和个体工商户的混合销售行为，视为销售货物，应当缴纳增值税；其他单位和个人的混合销售行为，视为销售非增值税应税劳务，不缴纳增值税。

非增值税应税劳务，是指属于应缴营业税的交通运输业、建筑业、金融保险业、邮电通信业、文化体育业、娱乐业、服务业税目征收范围的劳务。从事货物的生产、批发或者零售的企业、企业性单位和个体工商户，包括以从事货物的生产、批发或者零售为主，并兼营非增值税应税劳务的单位和个体工商户在内。

例如，甲厂向外地的乙工厂销售商品一批，双方协定由甲厂用自己的运输队运送该批商品，甲方向乙方收取运输费。该项销售中既涉及销售货物又涉及提供运输劳务，后者是增值税的非应税劳务。

4. 兼营非应税劳务行为

增值税纳税人在从事应税货物销售或提供应税劳务的同时，还从事非应税劳务，且从事的非应税劳务与某一项销售货物或提供应税劳务并无直接联系和从属关系，为兼营非应税劳务。

纳税人兼营非增值税应税项目的，应分别核算货物或者应税劳务的销售额和非增值税应税项目的营业额；未分别核算的，由主管税务机关核定货物或者应税劳务的销售额。

（二）销售劳务

提供加工、修理修配劳务（以下称应税劳务），是指有偿提供加工、修理修配劳务。单位或者个体工商户聘用的员工为本单位或者雇主提供加工、修理修配劳务，不包括在内。

加工，是指受托加工货物，即委托方提供原料及主要材料，受托方按照委托方的要求，制造货物并收取加工费的业务。

修理修配，是指受托对损伤和丧失功能的货物进行修复，使其恢复原状和功能的业务。

（三）销售服务

销售服务，是指提供交通运输服务、邮政服务、电信服务、建筑服务、金融服务、现代服务、生活服务。

1. 交通运输服务

交通运输服务，是指利用运输工具将货物或者旅客送达目的地，使其空间位置得到转移的业务活动，包括陆路运输服务、水路运输服务、航空运输服务和管道运输服务。

（1）陆路运输服务。

陆路运输服务，是指通过陆路（地上或者地下）运送货物或者旅客的运输业务活动，包括铁路运输服务和其他陆路运输服务。

（2）水路运输服务。

水路运输服务，是指通过江、河、湖、川等天然、人工水道或者海洋航道运送货物或者旅客的运输业务活动。

(3)航空运输服务。

航空运输服务,是指通过空中航线运送货物或者旅客的运输业务活动。

(4)管道运输服务。

管道运输服务,是指通过管道设施输送气体、液体、固体物质的运输业务活动。

2. 邮政服务

邮政服务,是指中国邮政集团公司及其所属邮政企业提供邮件寄递、邮政汇兑和机要通信等邮政基本服务的业务活动,包括邮政普遍服务、邮政特殊服务和其他邮政服务。

(1)邮政普遍服务。

邮政普遍服务,是指函件、包裹等邮件寄递,以及邮票发行、报刊发行和邮政汇兑等业务活动。

(2)邮政特殊服务。

邮政特殊服务,是指义务兵平常信函、机要通信、盲人读物和革命烈士遗物的寄递等业务活动。

(3)其他邮政服务。

其他邮政服务,是指邮册等邮品销售、邮政代理等业务活动。

3. 电信服务

电信服务,是指利用有线、无线的电磁系统或者光电系统等各种通信网络资源,提供语音通话服务,传送、发射、接收或者应用图像、短信等电子数据和信息的业务活动,包括基础电信服务和增值电信服务。

(1)基础电信服务。

基础电信服务,是指利用固网、移动网、卫星、互联网,提供语音通话服务的业务活动,以及出租或者出售带宽、波长等网络元素的业务活动。

(2)增值电信服务。

增值电信服务,是指利用固网、移动网、卫星、互联网、有线电视网络,提供短信和彩信服务、电子数据和信息的传输及应用服务、互联网接入服务等业务活动。

卫星电视信号落地转接服务,按照增值电信服务缴纳增值税。

4. 建筑服务

建筑服务,是指各类建筑物、构筑物及其附属设施的建造、修缮、装饰,线路、管道、设备、设施等的安装以及其他工程作业的业务活动。包括工程服务、安装服务、修缮服务、装饰服务和其他建筑服务。

(1)工程服务。

工程服务,是指新建、改建各种建筑物、构筑物的工程作业,包括与建筑物相连的各种设备或者支柱、操作平台的安装或者装设工程作业,以及各种窑炉和金属结构工程作业。

(2)安装服务。

安装服务,是指生产设备、动力设备、起重设备、运输设备、传动设备、医疗实验设备以及其他各种设备、设施的装配、安置工程作业,包括与被安装设备相连的工作台、梯子、栏杆的装设工程作业,以及被安装设备的绝缘、防腐、保温、油漆等工程作业。

固定电话、有线电视、宽带、水、电、燃气、暖气等经营者向用户收取的安装费、初装费、开户费、扩容费以及类似收费,按照安装服务缴纳增值税。

(3)修缮服务。

修缮服务,是指对建筑物、构筑物进行修补、加固、养护、改善,使之恢复原来的使用价值或者延长其使用期限的工程作业。

(4)装饰服务。

装饰服务,是指对建筑物、构筑物进行修饰装修,使之美观或者具有特定用途的工程作业。

(5)其他建筑服务。

其他建筑服务,是指上列工程作业之外的各种工程作业服务。

5. 金融服务

金融服务,是指经营金融保险的业务活动。包括贷款服务、直接收费金融服务、保险服务和金融商品转让。

(1)贷款服务。

贷款,是指将资金贷与他人使用而取得利息收入的业务活动。各种占用、拆借资金取得的收入,包括金融商品持有期间(含到期)利息(保本收益、报酬、资金占用费、补偿金等)收入、信用卡透支利息收入、买入返售金融商品利息收入、融资融券收取的利息收入,以及融资性售后回租、押汇、罚息、票据贴现、转贷等业务取得的利息及利息性质的收入,按照贷款服务缴纳增值税。

以货币资金投资收取的固定利润或者保底利润,按照贷款服务缴纳增值税。

(2)直接收费金融服务。

直接收费金融服务,是指为货币资金融通及其他金融业务提供相关服务并且收取费用的业务活动。包括提供货币兑换、账户管理、电子银行、信用卡、信用证、财务担保、资产管理、信托管理、基金管理、金融交易场所(平台)管理、资金结算、资金清算、金融支付等服务。

(3)保险服务。

保险服务,是指投保人根据合同约定,向保险人支付保险费,保险人对于合同约定的可能发生的事故因其发生所造成的财产损失承担赔偿保险金责任,或者当被保险人死亡、伤残、疾病或者达到合同约定的年龄、期限等条件时承担给付保险金责任的商业保险行为。包括人身保险服务和财产保险服务。

(4)金融商品转让。

金融商品转让,是指转让外汇、有价证券、非货物期货和其他金融商品所有权的业务活动。其他金融商品转让包括基金、信托、理财产品等各类资产管理产品和各种金融衍生品的转让。

6. 现代服务

现代服务,是指围绕制造业、文化产业、现代物流产业等提供技术性、知识性服务的业务活动,包括研发和技术服务、信息技术服务、文化创意服务、物流辅助服务、租赁服务、鉴证咨询服务、广播影视服务、商务辅助服务和其他现代服务。

(1)研发和技术服务。

研发和技术服务,包括研发服务、合同能源管理服务、工程勘察勘探服务、专业技术服务。

(2)信息技术服务。

信息技术服务,是指利用计算机、通信网络等技术对信息进行生产、收集、处理、加工、存储、运输、检索和利用,并提供信息服务的业务活动,包括软件服务、电路设计及测试服务、信息系统服务、业务流程管理服务和信息系统增值服务。

(3)文化创意服务。

文化创意服务,包括设计服务、知识产权服务、广告服务和会议展览服务。

(4)物流辅助服务。

物流辅助服务,包括航空服务、港口码头服务、货运客运场站服务、打捞救助服务、装卸搬运服务、仓储服务和收派服务。

(5)租赁服务。

租赁服务,包括融资租赁服务和经营租赁服务。

(6)鉴证咨询服务。

鉴证咨询服务,包括认证服务、鉴证服务和咨询服务。

①认证服务,是指具有专业资质的单位利用检测、检验、计量等技术,证明产品、服务、管理体系符合相关技术规范、相关技术规范的强制性要求或者标准的业务活动。

②鉴证服务,是指具有专业资质的单位受托对相关事项进行鉴证,发表具有证明力的意见的业务活动,包括会计鉴证、税务鉴证、法律鉴证、职业技能鉴定、工程造价鉴证、工程监理、资产评估、环境评估、房地产土地评估、建筑图纸审核、医疗事故鉴定等。

③咨询服务,是指提供信息、提出建议、出具策划方案、提供顾问等服务的活动,包括金融、软件、技术、财务、税收、法律、内部管理、业务运作、流程管理、健康等方面的咨询。

翻译服务和市场调查服务按照咨询服务缴纳增值税。

(7)广播影视服务。

广播影视服务,包括广播影视节目(作品)的制作服务、发行服务和播映(含放映,下同)服务。

①广播影视节目(作品)制作服务,是指进行专题(特别节目)、专栏、综艺、体育、动画片、广播剧、电视剧、电影等广播影视节目和作品制作的服务。具体包括与广播影视节目和作品相关的策划、采编、拍摄、录音、音视频文字图片素材制作、场景布置、后期的剪辑、翻

译(编译)、字幕制作、片头、片尾、片花制作、特效制作、影片修复、编目和确权等业务活动。

②广播影视节目(作品)发行服务,是指以分账、买断、委托等方式,向影院、电台、电视台、网站等单位和个人发行广播影视节目(作品)以及转让体育赛事等活动的报道及播映权的业务活动。

③广播影视节目(作品)播映服务,是指在影院、剧院、录像厅及其他场所播映广播影视节目(作品),以及通过电台、电视台、卫星通信、互联网、有线电视等无线或者有线装置播映广播影视节目(作品)的业务活动。

(8)商务辅助服务。

商务辅助服务包括企业管理服务、经纪代理服务、人力资源服务、安全保护服务。

①企业管理服务,是指提供总部管理、投资与资产管理、市场管理、物业管理、日常综合管理等服务的业务活动。

②经纪代理服务,是指各类经纪、中介、代理服务。包括金融代理、知识产权代理、货物运输代理、代理报关、法律代理、房地产中介、职业中介、婚姻中介、代理记账、拍卖等。货物运输代理服务,是指接受货物收货人、发货人、船舶所有人、船舶承租人或者船舶经营人的委托,以委托人的名义,为委托人办理货物运输、装卸、仓储和船舶进出港口、引航、靠泊等相关手续的业务活动。代理报关服务,是指接受进出口货物的收、发货人委托,代为办理报关手续的业务活动。

③人力资源服务,是指提供公共就业、劳务派遣、人才委托招聘、劳动力外包等服务的业务活动。

④安全保护服务,是指提供保护人身安全和财产安全,维护社会治安等的业务活动。包括场所住宅保安、特种保安、安全系统监控以及其他安保服务。

(9)其他现代服务。其他现代服务是指除研发和技术服务、信息技术服务、文化创意服务、物流辅助服务、租赁服务、鉴证咨询服务、广播影视服务和商务辅助服务以外的现代服务。

7. 生活服务

生活服务,是指为满足城乡居民日常生活需求提供的各类服务活动。包括文化体育服务、教育医疗服务、旅游娱乐服务、餐饮住宿服务和居民日常服务。

(四)销售无形资产及不动产

1. 销售无形资产

销售无形资产,是指转让无形资产所有权或者使用权的业务活动。无形资产,是指不具实物形态,但能带来经济利益的资产,包括技术、商标、著作权、商誉、自然资源使用权和其他权益性无形资产。

2. 销售不动产

销售不动产,是指转让不动产所有权的业务活动。不动产,是指不能移动或者移动后会引起性质、形状改变的财产,包括建筑物、构筑物等。

(五) 征税范围的特殊规定

1. 下列情形视同销售服务、无形资产或者不动产,但用于公益事业或者以社会公众为对象的除外

(1)单位或者个体工商户向其他单位或者个人无偿提供服务;

(2)单位或者个人向其他单位或者个人无偿转让无形资产或者不动产;

(3)财政部和国家税务总局规定的其他情形。

2. 销售服务、无形资产或者不动产,是指有偿提供服务、有偿转让无形资产或者不动产(属于非经营活动的情形除外)

(1)行政单位收取的同时满足以下条件的政府性基金或者行政事业性收费。

由国务院或者财政部批准设立的政府性基金,由国务院或者省级人民政府及其财政、价格主管部门批准设立的行政事业性收费;收取时开具省级以上(含省级)财政部门监(印)制的财政票据;所收款项全额上缴财政。

(2)自我服务属于非经营活动。

单位或者个体工商户聘用的员工为本单位或者雇主提供取得工资的服务;单位或者个体工商户为聘用的员工提供服务。

3. 下列情形不属于在境内销售服务或者无形资产

(1)境外单位或者个人向境内单位或者个人销售完全在境外发生的服务。

(2)境外单位或者个人向境内单位或者个人销售完全在境外使用的无形资产。

(3)境外单位或者个人向境内单位或者个人出租完全在境外使用的有形动产。

(4)财政部和国家税务总局规定的其他情形。

(六) 进口货物

进口货物是指将货物从境外移送至我国境内的行为。税法规定,凡进入我国海关境内的货物,应于进口报关时向海关缴纳进口环节增值税。进口增值税的征税范围包括所有申报进入我国海关境内的货物,只要是报关进口的应税货物,均应按照规定缴纳进口环节的增值税。

四、增值税的纳税人

根据《增值税暂行条例》的规定,在中华人民共和国境内销售货物或者加工、修理修配劳务(以下简称劳务),销售服务、无形资产、不动产以及进口货物的单位和个人,为增值税的纳税人。

在中华人民共和国境内(以下简称境内)销售货物或者提供加工、修理修配劳务是指:

(1)销售货物的起运地或者所在地在境内;
(2)提供的应税劳务发生在境内。

此处所称单位,是指企业、行政单位、事业单位、军事单位、社会团体及其他单位;此处所称个人,是指个体工商户和其他个人。单位租赁或者承包给其他单位或者个人经营的,以承租人或者承包人为纳税人。

(一)区分一般纳税人和小规模纳税人的重要意义

增值税纳税人区分为一般纳税人和小规模纳税人。为了严格增值税的征收管理,考虑目前我国众多纳税人的会计核算水平,加上某些经营规模小的纳税人因其销售货物或提供应税劳务的对象多是最终消费者而无须开具增值税专用发票,《增值税暂行条例》将纳税人按其经营规模大小及会计核算制度健全与否划分为一般纳税人和小规模纳税人。

区分一般纳税人和小规模纳税人的重要意义在于,两者的税法地位、计税方法都是不同的,可以实行差别化管理,并体现对中小企业的税收优惠。

(二)增值税一般纳税人的认定及管理

1. 增值税一般纳税人的认定

一般纳税人是指年应税销售额超过财政部、国家税务总局规定的小规模纳税人标准的企业和企业性单位。自2015年3月30日起,增值税一般纳税人资格实行登记制,登记事项由增值税纳税人向其主管税务机关办理。

纳税人办理一般纳税人资格登记的程序如下:

(1)纳税人向主管税务机关填报《增值税一般纳税人资格登记表》,并提供税务登记证件。

(2)纳税人填报内容与税务登记信息一致的,主管税务机关当场登记。

(3)纳税人填报内容与税务登记信息不一致,或者不符合填列要求的,税务机关应当场告知纳税人需要补正的内容。

除财政部、国家税务总局另有规定外,纳税人自其选择的一般纳税人资格生效之日起,按照增值税一般计税方法计算应纳税额,并按照规定领用增值税专用发票。

纳税人登记为一般纳税人后,不得转为小规模纳税人,国家税务总局另有规定的除外。

(三)小规模纳税人的认定及管理

增值税小规模纳税人标准为年应征增值税销售额500万元及以下。年应纳税额,是指纳税人在连续不超过12个月或四个季度的经营期内累计应征增值税销售额,包括纳税申报销售额、稽查查补销售额、纳税评估调整销售额。

除此之外,还有三种特殊情形:

(1)小规模纳税人会计核算制度健全,能够提供准确税务资料的,可以向主管税务机关申请资格认定,不作为小规模纳税人,依法计算增值税应纳税额。

(2)年应税销售额超过小规模纳税人标准的其他个人,按小规模纳税人纳税。

(3)非企业性单位、不经常发生应税行为的企业,可选择按小规模纳税人纳税。

小规模纳税人的销售额不包括其应纳税额。

小规模纳税人实行简易征税办法,并且一般不使用增值税专用发票,但基于增值税征收管理中一般纳税人与小规模纳税人之间客观存在的经济往来的情况,小规模纳税人发生增值税应税行为需要开具增值税专用发票的,可以到税务机关代开增值税专用发票,也可以自愿使用增值税发票管理系统自行开具(其他个人除外)。选择自行开具增值税专用发票的小规模纳税人,税务机关不再为其代开增值税专用发票。

(四)一般纳税人和小规模纳税人的区别

一般纳税人和小规模纳税人的不同表现在三个方面:一是一般纳税人使用增值税专用发票抵扣进项税款,小规模纳税人不能使用增值税专用发票而只能使用普通发票,也不得抵扣进项税额。二是适用税率不同。一般纳税人适用13%、9%和6%的税率,小规模纳税人适用3%的税率。三是计税方法不同。一般纳税人的计税方法是:"当期销项税额—当期进项税额",小规模纳税人的计税方法是:"销售额×税率"。

五、增值税的税率

(一)增值税税率

1.纳税人销售劳务、有形动产租赁服务或者进口货物除《增值税暂行条例》第2条第(2)项、第(4)项、第(5)项(即下列第2、4、5项)另有规定外,税率为13%。

2.纳税人销售交通运输、邮政、基础电信、建筑、不动产租赁服务,销售不动产,转让土地使用权,销售或者进口下列货物,税率为9%:

(1)粮食等农产品、食用植物油、食用盐。

(2)自来水、暖气、冷气、热水、煤气、石油液化气、天然气、二甲醚、沼气、居民用煤炭制品。

(3)图书、报纸、杂志、音像制品、电子出版物。

(4)饲料、化肥、农药、农机、农膜。

(5)国务院规定的其他货物。

3.纳税人销售服务、无形资产,除《增值税暂行条例》第2条第(1)项、第(2)项、第(5)项(即上述第1、2项和下例第5项)另有规定外,税率为6%。

4.纳税人出口货物,税率为零;但是,国务院另有规定的除外。

5.境内单位和个人跨境销售国务院规定范围内的服务、无形资产,税率为零。具体范围如下:

(1)国际运输服务。①在境内载运旅客或者货物出境。②在境外载运旅客或者货物入境。③在境外载运旅客或者货物。

(2)航天运输服务。

(3)向境外单位提供的完全在境外消费的下列服务：①研发服务。②合同能源管理服务。③设计服务。④广播影视节目(作品)的制作和发行服务。⑤软件服务。⑥电路设计及测试服务。⑦信息系统服务。⑧业务流程管理服务。⑨离岸服务外包业务。离岸服务外包业务，包括信息技术外包服务(ITO)、技术性业务流程外包服务(BPO)、技术性知识流程外包服务(KPO)，其所涉及的具体业务活动，按照《销售服务、无形资产、不动产注释》相对应的业务活动执行。⑩转让技术。

(4)财政部和国家税务总局规定的其他服务。

【随堂测验 2-2】

下列货物适用9%税率征收增值税的有(   )。

A.食用蔬菜　　　　B.速冻饺子　　　　C.饲料　　　　D.鱼虾等水产品

【解析】

正确答案是 A、C、D。蔬菜、饲料、水产品等适用9%税率征收增值税，速冻饺子按照13%的税率征税。

(二)征收率

1.征收率的一般规定

增值税小规模纳税人按照简易方法计算增值税，即应纳税额乘以征收率，不得抵扣任何进项税额。小规模纳税人适用的征收率为3%。

(1)一般纳税人销售自己使用过的属于《增值税暂行条例》规定的不得抵扣且未抵扣进项税额的固定资产，按照简易办法依照3%征收率减按2%征收增值税。

(2)一般纳税人销售自己使用过的其他固定资产(以下简称已使用过的固定资产)，应区分不同情形征收增值税。

①销售自己使用过的2009年1月1日以后购进或者自制的固定资产(仅指固定资产中的有形动产，不包括不动产，下同)，按照适用税率征收增值税。

②2008年12月31日以前未纳入扩大增值税抵扣范围试点的一般纳税人，销售自己使用过的2008年12月31日以前购进或者自制的固定资产，按照简易办法依照3%征收率减按2%征收增值税。

③2008年12月31日以前已纳入扩大增值税抵扣范围试点的纳税人，销售自己使用过的在本地区扩大增值税抵扣范围试点以前购进或者自制的固定资产，按照简易办法依照3%征收率减按2%征收增值税；销售自己使用过的在本地区扩大增值税抵扣范围试点以后购进或者自制的固定资产，按照适用税率征收增值税。

已使用过的固定资产，是指纳税人根据财务会计制度已经计提折旧的固定资产。

(3)一般纳税人销售自己使用过的除固定资产以外的物品，应当按照适用税率征收增值税。

(4)小规模纳税人(除其他个人外,下同)销售自己使用过的固定资产,减按2%征收率征收增值税。

小规模纳税人销售自己使用过的除固定资产以外的物品,应按3%的征收率征收增值税。

(5)纳税人销售旧货,按照简易办法依照3%征收率减按2%征收增值税。

旧货,是指进入二次流通的具有部分使用价值的货物(含旧汽车、旧摩托车和旧游艇),但不包括自己使用过的物品。

(6)一般纳税人销售自产的下列货物,可选择按照简易办法依照3%征收率计算缴纳增值税:

①县级及县级以下小型水力发电单位生产的电力。小型水力发电单位,是指各类投资主体建设的装机容量为5万千瓦以下(含5万千瓦)的小型水力发电单位。

②建筑用和生产建筑材料所用的砂、土、石料。

③以自己采掘的砂、土、石料或其他矿物连续生产的砖、瓦、石灰(不含黏土实心砖、瓦)。

④用微生物、微生物代谢产物、动物毒素、人或动物的血液或组织制成的生物制品。

⑤自来水。

⑥商品混凝土(仅限于以水泥为原料生产的水泥混凝土)。

一般纳税人选择简易办法计算缴纳增值税后,36个月内不得变更。

(7)一般纳税人销售货物属于下列情形之一的,暂按简易办法依照3%征收率计算缴纳增值税:

①寄售商店代销寄售物品(包括居民个人寄售的物品)。

②典当业销售死当物品。

(8)一般纳税人为建筑工程项目提供的建筑服务,可以选择简易办法依照3%的征收率征收增值税。

①《建筑工程施工许可证》注明的合同开工日期在2016年4月30日前的建筑工程项目;

②未取得《建筑工程施工许可证》的,建筑工程承包合同注明的开工日期在2016年4月30日前的建筑工程项目。

2. 征收率的特殊规定

(1)小规模纳税人转让其取得的不动产,按照5%的征收率征收增值税。

(2)一般纳税人转让其2016年4月30日前取得(不含自建)的不动产,可以选择适用简易计税方法计税,按照5%的征收率征收增值税。

(3)房地产开发企业(一般纳税人)销售自行开发的房地产老项目,选择适用简易计税方法计税的,按照5%的征收率征收增值税。

(4)房地产开发企业(小规模纳税人)销售自行开发的房地产老项目,按照5%的征收率征收增值税。

(5)纳税人提供劳务派遣服务,选择差额纳税的,按照5%的征收率征收增值税。

【随堂测验2-3】

一般纳税人销售货物属于下列情形之一的,暂按简易办法依照3%征收率计算缴纳增值税的有( )。

A. 寄售商店代销寄售物品(包括居民个人寄售的物品)

B. 典当业销售死当物品

C. 纳税人销售旧货

D. 销售使用过的已抵扣进项税额的固定资产

【解析】

正确答案是A、B。一般纳税人销售货物属于A、B情形之一的,暂按简易办法依照3%征收率计算缴纳增值税。

第二节 增值税的计算

一、一般计税方法应纳税额的计算

一般纳税人销售货物、劳务、服务、无形资产、不动产(以下统称"应税销售行为"),应纳税额为当期销项税额抵扣当期进项税额,用公式表示为:

应纳税额=当期销项税额-当期进项税额

或:应纳税额=当期销售额×增值税税率-当期进项税额

(一)当期销项税额的确定

当期销项税额,是指当期发生应纳销售行为的纳税人,依其销售额和法定税率计算并向购买方收取的增值税税款。

其计算公式为:当期销项税额=销售额×税率

或:当期销项税额=组成计税价格×税率

当期销售额的确定是应纳税额计算的关键,税法具体规定如下:

1. 销售额为纳税人发生应税销售行为而向购买方收取的全部价款和价外费用

此处所称价外费用,包括价外向购买方收取的手续费、补贴、基金、集资费、返还利润、奖励费、违约金、滞纳金、延期付款利息、赔偿金、代收款项、代垫款项、包装费、包装物租金、储备费、优质费、运输装卸费以及其他各种性质的价外收费。但下列项目不包括在内:

(1)受托加工应征消费税的消费品所代收代缴的消费税。

(2)同时符合以下条件的代垫运输费用:承运部门的运输费用发票开具给购买方的;

纳税人将该项发票转交给购买方的。

(3)同时符合以下条件代为收取的政府性基金或者行政事业性收费:由国务院或者财政部批准设立的政府性基金,由国务院或者省级人民政府及其财政、价格主管部门批准设立的行政事业性收费;收取时开具省级以上财政部门印制的财政票据;所收款项全额上缴财政。

(4)销售货物的同时代办保险等而向购买方收取的保险费,以及向购买方收取的代购买方缴纳的车辆购置税、车辆牌照费。

小贴士

收取价外费用应纳税

价外收费,按会计准则规定,一般不在营业收入科目中核算,而在"其他应付款""营业外收入"等科目中核算。这样,企业在会计实务中时常出现对价外收费虽在相应科目中作会计核算,但却未核算其销项税额的情形。

税法规定,凡随同应税销售行为向购买方收取的价外费用,无论其会计制度如何核算,均应并入销售额计算应纳税额。

2. 如果销售收入中包含了销项税额,则应将含税销售额换算成不含税销售额

其换算公式为:

$$不含税销售额 = 含税销售额 \div (1 + 增值税税率)$$

3. 纳税人有价格明显偏低且无正当理由或者有视同销售货物行为而无销售额者,按下列顺序确定销售额

(1)按纳税人最近时期同类货物的平均销售价格确定;

(2)按其他纳税人最近时期同类货物的平均销售价格确定;

(3)按组成计税价格确定。

组成计税价格的公式为:

$$组成计税价格 = 成本 \times (1 + 成本利润率)$$

如该货物属于应征消费税的货物,其组成计税价格中应加计消费税额。

其计算公式为:

$$组成计税价格 = 成本 \times (1 + 成本利润率) + 消费税税额$$

或:

$$组成计税价格 = 成本 \times (1 + 成本利润率) \div (1 - 消费税税率)$$

公式中的成本是指:销售自产货物的为实际生产成本,销售外购货物的为实际采购成本。公式中的成本利润率根据规定统一为10%,但属于从价定率征收消费税的货物,其组成计税价格公式中的成本利润率为《消费税若干具体问题的规定》中规定的成本利润率。

【随堂测验2-4】

某商店向消费者销售电视机,某月销售100台,每台含税销售价为1170元,增值税税率为13%。计算该商场这个月的销售额和销项税额。

【解析】

不含税销售额 = (100×1170)÷(1+13%) = 103 539.82(元)

销项税额 = 103 539.82×13% = 13 460.18(元) 或 = (100×1170) - 103 539.82 = 13 460.18(元)

4. 纳税人为销售货物而出租、出借包装物收取的押金,单独记账核算的,且时间在1年以内,又未过期的,不并入销售额,税法另有规定的除外

属于应并入销售额征税的押金,在将包装物押金并入销售额征税时,需要先将该押金换算为不含税价,再并入销售额征税。包装物押金不应混同于包装物租金,包装物租金在销货时,应作为价外费用并入销售额计算销项税额。

5. 采取折扣方式销售货物,如果销售额和折扣额在同张发票上分别注明的,可按折扣后的销售额征收增值税;如果将折扣额另开发票,不论其在财务上如何处理,均不得从销售额中减除折扣额

纳税人采取折扣方式销售货物,销售额和折扣额在同一张发票上分别注明,是指销售额和折扣额在同一张发票上的"金额"栏分别注明的,可按折扣后的销售额征收增值税;未在同一张发票"金额"栏注明折扣额,仅在发票的"备注"栏注明折扣额的,折扣额不得从销售额中减除。

6. 纳税人采取以旧换新方式销售货物

以旧换新是指纳税人在销售货物的同时有偿收回旧货物的行为。按税法规定,这种销售方式应按新货物的同期销售价格确定销售额,不得扣减旧货物的收购价格。但是,对金银首饰以旧换新业务,应按照销售方实际收取的不含增值税的全部价款征收增值税。

例如,某洗衣机厂为了促销采取以旧换新方式销售洗衣机,每台洗衣机不含税价为1800元,同时回收一台旧洗衣机折价100元,即只收现金1700元。而计税时,须按每台1800元确定销售额。

7. 采取以物易物方式销售货物

以物易物是指购销双方不是以货币结算,而是以同等价款的货物相互结算的一种购销方式。采取这种方式销售的双方都应作购销处理,以各自发出的货物核算销售额并计算销项税额,以各自收到的货物核算购货额并计算进项税额。

8. 销售退回或折让

纳税人发生应税销售行为,开具增值税专用发票后,发生开票有误或者销售折让、中止、退回等情形的,应当按照国家税务总局的规定开具红字增值税专用发票;未按照规定开具红字增值税专用发票的,不得扣减销项税额或者销售额。

9. "营改增"行业销售额的确定

(1)贷款服务,以提供贷款服务取得的"全部"利息及利息性质的收入为销售额。

(2)直接收费金融服务,以提供直接收费金融服务收取的手续费、佣金、酬金、管理费、服务费、经手费、开户费、过户费、结算费、转托管费等各类费用为销售额。

(3)金融商品转让,按照卖出价扣除买入价的"余额"为销售额。

(4)经纪代理服务,以取得的全部价款和价外费用,扣除向委托方收取并代为支付的政府性基金或者行政事业性收费后的"余额"为销售额。

(5)航空运输企业的销售额,不包括代收的机场建设费和代售其他航空运输企业客票而代收转付的价款。

(6)试点纳税人中的一般纳税人提供客运场站服务,以其取得的全部价款和价外费用扣除支付给承运方运费后的"余额"为销售额。

(7)试点纳税人提供旅游服务,可以选择以取得的全部价款和价外费用,扣除向旅游服务购买方收取并支付给其他单位或者个人的住宿费、餐饮费、交通费、签证费、门票费和支付给其他接团旅游企业的旅游费用后的"余额"为销售额。

(8)试点纳税人提供建筑服务适用简易计税方法的,以取得的全部价款和价外费用扣除支付的分包款后的"余额"为销售额。

(9)房地产开发企业中的一般纳税人销售其开发的房地产项目(选择简易计税方法的房地产老项目除外);以取得的全部价款和价外费用,扣除受让土地时向政府部门支付的土地价款后的"余额"为销售额。

10. 外币销售额的折算

纳税人按人民币以外的货币结算销售额的,其销售额的人民币折合率可以选择销售额发生的当天或者当月1日的人民币汇率中间价。纳税人应在事先确定采用何种折合率,确定后1年内不得变更。

【随堂测验2-5】

甲公司为增值税一般纳税人,主要提供电信服务。2021年12月,甲公司提供基础电信服务取得不含税销售额100万元,提供增值电信服务取得不含税销售额80万元。甲公司对不同种类服务的销售额分别核算。甲公司当月的销项税额为多少?

【解析】

正确答案为13.8万元。基础电信服务适用增值税税率为9%,增值电信服务适用增值税税率为6%,甲公司当月销项税额等于$=100\times 9\%+80\times 6\%=13.8$(万元)

(二)当期进项税额的确定

纳税人购进货物、劳务、服务、无形资产、不动产支付或者负担的增值税额,为进项税额。

1. 准予从销项税额中抵扣进项税额的情形,主要包括以下几类:

(1)从销售方取得的增值税专用发票上注明的增值税额。

(2)从海关取得的海关进口增值税专用缴款书上注明的增值税额。即一般纳税人销售进口货物时,可以从销项税额中抵扣的进项税额,为从海关取得的海关进口增值税专用缴款书上注明的增值税税额。

纳税人进口货物取得的海关进口增值税专用缴款书,是计算增值税进项税额的唯一依据。纳税人进口货物报关后,境外供货商向国内进口方退还或返还的资金,或进口货物向境外实际支付的货款低于进口报关价格的差额,不作进项税额转出处理。

(3)纳税人购进农产品,按照下列规定抵扣进项税:

①取得一般纳税人开具的增值税专用发票或海关进口增值税专用缴款书的,以增值税专用发票或海关进口增值税专用缴款书上注明的增值税额为进项税额;

②从按照简易计税方法依照3%征收率计算缴纳增值税的小规模纳税人取得增值税专用发票的,以增值税专用发票上注明的金额和9%的扣除率计算进项税额;

③取得(开具)农产品销售发票或收购发票的,以农产品销售发票或收购发票上注明的农产品买价和9%的扣除率计算进项税额。买价,包括纳税人购进农产品在农产品收购发票或者销售发票上注明的价款和按规定缴纳的烟叶税。

进项税额计算公式:进项税额=买价×扣除率

④纳税人购进用于生产销售或委托加工13%税率货物的农产品,按照10%的扣除率计算进项税额。

⑤自2012年7月1日起,以购进农产品为原料生产销售液体乳及乳制品、酒及酒精、植物油的增值税一般纳税人,纳入农产品增值税进项税额核定扣除试点范围,其购进农产品无论是否用于生产上述产品,增值税进项税额均按照《农产品增值税进项税额核定扣除试点实施办法》的规定抵扣。试点纳税人以购进农产品为原料生产货物的,农产品增值税进项税额核定的方法包括:投入产出法、成本法和参照法。

(4)纳税人购进国内旅客运输服务,其进项税额允许从销项税额中抵扣。纳税人取得增值税专用发票的,以发票上注明的税额为进项税额。纳税人未取得增值税专用发票的,暂按照以下规定确定进项税额:

①取得增值税电子普通发票的,为发票上注明的税额;

②取得注明旅客身份信息的航空运输电子客票行程单的,按照下列公式计算进项税额:

航空旅客运输进项税额=(票价+燃油附加费)÷(1+9%)×9%

③取得注明旅客身份信息的铁路车票的,按照下列公式计算进项税额:

铁路旅客运输进项税额=票面金额÷(1+9%)×9%

④取得注明旅客身份信息的公路、水路等其他客票的,按照下列公式计算进项税额:

公路、水路等其他旅客运输进项税额=票面金额÷(1+3%)×3%

(5)增值税期末留抵税额退税。

自2019年4月1日起,试行增值税期末留抵税额退税制度。

①申请留抵退税的条件。

申请留抵退税须同时满足五个条件。一是从2019年4月税款所属期起,连续6个月增量留抵税额均大于零,且第六个月增量留抵税额不低于50万元;二是纳税信用等级为A级或者B级;三是申请退税前36个月未发生骗取留抵退税、出口退税或者虚开增值税专用发票情形;四是申请退税前36个月未因偷税被税务机关处罚两次及以上;五是自2019年4月1日起未享受即征即退或先征后返(退)政策。

②退还留抵税额的计算。

$$允许退还的增量留抵税额 = 增量留抵税额 \times 进项构成比例 \times 60\%$$

增量留抵税额,是指与2019年3月底相比新增加的期末留抵税额。也就是说,每个月的增量留抵税额都是和2019年3月31日的期末留抵税额相比的结果。

③进项构成比例的计算。

2019年4月至申请退税前一税款所属期内已抵扣的增值税专用发票(含税控机动车销售统一发票)、海关进口增值税专用缴款书、解缴税款完税凭证注明的增值税额占同期全部已抵扣进项税额的比重。

④申请时限。

应于符合留抵退税条件的次月起,在增值税纳税申报期(以下称申报期)内提交《退(抵)税申请表》办理。

(6)自境外单位或者个人购进劳务、服务、无形资产或者境内的不动产,从税务机关或者扣缴义务人取得的代扣代缴税款的完税凭证上注明的增值税额。

【随堂测验2-6】

某广告公司已认定为增值税一般纳税人。2022年8月,该公司取得广告制作费800万元(含税),支付给陕西某媒体的广告发布费为400万元(不含税),取得增值税专用发票。则当月该广告公司需缴纳的增值税为( )万元。

【解析】

正确答案是18.88万元。计算方式如下:

$800 \div (1+6\%) \times 6\% - 400 \times 6\% \times (1+10\%) = 18.88$(万元)

2. 不得从销项税额中抵扣的进项税额:

(1)用于简易计税方法计税项目、免征增值税项目、集体福利或者个人消费的购进货物、加工修理修配劳务、服务、无形资产和不动产。其中涉及的固定资产、无形资产、不动产,仅指专用于上述项目的固定资产、无形资产(不包括其他权益性无形资产)、不动产。

固定资产,是指使用期限超过12个月的机器、机械、运输工具以及其他与生产经营有关的设备、工具、器具等。

个人消费包括纳税人的交际应酬消费。

(2)非正常损失的购进货物及相关的加工修理修配劳务或者交通运输业服务。

非正常损失,是指因管理不善造成被盗、丢失、霉烂变质的损失。

(3)非正常损失的在产品、产成品所耗用的购进货物、加工修理修配劳务或者交通运输业服务。

(4)非正常损失的不动产,以及该不动产所耗用的购进货物、设计服务和建筑服务。

(5)非正常损失的不动产在建工程所耗用的购进货物、设计服务和建筑服务。

(6)购进的旅客运输服务、贷款服务、餐饮服务、居民日常服务和娱乐服务。

(7)纳税人接收贷款服务向贷款方支付的与该笔贷款相关的投融资顾问费、手续费、咨询费等费用,其进项税额不得从销项税额中抵扣。

(8)财政部和国家税务总局规定的其他情形。

【随堂测验2-7】

某企业是增值税一般纳税人,适用税率13%,2022年7月有关生产经营业务如下:

(1)月初外购货物一批,支付增值税进项税额24万元,中下旬因管理不善,造成该批货物一部分发生霉烂变质,经核实造成1/4损失;

(2)外购的动力燃料支付的增值税进项税额20万元,一部分用于应税项目,另一部分用于免税项目,无法分开核算;

(3)销售应税货物取得不含增值税销售额700万元,销售免税货物取得销售额300万元。

计算该企业当月可以抵扣的进项税额。

【解析】

(1)外购货物可以抵扣的进项税额:$24-24 \times 1/4 = 24-6 = 18$(万元)

(2)销售货物可以抵扣的进项税额:$20-20 \times 300 \div (700+300) = 14$(万元)

(3)当月可以抵扣的进项税额:$18+14=32$(万元)

3.一般纳税人兼营简易计税方法计税项目、免征增值税项目而无法划分不得抵扣的进项税额的,按下列公式计算不得抵扣的进项税额:

不得抵扣的进项税额=当月无法划分的全部进项税额×(当期简易计税方法计税项目销售额+免征增值税项目销售额)÷当月全部销售额

兼营适用不同税率或者征收率的,应当分别核算适用不同的税率或征收率的销售额;未分别核算的,按照以下方法适用税率或者征收率:

(1)兼有不同税率的销售货物、加工修理修配劳务、服务、无形资产或者不动产,从高适用税率。

(2)兼有不同征收率的销售货物、加工修理修配劳务、服务、无形资产或者不动产,从高适用征收率。

(3)兼有不同税率和征收率的销售货物、加工修理修配劳务、服务、无形资产或者不动产,从高适用税率。

4.按照税法规定,一般纳税人当期购进的货物或劳务用于生产经营,其进项税额在当期销项税额中予以抵扣。但已抵扣进项税额的购进货物或者劳务如果事后改变用途,用于集体福利或者个人消费、购进货物发生非正常损失、在产品或产成品发生非正常损失等,应当将该项购进货物或者劳务的进项税额从当期的进项税额中扣减;无法确定该项进项税额的,按当期外购项目的实际成本计算应扣减的进项税额。

5.已抵扣进项税额的购进服务,发生《营业税改征增值税试点实施办法》规定的不得从销售税额中抵扣情形(简易计税方法计税项目、免征增值税项目除外)的,应当将该进项税额从当期进项税额中扣减;无法确定该进项税额的,按照当期实际成本计算应扣减的进项税额。

6.已抵扣进项税额的无形资产或者不动产,发生《营业税改征增值税试点实施办法》规定的不得从销项税额中抵扣情形的,按照下列公式计算不得抵扣的进项税额:

不得抵扣的进项税额=无形资产或者不动产净值×适用税率

无形资产或者不动产净值,是纳税人根据财务会计制度计提折旧或摊销后的余额。

7.按照《增值税暂行条例》和《营业税改征增值税试点实施办法》的规定,不得抵扣且未抵扣进项税额的固定资产、无形资产、不动产,发生用途改变,用于允许抵扣进项税额的应税项目,可在用途改变的次月按照下列公式,计算可以抵扣的进项税额:

可抵扣的进项税额=固定资产/无形资产/不动产净值÷(1+适用税率)×适用税率

上述可以抵扣的进项税额应取得合法有效的增值税扣税凭证。

【随堂测验2-8】

某企业于2021年11月购置一辆中型客车,价款合计180万元,取得增值税专用发票注明税额30.6万元。增值税专用发票在限期内进行了认证。此辆客车购进时用于生产经营,进项税额已全额抵扣。该企业又于2022年3月将该辆车转用于企业福利部门,折旧6万元。

计算该企业不得抵扣的进项税额。

【解析】

购进时固定资产原值180万元(不考虑其他税费),已提折旧6万元,固定资产净值=180-6=174(万元)。不得抵扣的进项税额=174×13%=22.62(万元)。

8.纳税人适用一般计税方法的,因销售折让、中止或者退回而退还给购买方的增值税额,应当从当期的销项税额中扣减;因销售折让、中止或者退回而收回的增值税额,应当从当期的进项税额中扣减。

9.有下列情形之一者,应当按照销售额和增值税税率计算应纳税额,不得抵扣进项税额,也不得使用增值税专用发票:

(1)一般纳税人会计核算不健全,或者不能够提供准确税务资料的。

(2)应当办理一般纳税人资格登记而未办理的。

【随堂测验 2-9】

某机械厂用 5 台 C620 车床向钢材厂换取钢材一批,价值 100 000 元;每台车床出厂价格为 25 000 元。

分别计算机械厂的销售额和销项税额。钢材厂的销售额、销项税额和进项税额。

【解析】

在这笔交易中,

(1)机械厂的销售额应为 25 000×5=125 000 元,销项税额为 125 000×13%=16 250 元;同时,购进材料 100 000 元,进项税额为 13 000 元。

(2)钢材厂的销售额为 100 000 元,销项税额为 100 000×13%=13 000 元;换回的钢材相当于购进固定资产 25 000×5=125 000 元,进项税额 16 250 元。

(三)增值税进项税额抵扣时限

自 2017 年 7 月 1 日起,增值税一般纳税人取得的 2017 年 7 月 1 日及以后开具的增值税专用发票和机动车销售统一发票,应自开具之日起 360 日内认证或登录增值税发票选择确认平台进行确认,并在规定的纳税申报期内,向主管税务机关申报抵扣进项税额。

增值税一般纳税人取得的 2017 年 7 月 1 日及以后开具的海关进口增值税专用缴款书,应自开具之日起 360 日内向主管税务机关报送《海关完税凭证抵扣清单》,申请稽核比对。

【随堂测验 2-10】

某食品厂从农户家中购得粮食 1000 公斤,取得的收购发票上注明价款 3500 元。已知增值税税率为 9%,计算该食品厂可抵扣的进项税额。

【解析】

该食品厂可抵扣的进项税额为 3500×9%=315(元)。

二、简易计税方法应纳税额的计算

小规模纳税人发生应税销售行为,其应纳税额不适用扣税法计算,而是按照销售额和征收率计算应纳税额的简易办法计算,不得抵扣进项税额,其计算公式为:

$$应纳税额 = 销售额 \times 征收率$$

其中,销售额不包括收取的增值税销项税额,即为不含税销售额。

对应税销售行为采取销售额和增值税销项税额合并定价方法的,要分离出不含税销售额,其计算公式为:

$$销售额 = 含税销售额 \div (1+征收率)$$

小规模纳税人销售自己使用过的固定资产和旧货,按下列公式确定销售额和应纳税额:

$$销售额 = 含税销售额 \div (1+3\%)$$

应纳税额＝销售额×2%

小规模纳税人销售自己使用过的固定资产及旧货以外的物品,按下列公式确定销售额和应纳税额:

销售额＝含税销售额÷(1＋3%)

应纳税额＝销售额×3%

在此,固定资产是指纳税人根据财务会计制度已经计提折旧的固定资产,旧货是指进入二次流通的具有部分使用价值的货物(含旧汽车、旧摩托车和旧游艇),但不包括自己使用过的物品。

纳税人适用简易计税方法计税的,因销售折让、中止或者退回而退还给购买方的销售额,应当从销售额中扣减。扣减当期销售额后仍有余额造成多缴的税款,可以从以后的应纳税额中扣减。

一般纳税人发生财政部和国家税务总局规定的特定应税行为,可以选择适用简易计税方法计税,但一经选择,36个月内不得变更。

"营改增"一般纳税人发生下列应税行为可以选择适用简易计税方法计税:

(1)公共交通运输服务,包括轮客渡、公交客运、地铁、城市轻轨、出租车、长途客运、班车。

(2)经认定的动漫企业为开发动漫产品提供的动漫脚本编撰、形象设计、背景设计、动画设计、分镜、动画制作、摄制、描线、上色、画面合成、配音、配乐、音效合成、剪辑、字幕制作、压缩转码(面向网络动漫、手机动漫格式适配)服务,以及在境内转让动漫版权(包括动漫品牌、形象或者内容的授权及再授权)。

(3)电影放映服务、仓储服务、装卸搬运服务、收派服务和文化体育服务。

(4)以纳入"营改增"试点之日前取得的有形动产为标的物提供的经营租赁服务。

(5)在纳入"营改增"试点之日前签订的尚未执行完毕的有形动产租赁合同。

【随堂测验2-11】

某商店(增值税小规模纳税人)2022年第四季度购进服装2 800套,"元旦"之前以每套128元的含税价格全部零售出去。计算该商店该季度销售这批服装应纳增值税税额。

【解析】

不含税销售额＝含税销售额÷(1＋征收率)

应纳税额＝128÷(1＋3%)×3%×2800＝10 438.83(元)

三、进口货物应纳税额的计算

纳税人进口货物,按照组成计税价格和《增值税暂行条例》第2条规定的税率计算应纳税额。组成计税价格和应纳税额计算公式:

组成计税价格＝关税完税价格＋关税＋消费税

应纳税额＝组成计税价格×税率

1. 如果进口的货物不征消费税,则上述公式中组成计税价格的计算公式为：

组成计税价格＝关税完税价格＋关税税额

2. 如果进口的货物应征消费税,则上述公式中组成计税价格的计算公式为：

组成计税价格＝关税完税价格＋关税税额＋消费税税额

【随堂测验2-12】

某商场是增值税一般纳税人,2022年8月,该企业进口生产办公家具用的木材一批,该批木材在国外的买价20万元(人民币,下同),运抵我国海关前发生的包装费、运输费、保险费等共计10万元。货物报关后,商场按规定缴纳了进口环节增值税并取得了海关开具的完税凭证。假定该批进口货物在国内全部销售,取得不含税销售额50万元。已知货物进口关税税率为12%,增值税税率为13%。

计算该批货物进口环节、国内销售环节分别应缴纳的增值税税额。

【解析】

(1) 关税的完税价格：20＋10＝30(万元)
(2) 应缴纳进口关税税额：30×12%＝3.6(万元)
(3) 进口环节应纳增值税的组成计税价格：30＋3.6＝33.6(万元)
(4) 进口环节应纳增值税税额：33.6×13%＝4.37(万元)
(5) 国内销售环节的销项税额：50×13%＝6.5(万元)
(6) 国内销售环节应纳增值税税额：6.5－4.37＝2.13(万元)

四、扣缴计税方法

境外单位或者个人在境内发生应税销售行为,在境内未设有经营机构的,扣缴义务人按照下列公式计算应扣缴税额：

应扣缴税额＝购买方支付的价款÷(1＋税率)×税率

第三节 增值税的税收优惠

一、法定免征增值税项目

(1) 农业生产者销售的自产农产品。此处所称农业,是指种植业、养殖业、林业、牧业、水产业。农业生产者,包括从事农业生产的单位和个人。农产品,是指初级农产品,具体范围由财政部、国家税务总局确定。

(2) 避孕药品和用具。

(3) 古旧图书。此处所称古旧图书,是指向社会收购的古书和旧书。

(4)直接用于科学研究、科学试验和教学的进口仪器、设备。

(5)外国政府、国际组织无偿援助的进口物资和设备。

(6)由残疾人的组织直接进口供残疾人专用的物品。

(7)销售的自己使用过的物品。此处所称自己使用过的物品,是指其他个人自己使用过的物品。

【随堂测验2-13】

下列项目中,免征增值税的有(　　)。

A．农民老贾销售自产玉米　　　B．古旧图书　　　C．教材　　　D．烟叶

【解析】

正确答案是A、B。根据税法规定,农业生产者销售的自产农产品和古旧图书免征增值税。

二、营业税改征增值税试点过渡政策的规定

(一)免征增值税的项目

(1)托儿所、幼儿园提供的保育和教育服务。

(2)养老机构提供的养老服务。

(3)残疾人福利机构提供的育养服务。

(4)婚姻介绍服务。

(5)殡葬服务。

(6)残疾人员本人为社会提供的服务。

(7)医疗机构提供的医疗服务。

(8)从事学历教育的学校提供的教育服务。

(9)学生勤工俭学提供的服务。

(10)农业机耕、排灌、病虫害防治、植物保护、农牧保险以及相关技术培训业务,家禽、牲畜、水生动物的配种和疾病防治。

(11)纪念馆、博物馆、文化馆、文物保护单位管理机构、美术馆、展览馆、书画院、图书馆在自己的场所提供文化体育服务取得的第一道门票收入。

(12)寺院、宫观、清真寺和教堂举办文化、宗教活动的门票收入。

(13)行政单位之外的其他单位收取的符合《试点实施办法》第10条规定条件的政府性基金和行政事业性收费。

(14)个人转让著作权。

(15)个人销售自建自用住房。

(16)台湾地区航运公司、航空公司从事海峡两岸海上直航、空中直航业务在大陆取得的运输收入。

(17)纳税人提供的直接或者间接国际货物运输代理服务。

(18)以下利息收入：①金融机构农户小额贷款。②国家助学贷款。③国债、地方政府债。④人民银行对金融机构的贷款。⑤住房公积金管理中心用住房公积金在指定的委托银行发放的个人住房贷款。⑥外汇管理部门在从事国家外汇储备经营过程中，委托金融机构发放的外汇贷款。⑦统借统还业务中，企业集团或企业集团中的核心企业以及集团所属财务公司按不高于支付给金融机构的借款利率水平或者支付的债券票面利率水平，向企业集团或者集团内下属单位收取的利息。

(19)被撤销金融机构以货物、不动产、无形资产、有价证券、票据等财产清偿债务。

(20)保险公司开办的一年期以上人身保险产品取得的保费收入。

(21)下列金融商品转让收入：①合格境外投资者(QFII)委托境内公司在我国从事证券买卖业务。②香港市场投资者(包括单位和个人)通过沪港通买卖上海证券交易所上市A股。③对香港市场投资者(包括单位和个人)通过基金互认买卖内地基金份额。④证券投资基金(封闭式证券投资基金，开放式证券投资基金)管理人运用基金买卖股票、债券。⑤个人从事金融商品转让业务。

(22)国家商品储备管理单位及其直属企业承担商品储备任务，从中央或者地方财政取得的利息补贴收入和价差补贴收入。

(23)纳税人提供技术转让、技术开发和与之相关的技术咨询、技术服务。

(24)政府举办的从事学历教育的高等、中等和初等学校(不含下属单位)，举办进修班、培训班取得的全部归该学校所有的收入。

(25)政府举办的职业学校设立的主要为在校学生提供实习场所、并由学校出资自办、由学校负责经营管理、经营收入归学校所有的企业，从事《销售服务、无形资产或者不动产注释》中"现代服务"(不含融资租赁服务、广告服务和其他现代服务)、"生活服务"(不含文化体育服务、其他生活服务和桑拿、氧吧)业务活动取得的收入。

(26)家政服务企业由员工制家政服务员提供家政服务取得的收入。

(27)福利彩票、体育彩票的发行收入。

(28)军队空余房产租赁收入。

(29)为了配合国家住房制度改革，企业、行政事业单位按房改成本价、标准价出售住房取得的收入。

(30)将土地使用权转让给农业生产者用于农业生产。

(31)涉及家庭财产分割的个人无偿转让不动产、土地使用权。

(32)土地所有者出让土地使用权和土地使用者将土地使用权归还给土地所有者。

(33)县级以上地方人民政府或自然资源行政主管部门出让、转让或收回自然资源使用权(不含土地使用权)。

(二)增值税即征即退

(1)一般纳税人提供管道运输服务，对其增值税实际税负超过3%的部分实行增值税即征即退政策。

(2)经人民银行、银监会或者商务部批准从事融资租赁业务的试点纳税人中的一般纳税人,提供有形动产融资租赁服务和有形动产融资性售后回租服务,对其增值税实际税负超过3%的部分实行增值税即征即退政策。商务部授权的省级商务主管部门和国家经济技术开发区批准的从事融资租赁业务和融资性售后回租业务的试点纳税人中的一般纳税人,2016年5月1日后实收资本达到1.7亿元的,从达到标准的当月起按照上述规定执行;2016年5月1日后实收资本未达到1.7亿元但注册资本达到1.7亿元的,在2016年7月31日前仍可按照上述规定执行,2016年8月1日后开展的有形动产融资租赁业务和有形动产融资性售后回租业务不得按照上述规定执行。

(3)前述增值税实际税负,是指纳税人当期提供应税服务实际缴纳的增值税额占纳税人当期提供应税服务取得的全部价款和价外费用的比例。

【随堂测验2-14】

某管道运输公司主要从事天然气输送服务,属于增值税一般纳税人。2022年12月该公司向客户运输天然气共取得不含税收入3000万元,同时随同天然气输送向客户收取管道维护费52万元,当月发生可抵扣的增值税进项税额为100万元。已知增值税税率为9%。该公司12月可申请办理即征即退的增值税为多少万元?

【解析】

一般纳税人提供管道运输服务,对其增值税实际税负超过3%的部分实行增值税即征即退政策。

2022年12月发生的销项税额为$3000 \times 9\% + 52 \div (1+9\%) \times 9\% = 270 + 4.3 = 274.3$(万元);

当期可抵扣的进项税额为100万元,应纳税额为$274.3 - 100 = 174.3$(万元);

当期实际税负为$174.3 \div [3000 + 52 \div (1+9\%)] = 5.72\%$,超过了3%的标准。

该管道运输公司2022年12月实际应缴纳的增值税为$[3000 + 52 \div (1+9\%)] \times 3\% = 91.43$(万元);

可申请办理即征即退的增值税为$174.3 - 91.43 = 82.87$(万元)。

(三)扣减增值税的规定

纳税人享受扣减增值税的主要规定有:

退役士兵创业就业。对自主就业退役士兵,从事个体经营的,自办理个体工商户登记当日起,在3年(36个月,下同)内按每户每年12 000元为限额依次扣减其当年实际应缴纳的增值税、城市维护建设税、教育费附加、地方教育附加和个人所得税。限额标准最高可上浮20%,各省、自治区、直辖市人民政府可根据本地区实际情况在此幅度内确定具体限额标准。

三、增值税的起征点

增值税起征点的适用范围仅限于个人,且不适用于登记为一般纳税人的个体工商户。增值税起征点的幅度规定如下:

(1)按期纳税的,为月销售额5000~20 000元(含本数)。

(2)按次纳税的,为每次(日)销售额300~500元(含本数)。

销售额,是指小规模纳税人的销售额。

省、自治区、直辖市财政厅(局)和国家税务局应在规定的幅度内,根据实际情况确定本地区适用的起征点,并报财政部、国家税务总局备案。

第四节 增值税的征收管理和发票管理

一、增值税纳税义务发生时间及期限

(一)增值税纳税义务发生时间

纳税义务发生时间,是纳税人发生应税行为应当承担纳税义务的起始时间。税法明确规定纳税义务发生时间的作用在于:一是正式确认纳税人已经发生属于税法规定的应税行为,应承担纳税义务;二是有利于税务机关实施税务管理,合理规定申报期限和纳税期限,监督纳税人切实履行纳税义务。

增值税纳税义务的发生时间,具体规定如下:

(1)销售货物或者应税劳务,为收讫销售款项或者取得索取销售款项凭据的当天;先开具发票的,为开具发票的当天。

收讫销售款项或者取得索取销售款项凭据的当天,按销售结算方式的不同,具体为:

①采取直接收款方式销售货物,不论货物是否发出,均为收到销售款或者取得索取销售款凭据的当天。

②采取托收承付和委托银行收款方式销售货物,为发出货物并办妥托收手续的当天。

③采取赊销和分期收款方式销售货物,为书面合同约定的收款日期的当天,无书面合同的或者书面合同没有约定收款日期的,为货物发出的当天。

④采取预收货款方式销售货物,为货物发出的当天,但生产销售生产工期超过12个月的大型机械设备、船舶、飞机等货物,为收到预收款或者书面合同约定的收款日期的当天。

⑤委托其他纳税人代销货物,为收到代销单位的代销清单或者收到全部或者部分货款的当天。未收到代销清单及货款的,为发出代销货物满180天的当天。

⑥销售应税劳务,为提供劳务同时收讫销售款或者取得索取销售款的凭据的当天。

⑦纳税人发生视同销售货物行为(委托他人代销、销售代销货物除外),为货物移送

的当天。

⑧纳税人提供租赁服务采取预收款方式的,为收到预收款的当天。

⑨纳税人从事金融商品转让的,为金融商品所有权转移的当天。

⑩纳税人发生视同销售服务、无形资产或者不动产情形的,为服务、无形资产转让完成的当天或者不动产权属变更的当天。

(2)进口货物,其纳税义务的发生时间为报关进口的当天。

(3)增值税扣缴义务发生时间为纳税人增值税纳税义务发生的当天。

(二)增值税的纳税期限

增值税的纳税期限分别为1日、3日、5日、10日、15日、1个月或者1个季度。纳税人的具体纳税期限,由主管税务机关根据纳税人应纳税额的大小分别核定;不能按照固定期限纳税的,可以按次纳税。

纳税人以1个月或者1个季度为1个纳税期的,自期满之日起15日内申报纳税;以1日、3日、5日、10日或者15日为1个纳税期的,自期满之日起5日内预缴税款,于次月1日起15日内申报纳税并结清上月应纳税款。

扣缴义务人解缴税款的期限,依照上述规定执行。

纳税人进口货物,应当自海关填发海关进口增值税专用缴款书之日起15日内缴纳税款。

纳税人出口货物适用退(免)税规定的,应当向海关办理出口手续,凭出口报关单等有关凭证,在规定的出口退(免)税申报期内按月向主管税务机关申报办理该项出口货物的退(免)税。

二、增值税的纳税地点

纳税人在发生纳税义务后,一般应在其所在地缴纳增值税。由于纳税人情况不同,为有利于加强核算和征管,具体规定为:

(1)固定业户应当向其机构所在地的主管税务机关申报纳税。总机构和分支机构不在同一县(市)的,应当分别向各自所在地的主管税务机关申报纳税;经国务院财政、税务主管部门或者其授权的财政、税务机关批准,可以由总机构汇总向总机构所在地的主管税务机关申报纳税。

(2)固定业户到外县(市)销售货物或者应税劳务,应当向其机构所在地的主管税务机关申请开具外出经营活动税收管理证明,并向其机构所在地的主管税务机关申报纳税;未开具证明的,应当向销售地或者劳务发生地的主管税务机关申报纳税;未向销售地或者劳务发生地的主管税务机关申报纳税的,由其机构所在地的主管税务机关补征税款。

(3)非固定业户销售货物或者应税劳务,应当向销售地或者劳务发生地的主管税务机关申报纳税;未向销售地或者劳务发生地的主管税务机关申报纳税的,由其机构所在地或者居住地的主管税务机关补征税款。

(4)进口货物,应当向报关地海关申报纳税。

(5)扣缴义务人应当向其机构所在地或者居住地的主管税务机关申报缴纳其扣缴的税款。

三、增值税专用发票

(一)增值税专用发票概述

增值税专用发票不仅是纳税人经济活动中的重要商事凭证,而且是兼记销货方纳税义务和购货方进项税额的合法证明。

《增值税暂行条例》对增值税专用发票的使用作出了规定。1993年12月,国家税务总局发布了《增值税准用发票使用规定》,自1994年1月1日起执行,之后又发布了一系列有关专用发票的规定、文件。国家税务总局修订了《增值税专用发票使用规定》,自2007年1月1日起施行。此后,为进一步规范增值税发票管理,满足"营改增"工作需要,国家税务总局决定对增值税专用发票和增值税普通发票进行改版,同时提升专用发票和货物运输业增值税专用发票的防伪技术水平。自2014年8月1日起启用新版专用发票、货运发票和普通发票,老版专用发票、货运专票和普通发票暂继续使用。

增值税专用发票(以下简称专用发票),是指一般纳税人销售货物或者提供应税劳务开具的发票,是购买方支付增值税额并可按照增值税有关规定据以抵扣增值税进项税额的凭证。

一般纳税人应通过增值税防伪税控系统(以下简称防伪税控系统)使用专用发票。使用,包括领购、开具、缴销、认证纸质专用发票及其相应的数据电文。

(二)专业发票的联次

专业发票由基本联次或者基本联次附加其他联次构成。

基本联次为三联:发票联(购买核算采购成本和增值税进项税额的记账凭证);抵扣联(购买方报送主管税务机关认证和留存备查的凭证);记账联(销售方核算销售收入和增值税销项税额的记账凭证)。为了加强管理,专用发票实行最高开票限额管理制度。

(三)专用发票领购使用范围

一般纳税人凭发票领购簿、IC卡和经办人身份证明领购专用发票。一般纳税人有下列情形之一的,不得领购开具专用发票:

(1)会计核算不健全,不能向税务机关准确提供增值税销项税额、进项税额、应纳税额数据及其他有关增值税税务资料的。

(2)有《税收征管法》规定的税收违法行为,拒不接受税务机关处理的。

(3)有下列行为之一,经税务机关责令限期改正而仍未改正的:虚开增值税专用发票;私自印制专用发票;向税务机关以外的单位和个人买取专用发票;借用他人专用发票;未按本规定开具专用发票;未按规定保管专用发票和专用设备。未按规定申请办理防伪税控系统变更发行;未按规定接受税务机关检查。有上列情形的,如已领购专用发票,主管税务机关应暂扣其结存的专用发票和 IC 卡。

商业企业一般纳税人零售的烟、酒、食品、服装、鞋帽(不包括劳保专用部分)、化妆品等消费品不得开具专用发票。

(四)增值税专用发票开具要求

(1)项目齐全,与实际交易相符;
(2)字迹清楚,不得压线、错格;
(3)发票联和抵扣联加盖财务专用章或者发票专用章;
(4)按照增值税纳税义务的发生时间开具专用发票。

如果开具的专业发票有不符合上述要求的,不得作为扣税凭证,购买方有权拒收。

> 小贴士
> **江苏南京"2·27"骗取出口退税案**
> 2018 年 10 月,江苏省公安厅接到南京海关缉私局移交的线索,组成联合专案组。经过 6 个月的缜密侦查,锁定了以姚某刚为首的犯罪团伙。经查,该团伙利用白银、铼板经简单加工组装成所谓有高技术含量的"溅射靶材组件"并出口至香港,再将白银拆解后就地销售,铼板走私回流境内,大肆骗取出口退税。据统计,该犯罪团伙涉嫌骗取出口退税 3.7 亿元。2019 年 5 月,专案组组织 150 名干警开展收网行动,抓获犯罪嫌疑人 50 余名,当场缴获白银 5500 余千克、铂金 178 千克。
> (资料来源:https://www.thepaper.cn/newsDetail_forward_4047871)

四、电子发票

为进一步适应经济社会发展和税收现代化建设需要,税务总局在增值税发票系统升级版基础上,组织开发了增值税电子发票系统,国家税务总局发布了《关于推行通过增值税电子发票系统开具的增值税电子普通发票有关问题的公告》(以下简称《公告》)(国家税务总局公告 2015 年第 84 号),决定自 2015 年 12 月 1 日起在全国范围推行增值税电子普通发票。

《公告》规定,增值税电子普通发票的开票方和受票方需要纸质发票的,可以自行打印增值税电子普通发票的版式文件,其法律效力、基本用途、基本使用规定等与税务机关监制的增值税普通发票相同。

《公告》规定,增值税电子普通发票的发票代码为 12 位,编码规则:第 1 位为 0,第 2~5 位代表省、自治区、直辖市和计划单列市,第 6~7 位代表年度,第 8~10 位代表批次,第 11~12 位代表票种(11 代表电子增值税普通发票)。发票号码为 8 位,按年度、分批次编制。

《公告》规定,自2015年8月1日起在北京、上海、浙江和深圳开展增值税电子发票系统的试点工作,试点地区纳税人已实现使用增值税电子发票系统开具增值税电子普通发票。非试点地区已使用电子发票的增值税纳税人,应于2015年12月31日前完成相关系统对接技术改造,2016年1月1日起使用增值税电子发票系统开具增值税电子普通发票,其他开具电子发票的系统同时停止使用。

> **小贴士**
>
> **浙江金华"12·12"虚开增值税专用发票案**
>
> 2018年12月,浙江金华市公安局根据税务部门移送的线索,组织专案组开展侦查。经查,2017年5月以来,犯罪嫌疑人咸某山、张某民等人,在多地注册大量空壳公司,通过伪造合同、资金走账回流、"洗票"等方式进行虚开发票行为。经深挖扩线,发现该犯罪网络涉及全国2500多家企业,涉案金额达500亿元。2019年5月,专案组开展收网行动,抓获嫌疑人17名,捣毁窝点8处,冻结涉案资金3600余万元。
>
> (资料来源:https://www.thepaper.cn/newsDetail_forward_4047871)

第五节 出口货物退(免)税制度

出口货物退(免)税是国际贸易中通常采用的并为世界各国普遍接受的、目的在于鼓励各国出口货物公平竞争的一种退还或免征间接税(目前我国主要包括增值税、消费税)的税收措施。由于这项制度比较公平合理,因此它已成为国际社会通行的惯例。

我国的出口货物退(免)税是指在国际贸易业务中,对我国报关出口的货物退还或免征其在国内各生产和流转环节按税法规定缴纳的增值税和消费税,即对增值税出口货物实行零税率,对消费税出口货物免税。

> **小贴士**
>
> **出口免税货物和出口零税率货物的区别**
>
> (1)理论不同。免税是指对某种课税对象和某种纳税人,免除其本身负担的应纳税额,而外购的货物或劳务仍然是含税的。税率为零是指不仅纳税人本环节课税对象不纳税,而且以前各环节转移过来的税款亦须退还,才能实现税率为零。
>
> (2)权利不同。纳税人销售零税率货物既然有纳税义务,同样具有抵扣税额的权利,从形式上表现为退给纳税人在各个流转环节已缴纳的税款。而免税则规定免除纳税人纳税的义务,同时也规定生产销售免税货物不得抵扣进项税额,即纳税人必须放弃抵扣税款的权利。
>
> (3)退税情况不同。出口货物免税仅是指在免税环节不征收增值税,其相应的进项税额不能抵扣,也不能退还。而零税率是指对规定的出口货物除了在出口环节不征税

外,还要对该产品和应税服务在出口前已缴纳的增值税进行退税。

(资料来源:https://wenda.so.com/q/1463368103725969)

一、适用增值税退(免)税政策的出口货物劳务

(一) 出口企业出口货物

出口货物,是指向海关报关后实际离境并销售给境外单位或个人的货物,分为自营出口货物和委托出口货物两类。出口企业,是指依法办理工商登记、税务登记、对外贸易经营者备案登记,自营或委托出口货物的单位或个体工商户,以及依法办理工商登记、税务登记但未办理对外贸易经营者备案登记,委托出口货物的生产企业。

(二)出口企业或其他单位视同出口的货物

(1)出口企业对外援助、对外承包、境外投资的出口货物。

(2)出口企业经海关报关进入国家批准的出口加工区、保税物流园区、保税港区、综合保税区、珠澳跨境工业区(珠海园区)、中哈霍尔果斯国际边境合作中心(中方配套区域)、保税物流中心(B型)并销售给特殊区域内单位或境外单位、个人的货物。

(3)免税品经营企业销售的货物(国家规定不允许经营和限制出口的货物、卷烟和超出免税品经营企业《企业法人营业执照》规定经营范围的货物除外)。

(4)出口企业或其他单位销售给用于国际金融组织或外国政府贷款国际招标建设项目的中标机电产品。

(5)生产企业向海上石油天然气开采企业销售的自产的海洋工程结构物。

(6)出口企业或其他单位销售给国际运输企业用于国际运输工具上的货物。

(7)出口企业或其他单位销售给特殊区域内生产企业生产耗用且不向海关报关而输入特殊区域的水(包括蒸汽)、电力、燃气。

(三)出口企业对外提供加工修理修配劳务

对外提供加工修理修配劳务,是指对进境复出口货物或从事国际运输的运输工具进行的加工修理修配。

二、适用增值税免税政策的出口货物劳务

1. 出口企业或其他单位出口规定的货物

具体是指:(1)增值税小规模纳税人出口的货物。(2)避孕药品和用具,古旧图书。(3)软件产品。(4)含黄金、铂金成分的货物,钻石及其饰品。(5)国家计划内出口的卷烟。(6)已使用过的设备。其具体范围是指购进时未取得增值税专用发票、海关进口增值税专用缴款书但其他相关单证齐全的已使用过的设备。(7)非出口企业委托出口的货

物。(8)非列名生产企业出口的非视同自产货物。(9)农业生产者自产农产品(农产品的具体范围按照《农业产品征税范围注释》(财税〔1995〕52号)的规定执行)。(10)油画、花生果仁、黑大豆等财政部和国家税务总局规定的出口免税的货物。(11)外贸企业取得普通发票、废旧物资收购凭证、农产品收购发票、政府非税收入票据的货物。(12)来料加工复出口的货物。(13)特殊区域内的企业出口的特殊区域内的货物。(14)以人民币现金作为结算方式的边境地区出口企业从所在省(自治区)的边境口岸出口到接壤国家的一般贸易和边境小额贸易出口货物。(15)以旅游购物贸易方式报关出口的货物。

2. 出口企业或其他单位视同出口的货物劳务

(1)国家批准设立的免税店销售的免税货物。

(2)特殊区域内的企业为境外的单位或个人提供加工修理修配劳务。

(3)同一特殊区域、不同特殊区域内的企业之间销售特殊区域内的货物。

3. 出口企业或其他单位未按规定申报或未补齐增值税退(免)税凭证的出口货物劳务

(1)未在国家税务总局规定的期限内申报增值税退(免)税的出口货物劳务。

(2)未在规定期限内申报开具《代理出口货物证明》的出口货物劳务。

(3)已申报增值税退(免)税,未在国家税务总局规定的期限内向税务机关补齐增值税退(免)税凭证的出口货物劳务。

三、不适用增值税退(免)税和免税政策的出口货物劳务

(1)出口企业出口或视同出口财政部和国家税务总局根据国务院决定明确的取消出口退(免)税的货物,但不包括来料加工复出口货物、中标机电产品、列名原材料、输入特殊区域的水电气、海洋工程结构物。

(2)出口企业或其他单位销售给特殊区域内的生活消费用品和交通运输工具。

(3)出口企业或其他单位因骗取出口退税被税务机关停止办理增值税退(免)税期间出口的货物。

(4)出口企业或其他单位提供虚假备案单证的货物。

(5)出口企业或其他单位增值税退(免)税凭证有伪造或内容不实的货物。

(6)出口企业或其他单位未在国家税务总局规定期限内申报免税核销以及经主管税务机关审核不予免税核销的出口卷烟。

(7)出口企业或其他单位具有其他特殊情形的出口货物劳务。

四、增值税退(免)税办法

(一)适用免抵退税办法的情形

(1)生产企业出口自产货物和视同自产货物。

(2)对外提供加工修理修配劳务。

(3) 列名生产企业（税法对具体范围有规定）出口非自产货物。

实行免、抵、退税办法的"免"税，是指对生产企业出口的自产货物，免征本企业生产销售环节增值税；"抵"税，是指生产企业出口自产货物所耗用的原材料、零部件、燃料、动力等所含应予退还的进项税额，抵顶内销货物的应纳税额；"退"税，是指生产企业出口的自产货物在当月内应抵顶的进项税额大于应纳税额时，对未抵顶完的部分予以退税。

（二）适用免退税办法的情形

不具有生产能力的出口企业（外贸企业）或其他单位出口货物劳务。

所谓的免退税办法是指免征出口销售环节增值税，并退还已出口货物购进时所发生的进项税额。

☺ 小贴士

山东东营"2·07"虚开增值税专用发票案

2018年2月，山东东营公安机关根据公安部下发的线索，锁定了一个以犯罪嫌疑人刘某峰为核心的犯罪团伙。经查，该团伙成员采取"变票"方式，在无实际生产活动的情况下，将化工产品等消费税非应税产品发票变更为成品油等消费税应税产品发票，向全国9个省市100多家企业大肆虚开，涉案金额达300余亿元。2019年1月，东营公安机关开展收网行动，抓获犯罪嫌疑人13名，挽回税款损失4亿余元。

（资料来源：https://www.thepaper.cn/newsDetail_forward_4047871）

五、增值税退税率

出口货物的退税率，是出口货物的实际退税额与退税计税依据的比例。退税率的高低，影响和刺激对外贸易，影响和刺激国民经济的发展，也关系到国家、出口企业的经济利益，甚至关系到进口商的经济利益。

🚩【导学案例解析】

一般纳税人销售货物，其应纳税额为当期销项税额抵扣当前进项税额后的余额，计算公式为：

应纳税额＝当期销项税额－当期进项税额

该企业应纳税额＝$100×13\%-8=5$（万元）

第三章 消费税法

【学习目标】
1. 掌握我国消费税的征税范围、税目和税率、消费税应纳税额的计算方法。
2. 理解消费税的基本概念与特征,我国消费税的基本作用。
3. 了解消费税的缴纳方法。

【导学案例】
某商场10月份金银首饰的销售收入为80万元,高档化妆品的销售收入为60万元。已知该类贵重首饰的消费税税率是5%,高档化妆品的消费税税率是15%。

计算该商场10月份应当缴纳的消费税额。

第一节 消费税概述

一、消费税的概念

消费税是对我国境内从事生产、委托加工和进口应税消费品的单位和个人,就其销售额或销售数量,在特定环节征收的一种税。简单说,就是对特定的消费品和消费行为征收的一种税。

消费税的历史源远流长,是世界各国广泛实行的税种。消费税在开征国和地区税收收入总额中占有相当大比重,特别是发展中国家,大多以商品课税为主体,而消费税又是其中的一个主要税种,地位重要。

小贴士

各国消费税三种模式的选择

根据征收范围的大小划分,国际上消费税可以分为有效型、中间型和延伸型三种模式。有限型消费税的征税对象主要包括烟草制品、酒精饮料、石油制品、糖、盐等传统消费品,税目10~15种,目前国际上有60多个国家和地区实行的是有限型消费税。

中间型消费税还涉及食物制品,有些国家还包括一些日常消费品目,课征税目15~30种,有30多个国家实行的是中间型消费税。

延伸型消费税包括更多的生产、生活资料,采用延伸型消费税的国家有20多个。

从各国实践看,绝大部分国家都征收有选择的消费税,但随着筹集财政收入和对经济调控的需要,消费税征税范围呈现出由有限型向中间型、延伸型拓展的趋势。

1993年12月13日,国务院颁布了《中华人民共和国消费税暂行条例》(以下简称《消费税暂行条例》),同年12月25日,财政部发布了该条例的《实施细则》,自1994年1月1日起施行。

2008年11月5日,国务院第34次常务会议修订通过了《消费税暂行条例》。2008年12月15日,财政部、国家税务总局颁布了修订后的《中华人民共和国消费税暂行条例实施细则》(以下简称《消费税暂行条例实施细则》),对原来的暂行条例及其实施细则进行了部分修改。

为了促进环境治理和节能减排,经国务院批准,自2014年11月29日起,提高汽油、石脑油、溶剂油、润滑油、柴油、航空煤油和燃料油消费税单位税额、航空煤油继续暂缓征收消费税。自2014年12月1日起,取消气缸容量250毫升(不含)以下的小排量摩托车消费税。气缸容量250毫升和250毫升(不含)以上的摩托车继续分别按3%和10%的税率征收消费税。取消汽车轮胎税目。取消车用含铅汽油消费税,汽油税目不再划分二级子目,统一按照无铅汽油税率征收消费税。取消酒精消费税。取消酒精消费税后,"酒及酒精"品目相应改为"酒",并继续按现行消费税政策执行。

自2015年2月1日起,对电池(铅蓄电池除外)征收消费税。自2016年10月1日起,取消对普通美容、修饰类化妆品征收消费税,将"化妆品"税目名称更名为"高档化妆品"。自2016年12月1日起,对超豪华小汽车在零售环节加征消费税,税率为10%。

二、消费税的特征

1. 选择性征收

选择性征收是指国家在对所有货物普遍征收增值税的基础上,选择一部分特殊消费品征收消费税。

2. 单环节征收

消费税只在消费品生产、流通或消费的某一环节征收,在我国,主要在生产环节或进口环节征税,其他环节不再征税。

3. 税率、税额设计具有差别性

消费税实行"一物一税",对不同种类或同一种类的不同档次的消费品,设计的税率、税额不同,差别较大。

4. 税收负担具有转嫁性

消费税属于价内税,不论在哪个环节征收,纳税人都可以通过销售将所交纳的税款转嫁给消费者,由消费者负担。消费税的这个特征较其他商品课税形式更为明显。

第二节 消费税的纳税义务人、征收范围及税率

一、消费税的纳税人

消费税的纳税人是在中华人民共和国境内生产、委托加工和进口应税消费品的单位和个人。此外，国务院确定的销售《消费税暂行条例》规定的消费品的其他单位和个人，为消费税的纳税人，应当依照本条例缴纳消费税。

单位，是指企业、行政单位、事业单位、军事单位、社会团体及其他单位。

个人，是指个体工商户及其他个人。

在中华人民共和国境内，是指生产、委托加工和进口属于应当缴纳消费税的消费品的起运地或所在地在境内。

具体来说，消费税的纳税人包括：

(1)生产销售（包括自用）的应税消费品，以生产销售单位和个人为纳税人，由生产者直接缴纳。

(2)委托加工的应税消费品，以委托的单位和个人为纳税人，由受托方代扣代缴消费税款。

(3)进口的应税消费品，以进口的单位和个人为纳税人，由海关代为征收。

二、消费税的征收范围

具体来说，消费税的征税范围如下。

(一) 在我国境内生产的应税消费品

纳税人生产用于对外销售的自产应税消费品的，在出厂销售环节征收消费税。

销售，是指有偿转让应税消费品的所有权。有偿，是指从购买方取得货币、货物或者其他经济利益。

纳税人生产的应税消费品，于纳税人销售时纳税。纳税人自产自用的应税消费品，用于连续生产应税消费品的，不纳税；用于其他方面的，于移送使用时纳税。

用于连续生产应税消费品，是指纳税人将自产自用的应税消费品作为直接材料生产最终应税消费品，自产自用应税消费品构成最终应税消费品的实体。

用于其他方面，是指纳税人将自产自用应税消费品用于生产非应税消费品、在建工程、管理部门、非生产机构、提供劳务、馈赠、赞助、集资、广告、样品、职工福利、奖励等方面。

(二) 在我国境内委托加工的应税消费品

委托加工的应税消费品，除受托方为个人外，由受托方在向委托方交货时代收代缴

税款。委托加工的应税消费品,委托方用于连续生产应税消费品的,所纳税款准予按规定抵扣。

委托加工的应税消费品,是指由委托方提供原料和主要材料,受托方只收取加工费和代垫部分辅助材料加工的应税消费品。对于由受托方提供原材料生产的应税消费品,或者受托方先将原材料卖给委托方,然后再接受加工的应税消费品,以及由受托方以委托方名义购进原材料生产的应税消费品,不论在财务上是否作销售处理,都不得作为委托加工应税消费品,而应当按照销售自制应税消费品缴纳消费税。

委托加工的应税消费品直接出售的,不再缴纳消费税。委托个人加工的应税消费品,由委托方收回后缴纳消费税。对委托加工收回的应税消费品收回后,再继续生产应税消费品销售的,其加工环节缴纳的消费税款可以扣除。

(三)进口的应税消费品

进口的应税消费品是指办理了报关手续的应税消费品。进口的应税消费品,于报关进口时纳税。海关代征进口环节的消费税。

(四)零售应税消费品

金银首饰,钻石、钻石饰品,超豪华小汽车,消费税在零售环节征收。

(五)批发应税消费品

与其他消费税应税商品不同,卷烟除了在生产销售环节征收消费税外,还在批发环节征收一次。

> **小贴士**
>
> **视同销售消费品的情形**
>
> 以下情况视同销售消费品:(1)纳税人换取的生产资料和消费资料、投资入股、抵偿债务、支付代购手续费及在销售之外另付给购货方或中间人作为奖励和报酬的应税消费品。(2)自产自用的应税消费品。(3)委托加工的应税消费品。

三、确定消费税税目的原则

(1)过度消费会对人身健康、社会秩序、生态环境等方面造成危害的特殊消费品,如烟、酒、鞭炮、焰火等。

(2)非生活必需品,如高档化妆品、贵重首饰、珠宝玉石、高尔夫球及球具、高档手表、游艇等。

(3)高能耗消费品,如摩托车、小汽车等。

(4)不可再生和不可替代的稀缺消费品,如成品油、实木地板、木制一次性筷子等。

消费税的税目不是一成不变的,而是随着经济的发展进行调整。

四、消费税的税目和税率

我国消费税的征收范围比较窄,同时也会根据经济发展、环境保护等国家大政方针进行修订。目前消费税税目包括烟、酒、化妆品等 15 种商品,部分税目还进一步划分了子目。

消费税的税率分为比例税率和定额税率两类。

由于针对不同税目或子目适用不同税率,因此消费税的税率档次较为复杂。例如适用比例税率,成品油税目和甲类、乙类啤酒、黄酒等子目适用定额税率,甲类、乙类卷烟和白酒等同时适用比例税率和定额税率,即复合税率。

烟类消费税税目、税率,如表 3-1 所示。

表 3-1 消费税——税目与税率表

税 目	税 率
一、烟	
1. 卷烟	
(1) 甲类卷烟	56% 加 0.003 元/支(生产环节或进口环节)
(2) 乙类卷烟	36% 加 0.003 元/支(生产环节或进口环节)
(3) 批发环节	11% 加 0.005 元/支
2. 雪茄烟	36%
3. 烟丝	30%

解释:每标准箱 150 元,每条 0.6 元,每支 0.003 元。(每箱=250 条,每标准条 200 支)

甲类卷烟,即每标准条调拨价格在 70 元(含 70 元,不含增值税)以上的卷烟;乙类卷烟,即每标准条调拨价格在 70 元(不含增值税)以下的。

酒类消费税税目、税率,如表 3-2 所示。

表 3-2 消费税——税目与税率表

税 目	税 率
二、酒	
1. 白酒	20% 加 0.5 元/500 克(或 500 毫升)
2. 黄酒	240 元/吨
3. 啤酒	
(1) 甲类啤酒	250 元/吨
(2) 乙类啤酒	220 元/吨
4. 其他酒	10%

解释:酒精不再征收消费税。甲类啤酒,指每吨出厂价(含包装物及包装物押金)≥3000 元(含 3000 元,不含增值税)的啤酒;乙类啤酒,指每吨出厂价(含包装物及包装物押金)<3000 元的啤酒。包装物押金不包括重复使用的塑料周转箱的押金。果啤属于啤

酒,按啤酒征收消费税。对饮食业、商业、娱乐业举办的啤酒屋(啤酒坊)利用啤酒生产设备生产的啤酒应当征收消费税。葡萄酒,属于"其他酒"子目。

配制酒的子类目和税率适用如下:

(1)以蒸馏酒或食用酒精为酒基,具有国家相关部门批准的国食健字或卫食健字文号并且酒精度≤38度的配制酒。

(2)以发酵酒为酒基,酒精度≤20度的配制酒。

这两类,按"其他酒"10%适用税率征收消费税。

(3)其他配制酒,按"白酒"适用20%税率加0.5元/500克(或500毫升)征收消费税。

高档化妆品,贵重首饰及珠宝玉石,鞭炮、焰火的消费税税目、税率,如表3-3所示。

表3-3 消费税——税目与税率表

税 目	税 率
三、高档化妆品	15%
四、贵重首饰及珠宝玉石	
1.金银首饰、铂金首饰和钻石及钻石饰品	5%(零售环节纳税)
2.其他贵重首饰和珠宝玉石	10%(生产、进口、委托加工提货环节纳税)
五、鞭炮、焰火	15%

高档化妆品的范围:自2016年10月1日起,取消对普通美容、修饰类化妆品征收消费税,将"化妆品"税目名称更名为"高档化妆品",包括:高档美容、修饰类化妆品、高档护肤类化妆品和成套化妆品,即生产(进口)环节销售(完税)价格(不含增值税)在10元/毫升(克)或15元/片(张)及以上的美容、修饰类化妆品和护肤类化妆品。不包括:舞台、戏剧、影视演员化妆用的上妆油、卸装油、油彩。出国人员免税商店销售的金银首饰征收消费税。鞭炮、焰火中不包括:体育上用的发令纸、鞭炮药引线。

成品油消费税税目、税率,如表3-4所示。

表3-4 消费税——税目与税率表

税 目	税 率
六、成品油	
1.汽油	1.52元/升
2.柴油	1.20元/升
3.航空煤油	1.20元/升
4.石脑油	1.52元/升
5.溶剂油	1.52元/升
6.润滑油	1.52元/升
7.燃料油	1.20元/升

解释:航空煤油的消费税暂缓征收。取消车用含铅汽油消费税,汽油税目不再划分二级子目,统一按照无铅汽油税率征收消费税。变压器油、导热类油等绝缘油类产品不

属于润滑油,不征收消费税。取消汽车轮胎的消费税。

小汽车消费税税目、税率,如表 3-5 所示。

表 3-5 消费税——税目与税率表

税 目	税 率
七、小汽车	
1.乘用车	
(1)气缸容量在 1.0(含 1.0)升以下的	1%
(2)气缸容量在 1.0 以上至 1.5(含 1.5)升	3%
(3)气缸容量在 1.5 以上至 2.0(含 2.0)升	5%
(4)气缸容量在 2.0 以上至 2.5(含 2.5)升	9%
(5)气缸容量在 2.5 以上至 3.0(含 1.5)升	12%
(6)气缸容量在 3.0 以上至 4.0(含 4.0)升	25%
(7)气缸容量在 4.0 升以上	40%
2.中轻型商用客车	5%
3.超豪华小汽车(零售环节)	10%

解释:排量小于 1.5 升(含)的乘用车底盘(车架)改装、改制的属于乘用车;排量大于 1.5 升的乘用车底盘(车架)或用中轻型商用客车底盘(车架)改装、改制的属于中轻型商用客车。不包括:(1)电动汽车;(2)车身长度≥7 米,并且座位 10~23 座(含)以下的商用客车;(3)沙滩车、雪地车、卡丁车、高尔夫车。

摩托车、高档手表等消费税税目、税率,如表 3-6 所示。

表 3-6 消费税——税目与税率表

税 目	税 率
八、摩托车	
1.气缸容量在 250 毫升以下的	3%
2.气缸容量在 250 毫升的以上的	10%
九、高尔夫球及球具	10%
十、高档手表	20%
十一、游艇	10%
十二、木制一次性筷子	5%
十三、实木地板	5%
十四、电池	4%
十五、涂料	4%

解释:取消气缸容量 250 毫升(不含)以下的小排量摩托车消费税。高尔夫球具范围包括高尔夫球、高尔夫球杆及高尔夫球包(袋)等。高尔夫球杆的杆头、杆身和握把属于本税目的征收范围。高档手表,每只不含增值税销售价格≥10 000 元。游艇,8 米≤长度≤90 米,内置发动机,可以在水上移动,一般为私人或团体购置,主要用于水上运动和休

闲娱乐等非牟利活动的各类机动艇。对无汞原电池、金属氢化物镍蓄电池(又称"氢镍蓄电池"或"镍氢蓄电池")、锂原电池、锂离子蓄电池、太阳能电池、燃料电池和全钒液流电池免征消费税。2015年12月31日前对铅蓄电池缓征消费税;自2016年1月1日起,对铅蓄电池按4%税率征收消费税。对施工状态下挥发性有机物含量低于420克/升(含)的涂料免征消费税。

【随堂测验3-1】

企业生产销售的下列产品中,属于消费税征税范围的是( )。

A. 电动汽车　　　　　　　　　B. 体育用鞭炮药引线

C. 销售价格为9000元的手表　　D. 铅蓄电池

【解析】

正确答案D。电动汽车、体育用鞭炮药引线和价格低于10 000元的手表不属于消费税征税范围。

纳税人兼营不同税率的应当缴纳消费税的消费品,应当分别核算不同税率应税消费品的销售额、销售数量;未分别核算销售额、销售数量,或者将不同税率的应税消费品组成成套消费品销售的,从高适用税率。

【随堂测验3-2】

下列的货物,属于消费税征税范围的是( )。

A. 私人飞机　　　　　　　　　B. 首饰厂生产的金银镶嵌首饰

C. 鞭炮加工厂销售的田径比赛用发令纸　　D. 游艇

【解析】

正确答案B、D。消费税的征税范围包括贵重首饰及珠宝玉石、鞭炮烟火、游艇等。

第三节　消费税的计税依据

消费税的应纳税额的计算有三种方法:从价定率计征法、从量定额计征法以及从价定率和从量定额复合计征法。

一、从价定率计征

实行从价定率征收方法的消费品的计税依据,为纳税人销售应税消费品向购买方收取的全部价款和价外费用。应税消费品的销售额,是指纳税人销售应税消费品向购买方收取的全部价款和价外费用,不包括向买方收取的增值税税款。

有偿,是指从购买方取得货币、货物或者其他经济利益;价外费用,是指价外向购买方收取的手续费、补贴、基金、集资费、返还利润、奖励费、违约金、滞纳金、延期付款利息、赔偿金、代收款项、代垫款项、包装费、包装物租金、储备费、优质费、运输装卸费以及其他各种性质的价外收费。但下列项目不包括在内：

1. 同时符合以下条件的代垫运输费用

（1）承运部门的运输费用发票开具给购买方的；

（2）纳税人将该项发票转交给购货方的。

2. 同时符合以下条件代为收取的政府性基金或者行政事业性收费

（1）由国务院或者财政部批准设立的政府性基金，由国务院或者省级人民政府及其财政、价格主管部门批准设立的行政事业性收费；

（2）收取时开具省级以上财政部门印制的财政票据；

（3）所收款项全额上缴财政。

其他价外费用，无论是否属于纳税人的收入，均应并入销售额计算征税。

3. 包装物及押金的处理

实行从价定率办法计算应纳税额的应税消费品连同包装销售的，无论包装物是否单独计价，也不论在会计上如何核算，均应并入应税消费品的销售额中征收消费税和增值税。如果包装物不作价随同产品销售，而是收取押金，此项押金则不应并入应税消费品的销售额中征税。但对因逾期未收回的包装物不再退还的或者已收取的时间超过12个月的押金，应并入应税消费品的销售额，按照应税消费品的适用税率缴纳消费税。

对既作价随同应税消费品销售，又另外收取押金的包装物的押金，凡纳税人在规定期限内没有退还的，均应计入应税消费品的销售额，按照应税消费品的适用税率缴纳消费税。

从1995年6月1日起，对销售除啤酒、黄酒外的其他酒类产品而收取的包装物押金，无论是否返还以及会计上如何核算，均应并入当期销售额征税。

白酒生产企业向商业销售单位收取的"品牌使用费"是随着应税白酒的销售向购货方收取的，属于应税白酒销售价款的一部分。不论企业采取何种方式或以何种名义收取价款，均应并入白酒的销售额中缴纳消费税。

4. 含增值税销售额的换算

销售额中包含向购货方收取的增值税款的，销售额不包括应向购货方收取的增值税款。如果纳税人应税消费品的销售额中没有扣除增值税款或者因为不得开具增值税专用发票而发生的价款和增值税税款合并征收的，在计算消费税时，应当换算成不含增值税的销售额。

换算公式为：

应税消费品的销售额＝含增值税的销售额÷(1＋增值税税率或征收率)

【随堂测验3-3】

某汽车制造公司为增值税一般纳税人。2022年2月，该公司发生以下业务：

(1)销售自产小汽车[气缸容量在 2.0 以上至 2.5(含 2.5)升]50 辆,取得汽车价款(含增值税)550 万元。另外,向购买方收取价外费用 5 万元。

(2)销售自产汽车轮胎,取得价款 58 万元。

已知小汽车适用的增值税率为 13%,消费税税率为 9%。

计算该公司 2 月份应纳消费税税额。

【解析】

销售价款和增值税税款合并收取的销售额,在计算消费税时,应当按照税法的规定换算为不含增值税税款的销售额。汽车轮胎不征收消费税。

该公司 2 月份应纳消费税税额=销售额×消费税税率=[含增值税销售额÷(1+增值税税率)]×消费税税率=[550+5÷(1+13%)]×9%=44.20(万元)

二、从量定额计征

实行从量定额征收方法的消费品的计税依据为销售量。应税消费品的销售量,是指应税消费品的数量。具体规定为:

(1)销售应税消费品的,为应税消费品的销售数量;

(2)自产自用应税消费品的,为应税消费品的移送使用数量;

(3)委托加工应税消费品的,为纳税人收回的应税消费品数量;

(4)进口的应税消费品,为海关核定的应税消费品进口征税数量。

销售额以人民币计算。纳税人销售的应税消费品,以外汇计算销售额的,应当按外汇市场价格折合成人民币计算应纳税额。

☺ **小贴士**

计量单位的换算标准

实行从量定额办法计算应纳税额的应税消费品,计量单位的换算标准如下:

啤酒	1 吨=988 升	黄酒	1 吨=962 升
汽油	1 吨=1388 升	柴油	1 吨=1176 升
石脑油	1 吨=1385 升	溶剂油	1 吨=1282 升
润滑油	1 吨=1126 升	燃料油	1 吨=1015 升
航空煤油	1 吨=1246 升		

【随堂测验 3-4】

某啤酒厂 2022 年 4 月销售啤酒 100 吨,每吨出厂价 4000 元。计算啤酒厂的应纳消费税税额。

【解析】

该啤酒厂啤酒每吨出厂价4000元,属于甲类啤酒,即每吨出厂价(含包装物及包装物押金)≥3000元(含3000元,不含增值税),税率为250元/吨。

应纳消费税＝100×250＝25 000(元)

三、从价从量复合计征

既规定了比例税率,又规定了定额税率的卷烟、白酒,其应纳税额实行从价定率和从量定额相结合的复合计征方法。

【随堂测验3-5】

某酒厂为增值税一般纳税人。该酒厂2022年5月销售粮食白酒4000斤,取得销售收入14 040元(含增值税)。已知粮食白酒消费税定额税率为0.5元/斤,比例税率为20%。计算该酒厂5月应缴纳消费税税额。

【解析】

白酒适用从价定率和从量定额相结合的复合计征方法。

应纳税额＝销售数量×单位税额＋销售款或计税价价格×税率
　　　　＝14 040÷(1＋13%)×20%＋4000×0.5＝2484.96＋2000＝4484.96(元)

四、计税依据的特殊规定

1. 自设非独立核算门市部销售应税消费品的计税规定

纳税人通过自设非独立核算门市部销售的自产应税消费品,应按门市部对外销售额或者销售数量征收消费税。

2. 应税消费品用于换取生产资料、消费资料、投资入股、抵偿债务的计税规定

纳税人用于换取生产资料、消费资料、投资入股、抵偿债务等方面的应税消费品,按照同类应税消费品的最高销售额作为计税依据计算消费税。

3. 卷烟计税价格的核定

自2012年1月1日起,卷烟消费税最低计税价格核定范围为卷烟生产企业在生产环节销售的所有牌号、规格卷烟。

计税价格由国家税务总局按照卷烟批发环节销售价格扣除卷烟批发环节批发毛利核定并发布。计税价格的核定公式为:

某牌号/规格卷烟计税价格＝批发环节销售价格×(1－适用批发毛利率)

卷烟批发环节销售价格,按照税务机关采集的所有卷烟批发企业在价格采集期内销售的该牌号、规格的卷烟数量、销售额进行加权平均计算。其计算公式如下:

批发环节销售价格＝∑该牌号规格卷烟各采集点的销售额÷∑该牌号规格卷烟各

采集点的销售数量

已经国家税务总局核定计税价格的卷烟,生产企业实际销售价格高于计税价格的,按实际销售价格确定适用税率,计算应纳税款并申报纳税;实际销售价格低于计税价格的,按计税价格确定适用税率,计算应纳税款并申报纳税。

4. 白酒最低计税价格的核定

自2009年8月1日起,对白酒消费税实行最低计税价格核定管理办法。

(1)核定范围。

白酒生产企业销售给销售单位的白酒、生产企业消费税计税价格低于销售单位对外销售价格(不含增值税)70%以下的,税务机关应核定消费税最低计税价格。自2015年6月1日起,纳税人将委托加工收回的白酒销售给销售单位,消费税计税价格低于销售单位对外销售价格(不含增值税)70%以下的,也应核定消费税最低计税价格。

核定主体:①国家税务总局。主管税务机关应将白酒生产企业申报的销售给销售单位的消费税计税价格低于销售单位对外销售价格70%以下、年销售额1000万元以上的各种白酒,在规定的时限内逐级上报至国家税务总局。税务总局选择其中部分白酒核定消费税最低计税价格。②省、自治区、直辖市和计划单列市税务局。除税务总局已核定消费税最低计税价格的白酒外,其他符合需要核定消费税最低计税价格的白酒,消费税最低计税价格由各省、自治区、直辖市和计划单列市税务局核定。

(2)标准的重新核定

已核定最低计税价格的白酒,销售单位对外销售价格持续上涨或下降时间达到3个月以上、累计上涨或下降幅度在20%(含)以上的白酒,税务机关重新核定最低计税价格。

(3)标准的运用

已核定最低计税价格的白酒,生产企业实际销售价格高于消费税最低计税价格的,按实际销售价格申报纳税;实际销售价格低于消费税最低计税价格的,按最低计税价格申报纳税。

白酒生产企业未按照规定上报销售单位销售价格的,主管税务局应按照销售单位的销售价格征收消费税。

5. 金银首饰销售额的确定

既销售金银首饰,又销售非金银首饰的生产、经营单位,应将两类商品划分清楚,分别核算销售额。凡划分不清或不能分别核算的,在生产环节销售的,一律从高适用税率征收消费税;在零售环节销售的,一律按金银首饰征收消费税。金银首饰与其他产品组成成套消费品销售的,应按销售额全额征收消费税。

金银首饰连同包装物销售的,无论包装物是否单独计价,也无论会计上如何核算,均应并入金银首饰的销售额,计征消费税。

带料加工的金银首饰,应按受托方销售同类金银首饰的销售价格确定计税依据征收消费税。没有同类金银首饰销售价格,按照组成计税价格计算纳税。

纳税人采用以旧换新(含翻新改制)方式销售的金银首饰,应按实际收取的不含增值税的全部价款确定计税依据征收消费税。

第四节　消费税应纳税额的计算

一、生产销售环节应纳消费税的计算

纳税人在生产销售环节应缴纳的消费税,包括直接对外销售应纳消费品应缴纳的消费税和自产自用应税消费品应缴纳的消费税。

(一)直接对外销售应纳消费税的计算

直接对外销售应纳消费税有三种计算方法。

1. 从价定率计算

消费税实行从价定率的办法计算应纳税额。应纳税额计算公式为:

$$应纳税额＝应税消费品的销售额×消费税比例税率$$

【随堂测验3-6】

某化妆品生产企业为增值税一般纳税人。2022年5月15日向某大型商场销售高档化妆品一批,开具增值税专用发票,取得不含增值税销售额60万元;5月20日向某单位销售高档化妆品一批,开具普通发票,取得含增值税销售额4.64万元。

计算该化妆品生产企业上述业务应缴纳的消费税额。

【解析】

(1)化妆品的应纳销售额＝60＋4.64÷(1＋13%)＝64.11(万元)

(2)应缴纳的消费税额＝64.11×15%＝9.62(万元)

2. 从量定额计算

消费税实行从量定额的办法计算应纳税额。应纳税额计算公式为:

$$应纳税额＝销售数量×消费税定额税率$$

【随堂测验3-7】

某啤酒厂2022年7月销售啤酒1000吨,取得不含增值税销售额300万元,另收取包装物押金23.4万元。

计算该啤酒厂应纳消费税额。

【解析】

每吨啤酒出厂价[300＋23.4÷(1＋13%)]×10 000÷1000＝3 207.08(万元)

出厂价大于3000元,属于销售甲类啤酒,适用定额税率每吨250元。

应纳消费税额＝1000×250＝250 000（元）

3. 从价定率和从量定额复合计算

消费税实行从价定率和从量定额复合计税（以下简称复合计税）的办法计算应纳税额。应纳税额计算公式为：

应纳税额＝销售额×消费税比例税率＋销售数量×消费税定额税率

【随堂测验3-8】

某白酒生产企业为增值税一般纳税人，2022年6月销售白酒50吨，取得不含增值税的销售额300万元。计算白酒企业6月应缴纳的消费税税额。

【解析】

白酒适用比例税率20％，定额税率每500克0.5元。1吨＝2000斤。

应纳消费税额＝50×2000×0.000 05＋300×20％＝65（万元）

纳税人销售的应税消费品，以人民币计算销售额。纳税人以人民币以外的货币结算销售额的，应当折合成人民币计算。

（二）自产自用应税消费品应纳税额的计算

自产自用，就是纳税人生产应税消费品后，不是用于直接对外销售，而是用于自己连续生产消费品或用于其他方面。这种自产自用应税消费品形式，在实际经济活动中很常见。

1. 用于连续生产应税消费品

纳税人自产自用的应税消费品，用于连续生产应税消费品的，不纳税。所谓"纳税人自产自用的应税消费品，用于连续生产应税消费品的"，是指作为生产最终应税消费品的直接材料，并构成最终产品实体的应税消费品。例如，卷烟厂生产出烟丝，再用生产出的烟丝连续生产卷烟，虽然烟丝是应税消费品，但用于连续生产卷烟的烟丝就不用缴纳消费税，只对生产销售的卷烟征收消费税。《消费税暂行条例》中规定对自产自用的应税消费品，用于连续生产应税消费品的，不再征税，体现了税不重征和计税简便的原则，避免了重复征税。

2. 用于其他方面的应税消费品

纳税人自产自用的应税消费品，除用于连续生产应税消费品外，凡用于其他方面的，于移送使用时纳税。其他方面是指：纳税人用于生产非应税消费品、在建工程、管理部门、非生产机构、提供劳务，以及用于馈赠、赞助、集资、广告、样品、职工福利、奖励等方面。所谓"用于生产非应税消费品"，是指把自产的应税消费品用于生产《消费税暂行条例》税目、税率表所列15类产品以外的产品。

从2009年1月1日起，对成品油生产企业在生产成品油过程中，作为燃料、动力及原料消耗掉的自产成品油，免征消费税。对用于其他用途或直接对外销售的成品油照章征收消费税。

3. 组成计税价格及税额的计算

纳税人自产自用的应税消费品,凡用于其他方面,应当纳税的,按照纳税人生产的同类消费品的销售价格计算纳税。同类消费品的销售价格是指纳税人当月销售的同类消费品的销售价格,如果当月同类消费品各期销售价格高低不同,应按销售数量加权平均计算。当销售的应税消费品有下列情况之一的,不得列入加权平均计算:

(1) 销售价格明显偏低又无正当理由的;

(2) 无销售价格的。

如果当月无销售或者当月未完结,应按照同类消费品上月或者最近月份的销售价格计算纳税。没有同类消费品的销售价格的,按照组成计税价格计算纳税。

实行从价定率办法计征消费税的,其计算公式为:

组成计税价格=(成本+利润)÷(1-消费税比例税率)

=成本×(1+成本利润率)÷(1-消费税比例税率)

应纳税额=组成计税价格×消费税比例税率

实行复合计税办法计征消费税的,其计算公式为:

组成计税价格=(成本+利润+自产自用数量×消费税定额税率)÷(1-消费税比例税率)

应纳税额=组成计税价格×消费税比例税率+自产自用数量×消费税定额税率

【随堂测验3-9】

某化妆品公司将一批自产的化妆品用作职工福利,化妆品的成本8000元,该化妆品无同类产品市场销售价格,但已知其成本利润率为5%,消费税税率为15%。计算该批化妆品应缴纳的消费税税额。

【解析】

组成计税价格=成本×(1+成本利润率)÷(1-消费税税率)=8000×(1+5%)÷(1-15%)=9882.35(元)

应纳税额=9882.35×15%=1482.35(元)

二、委托加工环节应税消费品应纳税额的计算

委托加工应税消费品,是指委托方提供原材料和主要材料,受托方只收取加工费和代垫部分辅料材料加工的应税消费品。由受托方提供原材料生产的应税消费品,或者受托方先将原料卖给委托方然后再接受加工,以及受托方以委托方的名义购进原材料生产的应税消费品,不论纳税人在财务上是否做销售处理,都不得作为委托加工应税消费品,而应当按照销售自制应税消费品缴纳消费税。

委托加工的应税消费品,按照受托方的同类消费品的销售价格计算纳税,没有同类

销售价格的,按照组成计税价格计算纳税。

委托加工环节的"应纳消费税税额"也即受托方"应代收代缴的消费税税额"。

(1)实行从价定率办法计征消费税的,其计算公式为:

$$组成计税价格=(材料成本+加工费)\div(1-消费税比例税率)$$

$$应纳税额=组成计税价格\times 适用税率$$

(2)实行复合计税办法计征消费税的,其计算公式为:

$$组成计税价格=(材料成本+加工费+委托加工数量\times 消费税定额税率)\div(1-消费税比例税率)$$

$$应纳税额=组成计税价格\times 消费税比例税率+委托加工数量\times 消费税定额税率$$

"材料成本"是指委托方所提供加工材料的实际成本。如果加工合同上未如实注明材料成本的,受托方所在地主管税务机关有权核定其材料成本。

"加工费"是指受托方加工应税消费品向委托方所收取的全部费用(包括代垫辅助材料的实际成本),但不包括随加工费收取的销项税额。

【随堂测验3-10】

某鞭炮企业2022年2月受托为某单位加工一批鞭炮,委托单位提供的原材料金额为30万元,收取委托单位不含增值税的加工费4万元,鞭炮企业当地无加工鞭炮的同类产品市场价格。计算鞭炮企业应代收代缴的消费税税额。

【解析】

鞭炮的适用税率15%。组成计税价格=(30+4)÷(1-15%)=40(万元)

应代收代缴消费税额=40×15%=6(万元)

三、纳税人进口应税消费品应纳税额的计算

进口应税消费品的应纳税额按照组成计税价格计算纳税,组成计税价格的计算公式是:

(1)实行从价定率办法计征消费税的,其计算公式为:

$$组成计税价格=(关税完税价格+关税)\div(1-消费税比例税率)$$

$$应纳税额=组成计税价格\times 消费税比例税率$$

公式中的"关税完税价格"是指海关核定的关税计税价格。

(2)实行复合计税办法计征消费税的,其计算公式为:

$$组成计税价格=(关税完税价格+关税+进口数量\times 消费税定额税率)\div(1-消费税比例税率)$$

$$应纳税额=组成计税价格\times 消费税比例税率+进口数量\times 消费税定额税率$$

进口环节消费税除国务院另有规定外,一律不得给予减税、免税。

【随堂测验 3-11】

某商贸公司 7 月从国外进口一批应税消费品,已知该批应税消费品的关税完税价格为 90 万元,按规定应缴纳关税 18 万元,假定进口的应税消费品的消费税税率为 10%,计算该批消费品进口环节应缴纳的消费税税额。

【解析】

组成计税价格＝(90＋18)÷(1－10%)＝120(万元);

应缴纳消费税税额＝120×10%＝12(万元)。

四、已纳消费税的扣除

已纳消费税的扣除是为避免重复征税,外购应税消费品和委托加工收回的应税消费品继续生产应税消费品销售的,可以将外购应税消费品和委托加工收回应税消费品已缴纳的消费税给予抵扣。

(一) 外购应税消费品已纳税款的扣除

能够扣除的消费品包括:

(1)外购已税烟丝生产的卷烟。

(2)外购已税高档化妆品生产的高档化妆品。

(3)外购已税珠宝玉石生产的贵重首饰及珠宝玉石。

(4)外购已税鞭炮焰火生产的鞭炮焰火。

(5)外购已税杆头、杆身和握把为原料生产的高尔夫球杆。

(6)外购已税木制一次性筷子为原料生产的木制一次性筷子。

(7)外购已税实木地板为原料生产的实木地板。

(8)外购已税汽油、柴油、石脑油、燃料油、润滑油用于连续生产应税成品油(不含航空煤油、溶剂油)。

上述当期准予扣除外购应税消费品已纳消费税税款的计算公式为:

当期准予扣除的外购应税消费品已纳税款＝当期准予扣除的外购应税消费品买价×外购应税消费品适用税率

当期准予扣除的外购应税消费品买价＝期初库存的外购应税消费品的买价＋当期购进的应税消费品的买价－期末库存的外购应税消费品的买价

外购已税消费品的买价是指购货发票上注明的销售额(不包括增值税税款)。

【随堂测验 3-12】

某卷烟生产企业,某月初库存外购应税烟丝金额 20 万元,当月又外购应税烟丝金额 50 万元(不含增值税),月末库存烟丝金额 10 万元,其余被当月生产卷烟领用。计算卷烟厂当月准许扣除的外购烟丝已缴纳的消费税税额。

【解析】

烟丝适用的消费税税率为30%。

(1)当期准许扣除的外购烟丝买价＝20＋50－10＝60(万元)；

(2)当月准许扣除的外购烟丝已缴纳的消费税税额＝60×30%＝18(万元)。

(二)委托加工收回的应税消费品已纳税款的扣除

委托加工的应税消费品因为已由受托方代收代缴消费税,因此,委托方收回货物后用于连续生产应税消费品的,其已纳税款准予按照规定从连续生产的应税消费品应纳消费税税额中抵扣。扣除范围包括：

(1)以委托加工收回的已税烟丝为原料生产的卷烟。

(2)以委托加工收回的已税高档化妆品为原料生产的高档化妆品。

(3)以委托加工收回的已税珠宝玉石为原料生产的贵重首饰及珠宝玉石。

(4)以委托加工收回的已税鞭炮、焰火为原料生产的鞭炮、焰火。

(5)以委托加工收回的已税杆头、杆身和握把为原料生产的高尔夫球杆。

(6)以委托加工收回的已税木制一次性筷子为原料生产的木制一次性筷子。

(7)以委托加工收回的已税实木地板为原料生产的实木地板。

(8)以委托加工收回的已税汽油、柴油、石脑油、燃料油、润滑油用于连续生产应税成品油。

(9)以委托加工收回的已税摩托车连续生产应税摩托车(如用外购两轮摩托车改装三轮摩托车)。

上述当期准予扣除委托加工收回的应税消费品已纳消费税税款的计算公式为：

当期准予扣除的委托加工应税消费品已纳税款＝期初库存的委托加工应税消费品已纳税款＋当期收回的委托加工应税消费品已纳税款－期末库存的委托加工应税消费品已纳税款

纳税人用委托加工收回的已税珠宝、玉石原料生产的改在零售环节征收消费税的金银首饰,在计税时一律不得扣除委托加工收回的珠宝、玉石原料的已纳消费税税款。

【随堂测验3-13】

某卷烟生产企业,某月下列产品中,在计算缴纳消费税时准许扣除外购应税消费品已纳消费税的有(　　)。

A.外购已税烟丝生产的卷烟　　B.外购已税实木素板涂漆生产的实木地板

C.外购已税白酒加香生产的白酒　　D.外购已税手表镶嵌钻石生产的手表

【解析】

正确答案A、B。外购或委托加工收回的已税烟丝生产的卷烟;以外购或委托加工收回的已税实木地板为原料生产的实木地板准予扣除。

五、出口应税消费品的退(免)税

纳税人出口应税消费品与出口货物一样,国家都给予退(免)税优惠。

(一) 退(免)税消费税的范围

关于出口应税消费品退(免)税的规定区分为以下三种情况:

1. 免税并退税

有出口经营权的外贸企业购进应税消费品直接出口,以及外贸企业受其他外贸企业委托代理出口应税消费品的,适用免税并退税的规定。其他企业出口或者委托外贸企业代理出口的,不适用免税并退税的规定。

2. 出口免税但不退税

有出口权的生产性企业自营出口或生产企业委托外贸企业代理出口自产的应税消费品的,根据实际出口数量免征消费税,但是不予退还消费税。

3. 出口不免税也不退税

除生产企业、外贸企业外的其他企业,具体是指一般商贸企业,委托外贸企业代理出口应税消费品,一律不予退(免)税。

(二) 出口应税消费品退税的计算

计算公式为:

应退税额＝从价定率计征消费税的退税计税依据×适用比例税率＋从量定额计征消费税的退税计税依据×适用定额税率

出口企业和其他单位应当在规定的增值税纳税申报期内向税务机关申报消费税退税、免税。委托出口的货物,由委托方申报消费税退税、免税。

出口企业和其他单位骗取出口退税的,经省级以上税务机关批准,可以停止其退(免)税资格。

发生不应退税、免税但是已经退税、免税的,出口企业和其他单位应当补缴已经退还、免征的税款。

【随堂测验3-14】

某商场2022年4月份高档手表的销售收入为200万元(不含增值税),高档化妆品的销售收入为70万元(不含增值税)。已知高档手表的消费税税率为20%,高档化妆品的消费税税率为15%,增值税税率为13%。

计算该商场应当缴纳的消费税额。

【解析】

该商场销售应税消费品所取得的销售收入是含税的收入,在计算消费税时,应当将含税的销售额换算成不含税的销售额。

销售高档手表的消费税额＝200÷(1+13％)×5％＝8.85(万元)
销售高档化妆品的消费税额＝70÷(1+13％)×15％＝9.29(万元)
该商场10月份应当缴纳的消费税额＝8.85+9.29＝18.14(万元)

第五节　消费税的征收管理

一、消费税的纳税环节

1. 纳税人生产的应税消费品，由生产者于销售时纳税

纳税人生产应税消费品，除了直接对外销售应征收消费税外，如将生产的应税消费品换取生产资料、消费资料、投资入股、偿还债务以及用于继续生产应税消费品以外的其他方面都应缴纳消费税。

另外，工业企业以外的单位和个人的下列行为视为应税消费品的生产行为，按规定征收消费税：

(1) 将外购的消费税非应税产品以消费税应税产品对外销售的。

(2) 将外购的消费税低税率应税产品以高税率应税产品对外销售的。

2. 委托加工

委托加工的应税消费品，由受托方在向委托方交货时代扣代缴。委托加工的应税消费品直接出售的，不再征收消费税；委托加工消费品收回后用于连续生产应税消费品的，可以抵扣委托加工应税消费品的已纳消费税税款。

3. 进口环节

进口的应税消费品，应当向报关地海关申报纳税。消费税由税务机关征收，进口的应税消费品的消费税由海关代征。个人携带或者邮寄进境的应税消费品的消费税，连同关税一并计征。

4. 零售环节

金银首饰消费税由零售者在零售环节缴纳，超豪华小汽车在此环节加征一道消费税。

5. 批发环节

在批发环节征收的消费税仅限于卷烟，且是加征的一道消费税。加征11％的从价税和0.005元/支的从量税。

6. 移送使用环节

纳税人自产自用的应税消费品，用于本企业连续生产应税消费品的，不纳税；用于其他方面的，应当在消费品移送使用时纳税。

二、纳税义务发生的时间

消费税纳税义务发生时间,根据《消费税暂行条例》的规定,有如下不同情形:

1. 纳税人销售应税消费品的,按不同的销售结算方式分别为:

(1)采取赊销和分期收款结算方式的,为书面合同约定的收款日期的当天,书面合同没有约定收款日期或者无书面合同的,为发出应税消费品的当天。

(2)采取预收货款结算方式的,为发出应税消费品的当天。

(3)采取托收承付和委托银行收款方式的,为发出应税消费品并办妥托收手续的当天。

(4)采取其他结算方式的,为收讫销售款或者取得索取销售款凭据的当天。

2. 纳税人自产自用应税消费品的,为移送使用的当天。

3. 纳税人委托加工应税消费品的,为纳税人提货的当天。

4. 纳税人进口应税消费品的,为报关进口的当天。

三、纳税期限

消费税的纳税期限分别为 1 日、3 日、5 日、10 日、15 日、1 个月或者 1 个季度。纳税人的具体纳税期限,由主管税务机关根据纳税人应纳税额的大小分别核定;不能按照固定期限纳税的,可以按次纳税。

纳税人以 1 个月或者 1 个季度为 1 个纳税期的,自期满之日起 15 日内申报纳税;以 1 日、3 日、5 日、10 日或者 15 日为 1 个纳税期的,自期满之日起 5 日内预缴税款,于次月 1 日起 15 日内申报纳税并结清上月应纳税款。

纳税人进口应税消费品,应当自海关填发海关进口消费税专用缴款书之日起 15 日内缴纳税款。

四、纳税地点

(1)纳税人销售应税消费品,以及自产自用的应税消费品,应当向纳税人机构所在地或者居住地的主管税务机关申报纳税。

纳税人的总机构与分支机构不在同一县(市)的,应当分别向各自机构所在地的主管税务机关申报纳税;经财政部、国家税务总局或者其授权的财政、税务机关批准,可以由总机构汇总向总机构所在地的主管税务机关申报纳税。

(2)纳税人到外县(市)销售或委托外县(市)代销应税消费品的,于应税消费品销售后,向机构所在地或者居住地的主管税务机关申报纳税。

(3)委托加工应税消费品的,由受托方向所在地主管税务机关解缴消费税税款。纳税人委托个体经营者加工的应税消费品,由委托方收回后再委托方所在地缴纳消费税款。

(4) 进口的应税消费品,由进口人或者代理人向报关地海关申报纳税。个人携带或者邮寄进境的应税消费品,连同关税由海关一并计征。

【导学案例解析】

该商场销售应税消费品所取得的销售收入是含税的收入,在计算消费税时,应当将含税的销售额换算成不含税的销售额。

销售金银首饰的消费税额 $= 80 \div (1+13\%) \times 5\% = 3.54$(万元)

销售高档化妆品的消费税额 $= 60 \div (1+13\%) \times 15\% = 7.96$(万元)

该商场10月份应当缴纳的消费税额 $= 3.54 + 7.96 = 11.50$(万元)

第四章 关 税 法

【本章学习目标】
1. 掌握关税的进出口税则和原产地规则,关税应纳税额的计算方法,关税的完税价格的具体规定。
2. 理解关税的征收管理规定。
3. 熟悉关税的纳税义务人规定。

【导学案例】
上海某进出口公司从 A 国进口货物一批,货物实际成交价折合人民币为 1410 万元(包括单独计价并经海关审查属实的向境外采购代理人支付的买方佣金 10 万元,但不包括因使用该货物而向境外支付的软件费 50 万元、向卖方支付的佣金 15 万元),另支付货物运抵我国上海港的运费、保险费等 35 万元。假设该货物适用的关税税率为 20%,增值税税率为 13%、消费税税率为 10%。

根据上述资料计算:(1)该公司应缴纳关税税额;(2)该公司应缴纳消费税税额;(3)该公司应缴纳增值税税额。

第一节 关 税 概 述

一、关税法概述

关税法,是指国家制定的调整关税征收与缴纳权利义务关系的法律规范。

我国现行关税法律规范包括:1987 年 1 月 22 日,第六届全国人民代表大会常务委员会第十九次会议通过的《中华人民共和国海关法》(以下简称《海关法》),自当年 7 月 1 日起施行。2017 年 11 月 4 日,第十二届全国人民代表大会常务委员会第三十次会议第五次修正该法,当日公布施行。现行的《中华人民共和国进出口关税条例》(以下简称《关税条例》),由国务院 2003 年 11 月 23 日公布,自 2004 年 1 月 1 日起施行,2017 年 3 月 1 日国务院第四次修改。在具体实施过程中,也以《中华人民共和国海关关于入境旅客行李物品和个人邮递物品征收进口税办法》,以及由国务院关税税则委员会审定并报国务院批准,每年发布的《中华人民共和国海关进出口税则》为基本法规;以 2005 年 1 月颁布、2018 年 5 月第四次修订的《中华人民共和国海关进出境货物征税管理办法》,2013 年 12 月颁布的《中华人民共和国海关审定进出口货物完税价格办法》等文件为执行和管理时的依据。

小贴士

关 税 起 源

关税是随着商品交换领域的不断扩大而产生并逐步发展的。关于关税的产生,配第在《赋税论》中说:"关税最初是为了保护进出口的货物免遭海盗劫掠而送给君主的报酬。"早在公元前五世纪,希腊的雅典就以港口的报酬为名,对出入的货物征收2%～5%的使用费。在我国,西周时期就在边境设立关卡。

征收关税,必须由海关进行。海关的产生有三个条件:一是政治条件,海关是国家建立并发展到一定时期的产物;二是经济条件,海关是随着商品生产的发展和对外贸易的需要而逐步形成和发展起来的;三是地理条件,海关经常设立在港口和交通要道。

从海关的历史发展过程看,关税的发展可以划分为三个阶段:使用费阶段;国内关税时代;国境或关境时代。

二、关税概述

(一) 关税的概念

关税是由海关对进出国境或关境的货物、物品征收的一种税。是目前各国普遍征收的一种税。关税以进出国境、关境的货物、物品为征税对象。

本书所指的"境"是关境,是国家《海关法》全面实施的领域。通常情况下,一国的关境和国境是一致的,包括国家全部的领土、领海、领空。但当某一国家在国境内设立了自由港、自由贸易区时,这些区域就进出口关税而言处在关境之外,这时,该国家的关境小于国境。

如在我国,香港和澳门保持自由港地位,为我国单独的关税地区,即单独关境区各国的单独关境区是不完全适用该国海关法律、法规或实施单独海关管理制度的区域。

当几个国家结成关税同盟,组成一个共同的关境,实施统一的关税法令和统一的对外税则时,这些国家彼此之间货物进出国境不征收关税,只对来自或运往其他国家的货物进出共同关境时征收关税,这些国家的关境大于国境,如欧洲联盟。

小贴士

货物和物品是两组不同的概念。货物是指贸易性商品;物品是指各种方式进入国境的个人物品,如携带和邮寄物品。

(二) 关税的特点

1. 纳税上的统一性和一次性

按照全国统一的进出口关税条例和税则征收关税,在征收一次性关税后,货物就可在整个关境内流通,不再另行征收关税。这与其他税种如增值税等是不同的。

2. 征收上的过"关"性

是否征收关税,是以货物是否通过关境为标准。凡是进出关境的货物才征收关税;凡未进出关境的货物就不属于关税的征税对象。

3. 税率上的复式性

同一进口货物设置优惠税率和普通税率的复式税则制。这种复式税则充分反映了关税具有维护国家主权、平等互利发展国际贸易往来和经济技术合作的特点。

4. 征管上的强制性

关税是通过海关征收的。海关是设在关境上的国家行政管理机构,是贯彻执行本国有关进出口政策、法令和规章的重要工具。其任务是根据有关政策、法令和规章,对进出口货物、货币、金银、行李、邮件、运输工具等实行监督管理。征收关税、查禁走私货物、临时保管通关货物和统计进出口商品等。

5. 对进出口贸易的调节性

许多国家通过制定和调整关税税率来调节进出口贸易。

(三) 关税的种类

1. 按照征收的对象折叠和商品流向分类

按照征收的对象分类,可分为进口税、出口税和过境税。

(1)进口税,是指进口国家的海关在外国商品输入时,对本国进口商所征收的正常关税。

(2)出口税,是指对本国出口的货物在运出国境时征收的一种关税。征收出口关税会增加出口货物的成本,不利于本国货物在国际市场的竞争。

(3)过境税,是指一国对于通过其关境的外国商品征收的关税。

2. 按照征税标准分类

按照征税标准分类,可分为从价税、从量税、复合税、选择税、滑准税。

(1)从价税,是指依照进出口货物的价格作为标准征收关税。

$$从价税额 = 商品总价 \times 从价税率$$

(2)从量税,是指依照进出口货物数量的计量单位(如"吨""箱""百个"等)征收定量关税。

$$从量税额 = 商品数量 \times 每单位从量税$$

(3)复合税,是指依各种需要对进出口货物进行从价、从量的混合征税。

(4)选择税,是指对同一种货物在税则中规定有从量、从价两种关税税率,在征税时选择其中征税额较多的一种关税,也可选税额较少的一种为计税标准计征。

(5)滑准税,是指关税税率随着进口商品价格由高到低而由低到高设置的税。滑准税可以起到稳定进口商品价格的作用。

3. 按征税性质分类

按征税性质分类,关税可分为普通关税、优惠关税和差别关税三种。

(1)普通关税又称一般关税,适用于与本国没有签订贸易协定或经济互惠等友好协定的国家原产的货物征收的非优惠性关税。普通关税与优惠关税的税率差别一般较大。

(2)优惠关税一般是指互惠关税,即优惠协定的双方互相给对方优惠关税待遇,但也有单向优惠关税,即只对受惠国给予优惠待遇,而没有反向优惠。优惠关税一般有特定优惠关税、普遍优惠关税和最惠国待遇三种。

(3)差别关税实际上是保护主义的产物,是保护一国产业所采取的特别手段。一般的差别关税主要分为加重关税、反补贴关税、反倾销关税和报复性关税等。

特别关税包括报复性关税、反倾销与反补贴税、保障性关税。征收特别关税由国务院关税税则委员会决定,海关总署负责实施。

①加重关税。加重关税是出于某种原因或为达到某种目的,而对某国货物或某种货物的输入加重征收的关税。

②反倾销与反补贴税。反倾销与反补贴税是指进口国海关对外国的倾销商品,在征收关税的同时附加征收的一种特别关税。其目的在于抵消他国补贴。在激烈的市场竞争中,倾销和补贴行为在国际贸易中时常发生,其危害是使用不公平手段抢占市场份额,抑制相关产业的发展。

③报复性关税。报复性关税是指为报复它国对本国出口货物的关税歧视,而对相关国家的进口货物征收的一种进口附加税。任何国家或者地区对其进口的原产于我国的货物征收歧视性关税或者给予其他歧视性待遇的,我国对原产于该国家或者地区的进口货物征收报复性关税。

4. 按保护形式和程度分类

按保护形式和程度分类,关税可分为关税壁垒和非关税壁垒。

(1)关税壁垒,是指一国政府以提高关税的办法限制外国商品进口的措施。

(2)非关税壁垒,是指除关税以外的一切限制进口的措施,有直接非关税壁垒和间接非关税壁垒。

第二节 关税的征税对象和纳税义务人

一、征税对象

关税的征税对象是准许进出境的货物和物品。货物是指贸易性商品;物品是指入境旅客随身携带的行李物品、个人邮递物品、各种运输工具上的服务人员携带进口的自用物品、馈赠物品以及其他方式进境的个人物品。

二、纳税义务人

关税的纳税义务人，是指进口中国准许进口的货物的收货人、出口中国准许出口的货物的发货人和中国准许进境物品的所有人。他们分别应当依法缴纳进口关税和出口关税。

从中国境外采购进口的原产于中国境内的货物，也应当缴纳进口关税。

进出口货物，除了另有规定的以外，可以由进出口货物收发货人自行办理报关纳税手续，也可以由进出口货物收发货人委托海关准予注册登记的报关企业办理报关纳税手续。

进境物品的所有人可以自行办理报关纳税手续，也可以委托他人办理报关纳税手续。

> **小贴士**
>
> 一般情况下，对于携带进境的物品，推定其携带人为所有人；对分离运输的行李，推定相应的进出境旅客为所有人；对以邮递方式进境的物品，推定其收件人为所有人；对以邮递或其他运输方式出境的物品，推定其寄件人或托运人为所有人。

第三节　关税税率的适用规则

一、进口关税税率

（一）进口货物税率

根据《关税条例》的规定，我国进口关税设有最惠国税率、协定税率、特惠税率、普通税率、关税配额税率等税率形式，对进口货物在一定期限内可以实行暂定税率。

1. 最惠国税率

最惠国税率适用原产于与我国共同适用最惠国待遇条款的世界贸易组织（WTO）成员国或地区的进口货物，或原产于与我国签订有相互给予最惠国待遇条款的双边贸易协定的国家或者地区的进口货物，以及原产于我国境内的进口货物。

(1) 自 2020 年 1 月 1 日起，对 859 项商品（不含关税配额商品）实施进口暂定税率；自 2020 年 7 月 1 日起，取消 7 项信息技术产品进口暂定税率。

(2) 对《中华人民共和国加入世界贸易组织关税减让表修正案》附表所列信息技术产品最惠国税率自 2020 年 7 月 1 日起实施第五步降税。

> **小贴士**
>
> 2022 年 1 月 1 日，中国进口税则规定的进口货物的税目有 8930 个，其中绝大部分税

目采用比例税率(最惠国税率从 0 至 65% 不等,普通税率从 0 至 270% 不等);少量税目采用定额税率、复合税率等形式的税率。

2. 关税配额税率

我国继续对小麦等 8 类农产品和 3 种化肥产品实施关税配额管理,税率不变。其中,对尿素、复合肥、磷酸氢铵 3 种化肥的配额税率实施 1% 的暂定税率。

3. 协定税率和特惠税率

协定税率适用于原产于我国参加的含有关税优惠条款的区域性贸易协定有关缔约方的进口货物。特惠税率适用原产于与我国签订有特殊优惠关税协议的国家或者地区的进口货物。

(1)根据我国与有关国家或地区签署的贸易协定或关税优惠安排,除此前已经国务院批准实施的协定税率外,自 2020 年 1 月 1 日起,对我国与新西兰、秘鲁、哥斯达黎加、瑞士、冰岛、新加坡、澳大利亚、韩国、智利、格鲁吉亚、巴基斯坦的双边贸易协定以及亚太贸易协定的协定税率进一步降低。自 2020 年 7 月 1 日起,按照我国与瑞士的双边贸易协定和亚太贸易协定规定,进一步降低有关协定税率。

(2)除赤道几内亚外,对于与我国建交并完成换文手续的其他最不发达国家继续实施特惠税率。自 2020 年 1 月 1 日起,赤道几内亚停止享受零关税特惠待遇。

4. 普通税率

普通税率适用于原产于上述国家或地区以外的其他国家或者地区的进口货物。原产地不明的进口货物按照普通税率征税的进口货物,经国务院关税税则委员会特别批准,可以适用最惠国税率。

☺ **小贴士**

某企业进口塔式起重机 10 台,每台关税完税价格折算人民币 200 万元,关税最惠国税率为 10%,普通税率为 30%,该企业进口上述起重机应纳关税数额的计算方法如下:

(1)按照最惠国税率计算:

应纳税额 $= 10 \times 200 \times 10\% = 200$(万元)

(2)按照普通税率计算:

应纳税额 $= 10 \times 200 \times 30\% = 600$(万元)

5. 适用税率规则

(1)适用最惠国税率的进口货物有暂定税率的,应当适用暂定税率;适用协定税率、特惠税率的进口货物有暂定税率的,应当从低适用税率;适用普通税率的进口货物,不适用暂定税率。适用最惠国税率、协定税率、特惠税率的国家或者地区名单,由国务院关税税则委员会决定,报国务院批准后执行。

(2)按照有关法律、行政法规的规定对进口货物采取反倾销、反补贴、保障措施的,其税率的适用按照《中华人民共和国反倾销条例》(以下简称《反倾销条例》)《中华人民共和国反补贴条例》(以下简称《反补贴条例》)《中华人民共和国保障措施条例》(以下简称《保障措施条例》)的有关规定执行。

(3)任何国家或者地区违反与中华人民共和国签订或者共同参加的贸易协定及相关协定,对中华人民共和国在贸易方面采取禁止、限制、加征关税或者其他影响正常贸易的措施的,对原产于该国家或者地区的进口货物可以征收报复性关税,适用报复性关税税率。

(二)进境物品进口税率

准许应税进口的旅客行李物品,个人邮递物品以及其他个人自用物品,除另有规定的以外,均由海关按照《入境旅客行李物品和个人邮递物品进口税税率表》征收进口税。进口税包括关税,进口环节海关代征增值税和代征消费税。

经国务院批准,国务院关税税则委员会决定,自2019年4月9日起,调整进境物品进口税。一是将税目1、2的税率分别由现行的15%、25%调降为13%、20%;二是将税目1"药品"的注释修改为,对国家规定减按3%征收进口环节增值税的进口药品(目前包括抗癌药和罕见病药),按照货物税率征税。

调整后的《中华人民共和国进境物品进口税税率表》如表4-1所示。

表4-1 中华人民共和国进境物品进口税税率表

税目序号	物品名称	税率(%)
1	书报、刊物、教育用影视资料;计算机、视频摄录一体机、数字照相机等信息技术产品;食品、饮料;金银;家具;玩具;游戏品、节日或其他娱乐用品;药品[注1]	13
2	运动用品(不含高尔夫球及球具)、钓鱼用品;纺织品及其制成品;电视摄像机及其他电器用具;自行车;税目1、税目3中未包含的其他商品	20
3[注2]	烟、酒;贵重首饰及珠宝玉石;高尔夫球及球具;高档手表;化妆品	50

注1.对国家规定减按3%征收进口环节增值税的进口药品,按照货物税率征税。
2.税目3所列商品的具体范围与消费税征收范围一致。

二、出口关税税率

我国出口税则为一栏税率,即出口税率。国家仅对少数产品征收出口关税。根据《关于执行2020年进口暂定税率调整方案的公告》的规定,自2020年1月1日起继续对铬铁等107项出口商品征收出口关税,适用出口税率或出口暂定税率,征收商品范围和税率维持不变。

三、税率的适用

(1)进出口货物,应当适用海关接受该货物申报进口或者出口之日实施的税率征税。

（2）进口货物到达前，经海关核准先行申报的，应当适用装载此货物的运输工具申报进境之日实施的税率征税。

（3）进口转关运输货物，应当适用指运地海关接受该货物申报进口之日实施的税率；货物运抵指运地前，经海关核准先行申报的，应当适用装载该货物的运输工具抵达指运地之日实施的税率。

（4）出口转关运输货物，应当适用起运地海关接受该货物申报出口之日实施的税率。

（5）经海关批准，实行集中申报的进出口货物，应当适用每次货物进出口时海关接受该货物申报之日实施的税率。

（6）因超过规定期限未申报而由海关依法变卖的进口货物，其税款计征应当适用装载该货物的运输工具申报进境之日实施的税率。

（7）因纳税义务人违反规定需要追征税款的进口货物，应当适用违反规定的行为发生之日实施的税率；行为发生之日不能确定的，适用海关发现该行为之日实施的税率。

（8）已申报进境并放行的保税货物、减免税货物、租赁货物或者已申报进出境并放行的暂时进出境货物，有下列情形之一需缴纳税款的，应当适用海关接受纳税义务人再次填写报关单申报办理纳税及有关手续之日实施的税率：

①保税货物经批准不复运出境的；

②保税仓储货物转入国内市场销售的；

③减免税货物经批准转让或者移作他用的；

④可暂不缴纳税款的暂时进出境货物，经批准不复运出境或者进境的；

⑤租赁进口货物，分期缴纳税款的。

（9）纳税人补征或者退还进出口货物税款，应当按照上述第1—8项的规定确定适用的税率。

（10）在计核涉嫌走私的货物或者物品偷逃税款时，应当以走私行为案发时所适用的税率计算。具体计算办法如下：

①有证据证明走私行为发生时间的，以走私行为发生之日计算；

②走私行为的发生呈连续状态的，以连续走私行为的最后终结之日计算；

③证据无法证明走私行为发生之日或者连续走私行为终结之日的，以走私案件的受案之日（包括刑事和行政受案之日）计算；同一案件因办案部门转换出现不同受案日期的，以最先受案的部门受案之日为准。

小贴士

为保护我国产业，根据《反倾销条例》和《反补贴条例》规定，进口产品经初裁确定倾销或者补贴成立，并由此对国内产业造成损害的，可以采取临时反倾销或反补贴措施，实施期限为自决定公告规定实施之日起，不超过4个月。采取临时反补贴措施在特殊情形下,可以延长至9个月。

经终裁确定倾销或者补贴成立,并由此对国内产业造成损害的,可以征收反倾销和反补贴税,征收期限一般不超过5年,但经复审确定终止征收反倾销与反补贴税,有可能导致倾销或补贴以及损害的继续或再度发生的,征收期限可以适当延长。反倾销与反补贴税的纳税人为倾销或补贴产品的进口经营者。

第四节　关税完税价格

《海关法》规定,进出口货物的完税价格,由海关以该货物的成交价格为基础审定确定。成交价格不能确定时,完税价格由海关依法估定。

一、一般进口货物的完税价格

(一) 以成交价格为基础的完税价格

根据《关税条例》的规定,进口货物的完税价格由海关以符合规定所列条件的成交价格以及该货物运抵中华人民共和国境内输入地点起卸前的运输及其相关费用、保险费为基础审查确定。

进口货物的成交价格,是指卖方向中华人民共和国境内销售该货物时,卖方为进口该货物向卖方实付、应付的,并按照规定调整后的价款总额,包括直接支付的价款和间接支付的价款。

(二)成交价格应符合的条件

(1)买方对进口货物的处置或使用不受限制,但国内法律、行政法规规定的限制和对货物转售地域的限制,以及对货物价格无实质影响的限制除外。

(2)货物的价格不得受到使该货物成交价格无法确定的条件或因素的影响。

(3)卖方不得从买方直接或者间接获得因该货物进口后转售、处置或者使用而产生的任何收益,或者虽有收益但能够按照《关税条例》第19条、第20条的规定进行调整。

(4)买卖双方没有特殊关系,或者虽有特殊关系但未对成交价格产生影响。

(三)应计入完税价格的调整项目

如下列费用或者价值未包括在进口货物的实付或者应付价格中,应当计入完税价格:

(1)由买方负担的除购货佣金以外的佣金和经纪费。购货佣金,是指买方为购买进口货物向自己的采购代理人支付的劳务费用。经纪费,是指买方为购买进口货物向代表买卖双方利益的经纪人支付的劳务费用。

(2)由买方负担的与该货物视为一体的容器费用。

(3)由买方负担的包装材料和包装劳务费用。

(4) 与进口货物的生产和向中华人民共和国境内销售有关的,由买方免费或以低于成本价方式提供,并可以按适当比例分摊的料件、工具、模具、消耗材料及类似货物的价款,以及在境外开发、设计等相关服务的费用。

(5) 与该货物有关并作为卖方向中华人民共和国境内销售该货物的一项条件,应当由买方直接或间接支付的特许权使用费。

(6) 卖方直接或间接从买方对该货物进口后转售、处置或使用所得中获得的收益。

(四) 不计入完税价格的调整项目

下列费用,如能与该货物实付或者应付价格区分,不得计入完税价格:
(1) 厂房、机械、设备等货物进口后进行建设、安装、装配、维修和技术服务的费用。
(2) 货物运抵中华人民共和国境内输入地点起卸后的运输及其相关费用、保险费。
(3) 进口关税及国内税收。

【随堂测验 4-1】

某企业为增值税一般纳税人,2022年9月从国外进口一批材料,货价80万元,买方支付购货佣金2万元,运抵我国输入地点起卸前运费及保险费5万元;从国外进口一台设备,货价10万元,境外运费和保险费2万元,与设备有关的软件特许权使用费3万元;企业缴纳进口环节相关税金后海关放行。

计算该企业应纳进口环节关税的完税价格。

【解析】

进口货物的完税价格包括货物的货价、货物运抵我国境内输入地点起卸前的运输及其相关费用、保险费等。

材料的关税完税价格＝80＋5＝85(万元)

设备的关税完税价格＝10＋2＋3＝15(万元)

(五) 进口货物完税价格中相关费用的确定

1. 进口货物的运费

进口货物的运输及其相关费用,应当按照由买方实际支付或者应当支付的费用计算。如果进口货物的运输及其相关费用无法确定的,海关应当按照该货物进口同期的正常运输成本审查确定。

运输工具作为进口货物,利用自身动力进境的,海关在审查确定完税价格时,不再另行计入运费。

2. 进口货物的保险费

进口货物的保险费应当按照实际支付的费用计算。如果进口货物的保险费无法确定或者未实际发生,海关应当按照"货价"和"运费"两者总额的3‰计算保险费,其计算公式如下:

保险费＝(货价＋运费)×3‰

邮运进口的货物,应当以邮费作为运输及其相关费用、保险费。

【随堂测验 4-2】

某企业海运进口一批货物,海关审定货价折合人民币 5000 万元,运费折合人民币 20 万元,保险费无法查明,该批货物进口关税税率为 5%,则应缴纳关税(　　)万元。

A. 250　　　　B. 251　　　　C. 251.08　　　　D. 260

【解析】

正确答案 C。按照海关有关法规规定,进口货物保险费无法确定或未实际发生,按"货价＋运费"两者总额的 3‰ 计算保险费。保险费＝(5000＋20)×3‰＝15.06(万元)完税价格＝5000＋20＋15.06＝5035.06(万元);关税＝5035.06×5%＝251.08(万元)。

关税与增值税的关系,到岸之后进口环节税金、运费、其他费用等不计入进口关税的完税价格,之前货价、保费、运费(CIF)构成进口关税的完税价格的组成部分,成为进口环节关税、消费税、增值税的计算基数。

(六)进口货物完税价格确定的其他方法

对于进口货物的成交价格不符合规定条件,或者成交价格不能确定,在客观上无法采用货物的时间成交价格时,海关经了解有关情况,并与纳税义务人进行价格磋商后,依次以下列价格估定该货物的完税价格。

1. 相同货物成交价格估价方法

它是指海关以与进口货物同时或者大约同时向中华人民共和国境内销售的相同货物的成交价格为基础,审查确定进口货物的完税价格的估价方法。

2. 类似货物成交价格估价方法

它是指海关以与进口货物同时或者大约同时向中华人民共和国境内销售的类似货物的成交价格为基础,审查确定进口货物的完税价格的估价方法。

3. 倒扣价格估价方法

它是指海关以进口货物、相同或者类似进口货物在境内的销售价格为基础,扣除境内发生的有关费用后,审查确定进口货物完税价格的估价方法。

4. 计算价格估价方法

它是指海关以下列各项的总和为基础,审查确定进口货物完税价格的估价方法:生产该货物所使用的料件成本和加工费用;向境内销售同等级或者同种类货物通常的利润和一般费用(包括直接费用和间接费用);该货物运抵境内输入地点起卸前的运输及相关费用、保险费。

5. 合理的估价方法

它是指当海关不能根据成交价格估价方法、相同货物成交价格估价方法、类似货物成交价格估价方法、倒扣价格估价方法和计算价格估价方法确定完税价格时,海关根据《中华人民共和国海关审定进出口货物完税价格办法》规定的原则,以客观量化的数据资料为基础审查确定进口货物完税价格的估价方法。

二、特殊进口货物的完税价格

(一)运往境外修理的货物

运往境外修理的机械器具、运输工具或者其他货物,出境时已向海关报明,并在海关规定期限内复运进境的,应当以境外修理费和料件费为基础审查确定完税价格。

(二)运往境外加工的货物

运往境外加工的货物,出境时已向海关报明,并在海关规定期限内复运进境的,应当以海关审定的境外加工费和料件费,以及该货物复运进境的运输及其相关费用、保险费为基础确定完税价格。

【随堂测验 4-3】

某企业 2022 年将以前年度进口的设备运往境外修理,设备进口时成交价格 58 万元,发生境外运费和保险费共计 6 万元;在海关规定的期限内复运进境,进境时同类设备价格 65 万元;发生境外修理费 8 万元,料件费 9 万元,境外运输费和保险费共计 3 万元。计算该企业应纳进口环节关税的完税价格。

【解析】

运往境外修理的机械器具、运输工具或者其他货物,出境时已向海关报明,并在海关规定期限内复运进境的,应当以境外修理费和料件费为基础审查确定完税价格。

关税完税价格＝8＋9＝17(万元)

(三)暂时进境货物

对于经海关批准的暂时进境的货物,应当按照一般进口货物完税价格确定的有关规定,审定确定关税价格。经海关批准留购的暂时进境货物,以海关审定确定的留购价格作为完税价格。

(四)以租赁方式进口货物

(1)以租赁方式进口的货物中,以租金方式对外支付的租赁货物,在租赁期间以海关审定的租金作为完税价格。

(2)留购的租赁货物,以海关审定的留购价格作为完税价格。

(3)纳税义务人申请一次性缴纳税款的,可以选择申请按照"进口货物完税价格确定的其他方法"的相关内容确定完税价格,或者按照海关审查确定的租金总额作为完税价格。

(五) 予以补税的减免税货物

减税或免税进口的货物需予补税时,应当以海关审定的该货物原进口时的价格,扣除折旧部分价值作为完税价格,其计算公式如下:

完税价格＝海关审定的该货物原进口时的价格×[1－补税时实际已进口的时间(月)÷(监管年限×12)]

💡 小贴士

特定地区、特定企业或者有特定用途的特定减免税进口货物,应当接受海关监管。特定减免税进口货物的监管年限为:(1)船舶、飞机:8年;(2)机动车辆:6年;(3)其他货物:3年。监管年限自货物进口放行之日起计算。

【随堂测验4-4】

2020年9月1日某公司由于承担国家重要工程项目,经批准免税进口了一套电子设备。使用2年后项目完工,2022年8月31日公司将该设备出售给了国内另一家企业。该电子设备的到岸价格为300万元,关税税率为10%,海关规定的监管年限为5年。

计算该企业应纳进口环节关税的完税价格。

【解析】

完税价格＝海关审定的该货物原进口时的价格×[1－补税时实际已使用的时间(月)÷(监管年限×12)]

关税完税价格＝300×(1－24/60)＝180(万元)

(六) 不存在成交价格的进口货物

以易货贸易、寄售、捐赠、赠送等其他方式进口的货物,海关和纳税义务人进行价格磋商后,依次以下列方式审查确定该货物的完税价格:

(1)相同货物成交价格估价方法;(2)类似货物成交价格估价方法;(3)倒扣价格估价方法;(4)计算价格估价方法;(5)合理方法。纳税义务人向海关提供有关资料后,可以提出申请,颠倒第(3)项和第(4)项的适用次序。

(七) 进口软件介质

进口载有专供数据处理设备用软件的介质,具有下列情形之一的,应当以介质本身的价值或者成本为基础审查确定完税价格:(1)介质本身的价值或者成本与所载软件的价值分列;(2)介质本身的价值或者成本与所载软件的价值虽未分列,但是纳税义务人能够提供介质本身的价值或者成本的证明文件,或者能提供所载软件价值的证明文件。

含有美术、摄影、声音、图像、影视、游戏、电子出版物的介质不适用上述规定。

三、出口货物的完税价格

出口货物的完税价格,由海关以该货物向境外销售的成交价格为基础审查确定,并应包括货物运至中华人民共和国境内输出地点装载前的运输及其相关费用、保险费。

(一)以成交价格为基础的完税价格

出口货物的成交价格,是指该货物出口销售到我国境外时,买方向卖方实付或应付的价格。出口货物的成交价格中含有支付给境外的佣金的,如果单独列明,应当扣除。

下列税收、费用不计入出口货物的完税价格:

(1)出口关税;

(2)在货物价款中单独列明的货物运至中华人民共和国境内输出地点装载后的运输及其相关费用、保险费。

(二)出口货物海关估价方法

出口货物的成交价格不能确定时,海关经了解有关情况,并与纳税义务人进行价格磋商后,依次使用下列价格审查确定该货物的完税价格。

(1)同时或大约同时向同一国家或地区出口的相同货物的成交价格;

(2)同时或大约同时向同一国家或地区出口的类似货物的成交价格;

(3)根据境内生产相同或类似货物的成本、利润和一般费用(包括直接费用和间接费用)、境内发生的运输及其相关费用、保险费计算所得的价格;

(4)按照合理方法估定的价格。

四、进境物品的完税价格

(一)一般规定

对于个人进境物品关税完税价格,由海关总署根据《中华人民共和国海关关于入境旅客行李物品和个人邮递物品征收进口税办法》《国务院关于调整进境物品进口税有关问题的通知》,公布《中华人民共和国进境物品完税价格表》,来确定商品归类和完税价格。

(二)跨境电子商务零售进口商品的税收政策

2016年4月7日之前,购买跨境电子商务零售进口商品适用个人进境物品进口税收政策,进口税包括了关税、增值税和消费税,其税负比一般贸易的进口货物较低。自2016年4月8日起,跨境电子商务零售进口商品按照货物征收关税和进口环节增值税、消费税,购买跨境电子商务零售进口商品的个人作为纳税义务人,实际交易价格(包括货物零售价格、运费和保险费)作为完税价格,电子商务企业、电子商务交易平台企业或物流企业可作为代收代缴义务人。

(1)跨境电子商务零售进口商品的单次交易限值为5000元,个人年度交易限值为26 000元。

(2)完税价格超过5000元单次交易限值但低于26 000元年度交易限值,且订单下仅一件商品时,可以自跨境电商零售渠道进口,按照货物税率全额征收关税和进口环节增值税、消费税,交易额计入年度交易总额,但年度交易总额超过年度交易限值的,应按一般贸易管理。

(3)已经购买的电商进口商品属于消费者个人使用的最终商品,不得进入国内市场再次销售;原则上不允许网购保税进口商品在海关特殊监管区域外开展"网购保税+线下自提"模式。

(4)为适应跨境电商发展,财政部会同有关部门对《跨境电子商务零售进口商品清单》进行调整并另行公布。

第五节 关税减免

关税减免是对某些纳税人和征税对象给予鼓励和照顾的一种特殊调节手段。正是有了这一手段,使得关税政策兼顾了普遍性和特殊性、原则性和灵活性。因此,关税减免是贯彻国家关税政策的一项重要措施。关税减免分为法定减免税、特定减免税和临时减免税。根据《海关法》规定,除法定减免税外的其他减免税均由国务院决定。减征关税在我国加入世界贸易组织之前以税则规定税率为基准,在我国加入世界贸易组织之后以最惠国税率或者普通税率为基准。

一、法定减免税

法定减免税是税法中明确列出的减税或免税。根据《海关法》和《关税条例》,符合规定可予减免税的进出口货物,纳税义务人无须提出申请,海关可按规定直接予以减免税。海关对法定减免税货物一般不进行后续管理。

(一)下列进出口货物予以免征关税

(1)关税、进口环节增值税或者消费税税额在人民币50元以下的一票货物;

(2)无商业价值的广告品和货样;

(3)外国政府、国际组织无偿赠送的物资;

(4)在海关放行前遭受损失的货物;

(5)规定数额以内的物品;

(6)进出境运输工具装载的途中必需的燃料、物料和饮食用品;

(7)我国缔结或者参加的国际条约规定减征、免征关税的货物、物品;

(8)法律规定减征、免征关税的其他货物、物品。

在海关放行前遭受损坏的货物,可以根据海关认定的受损程度减征关税。

(二)下列进出口货物暂不缴纳关税

经海关批准暂时进境或者暂时出境的下列货物,在进境或者出境时纳税义务人向海关缴纳相当于应纳税款的保证金或者提供其他担保的,可以暂不缴纳关税,并应当自进境或者出境之日起6个月内复运出境或者复运进境;经纳税义务人申请,海关可以根据海关总署的规定延长复运出境或者复运进境的期限:

(1)在展览会、交易会、会议及类似活动中展示或者使用的货物;
(2)文化、体育交流活动中使用的表演、比赛用品;
(3)进行新闻报道或者摄制电影、电视节目使用的仪器、设备及用品;
(4)开展科研、教学、医疗活动使用的仪器、设备及用品;
(5)在第(1)项至第(4)项所列活动中使用的交通工具及特种车辆;
(6)货样;
(7)供安装、调试、检测设备时使用的仪器、工具;
(8)盛装货物的容器;
(9)其他用于非商业目的的货物。

二、特定减免税

(一)科教用品

根据《科学研究和教学用品免征进口税收规定》(财政部、海关总署、国家税务总局令第45号)的规定,科学研究机构和学校,以科学研究和教学为目的,在合理数量范围内进口国内不能生产或者性能不能满足需要的科学研究和教学用品,免征进口关税和进口环节增值税、消费税。

依照规定免税进口的科学研究和教学用品,应当直接用于本单位的科学研究和教学,不得擅自转让、移作他用或者进行其他处置。

(二)残疾人专用品

根据《残疾人专用平免征进口税收暂行规定》(海关总署令第61号)的规定,为了支持残疾人康复工作,对规定的残疾人专用品,免征进口关税和进口环节增值税、消费税。

对康复、福利机构、假肢厂和荣誉军人康复医院进口国内不能生产的、该规定明确的残疾人专用品,免征进口关税和进口环节增值税、消费税。

(三)慈善性捐赠物资

根据《慈善捐赠物资免征进口税收暂行办法》(财政部、海关总署、国家税务总局公告

2015年第102号)的规定,为促进慈善事业的健康发展,支持慈善事业发挥扶贫济困积极作用,规范对慈善事业捐赠物资的进口管理,对境外捐赠人无偿向受赠人捐赠的直接用于慈善事业的物资,免征进口关税和进口环节增值税。

所谓"慈善事业",是指非营利的慈善救助等社会慈善和福利事业,包括以捐赠财产方式自愿开展的下列慈善活动

(1)扶贫济困,扶助老幼病残等困难群体。

(2)促进教育、科学、文化、卫生、体育等事业的发展。

(3)防治污染和其他公害,保护和改善环境。

(4)符合社会公共利益的其他慈善活动。

(四)重大技术装备

根据财政部、工业和信息化部、海关总署、国家税务总局、国家能源局发布的《重大技术装备进口税收政策管理办法》的规定,为提高我国企业的核心竞争力及自主创新能力,促进装备制造业的发展,对符合规定条件的企业及核电项目业主为生产国家支持发展的重大技术装备或产品而确有必要进口的部分关键零部件及原材料,免征关税和进口环节增值税。

三、临时减免税

临时减免税,是指以上法定和特定减免税以外的其他减免税,即由国务院对某个单位、某类商品、某个项目或某批进出口货物的特殊情况,给予特别照顾,一案一批,专文下达的减免税。此类减免对象一般有单位、品种、期限、金额或数量等限制,其他对象不能比照执行。

第六节 关税应纳税额的计算方法

一、从价税应纳税额的计算方法

$$关税税额=应税进(出)口货物数量\times 单位完税价格\times 税率$$

二、从量税应纳税额的计算方法

$$关税税额=应税进(出)口货物数量\times 单位货物税额$$

三、复合税应纳税额的计算方法

我国目前实行的复合税都是先计征从量税,再计征从价税。

关税税额＝应税进(出)口货物数量×单位货物税倾＋应税进(出)口货物数量×单位完税价格×税率

四、滑准税应纳税额的计算方法

关税税额＝应税进(出)口货物数量×单位完税价格×滑准税税率

现行税则《进(出)口商品从量税、复合税、滑准税税目税率表》后注明了滑准税税率的计算公式,该公式是一个与应税进(出)口货物完税价格相关的取整函数。

【随堂测验 4-5】

【随堂测验 4-3】续：计算该企业应缴纳关税税额。（假设该设备进口关税税率为30％）

【解析】

运往境外修理的设备报关进口时应缴纳关税＝(8＋9)×30％＝5.1(万元)

【随堂测验 4-6】

某商场于2021年3月进口一批高档美容修饰类化妆品。该批货物在国外的买价为120万元,货物运抵我国入关前发生的运输费、保险费和其他费用分别为10万元、6万元、4万元。货物报关后,该商场按规定缴纳了进口环节的增值税和消费税并取得了海关开具的缴款书。将化妆品从海关运往商场所在地取得增值税专用发票,注明运输费用5万元、增值税进项税额0.45万元,该批化妆品当月在国内全部销售,取得不含税销售额520万元(假定化妆品进口关税税率20％,增值税税率13％,消费税税率15％)。

计算该批化妆品进口环节应缴纳的关税、增值税、消费税和国内销售环节应缴纳的增值税。

【解析】

(1)关税完税价格＝120＋10＋6＋4＝140(万元)

(2)应缴纳进口关税＝140×20％＝28(万元)

(3)进口环节的组成计税价格＝(140＋28)÷(1－15％)＝197.65(万元)

(4)进口环节应缴纳增值税＝197.65×13％＝25.69(万元)

(5)进口环节应缴纳消费税＝197.65×15％＝29.65(万元)

(6)国内销售环节应缴纳增值税＝520×13％－0.45－25.69＝41.46(万元)

五、进境物品进口税的计算方法

进境物品的关税和进口环节海关代征的增值税、消费税合并为进口税,由海关依法征收。

进口税从价计征。

进口税应纳税额计算公式：

应纳税额＝应税进境物品数量×完税价格×适用税率

【随堂测验4-7】

某出国人员回国时带入中国境内1台视频摄录一体机，完税价格定为5000元，进口税适用税率为13％，计算该出国人员所带上述进境物品应纳进口税税额。

【解析】

应纳税额＝5000×13％＝650(元)

第七节　关税征收管理

一、关税缴纳

进口货物自运输工具申报进境之日起14日内，出口货物在货物运抵海关监管区后装货的24小时以前，应由进出口货物的纳税义务人向货物进(出)境地海关申报，海关根据进出口货物的税则号列、完税价格、原产地、适用的税率和汇率计征税款，并填发税款缴款书。纳税义务人应当自海关填发税款缴款书之日起15日内向指定银行缴纳税款。

如关税缴纳期限的最后1日是周末或法定节假日，则关税缴纳期限顺延至周末或法定节假日过后的第1个工作日。为方便纳税义务人，经申请且海关同意，进(出)口货物的纳税义务人可以在设有海关的指运地(起运地)办理海关申报、纳税手续。

关税纳税义务人因不可抗力或者因国家税收政策调整不能按期缴纳税款的，依法提供税款担保后，可以直接向海关办理延期缴纳税款手续。延期纳税期间最长不超过6个月。

二、关税的强制执行

纳税义务人未在关税缴纳期限内缴纳税款，即构成关税滞纳。为保证海关征收关税决定的有效执行和国家财政收入的及时入库，《海关法》赋予海关对滞纳关税的纳税义务人强制执行的权力。强制执行的方式主要有以下几种。

1.征收关税滞纳金

进出口货物的纳税义务人，应当自海关填发税款缴款书之日起15日内缴纳税款；逾期缴纳的，由海关征收滞纳金。滞纳金的起征点为50元。

滞纳金自关税缴纳期限届满之日起，至纳税义务人缴纳关税之日止，按滞纳税款万分之五的比例按日征收，周末或法定节假日不予扣除。具体计算公式为：

关税滞纳金金额＝滞纳关税税额×滞纳金征收比率×滞纳天数

2. 保全措施

进出口货物的纳税义务人在规定的纳税期限内有明显的转移、藏匿其应税货物以及其他财产迹象的,海关可以责令纳税义务人提供担保;纳税义务人不能提供纳税担保的,经直属海关关长或者其授权的隶属海关关长批准,海关可以采取下列税收保全措施:

(1)书面通知纳税义务人开户银行或者其他金融机构暂停支付纳税义务人相当于应纳税款的存款;

(2)扣留纳税义务人价值相当于应纳税款的货物或者其他财产。

3. 强制措施

纳税义务人、担保人自缴纳税款期限届满之日起超过3个月仍未缴纳税款的,经直属海关关长或者其授权的隶属海关关长批准,海关可以采取下列强制措施:

(1)书面通知其开户银行或者其他金融机构从其存款中扣缴税款;

(2)将应税货物依法变卖,以变卖所得抵缴税款;

(3)扣留并依法变卖其价值相当于应纳税款的货物或者其他财产,以变卖所得抵缴税款。

海关采取强制措施时,对上述所列纳税义务人、担保人未缴纳的滞纳金同时强制执行。进出境物品的纳税义务人,应当在物品放行前缴纳税款。

三、关税退还

关税退还是指关税纳税义务人按海关核定的税额缴纳关税后,因某种原因的出现,海关将实际征收多于应当征收的税额(称为溢征关税)退还给原纳税义务人的一种行政行为。

1. 申请退还

按规定,有下列情形之一的,进出口货物的纳税义务人可以自缴纳税款之日起1年内,书面声明理由,提供原缴款凭证及相关资料申请退还关税。

(1)已征进口关税的货物,因品质或者规格原因,原状退货复运出境的;

(2)已征出口关税的货物,因品质或者规格原因,原状退货复运进境,并已重新缴纳因出口而退还的国内环节有关税收的;

(3)已征出口关税的货物,因故未装运出口,申报退关的。

海关应当自受理退税申请之日起30日内查实并通知纳税义务人办理退还手续。纳税义务人应当自收到通知之日起3个月内办理有关退税手续。

2. 多征税款退还

根据《海关法》规定,对于多征的税款,海关发现后应当立即退还;纳税义务人自缴纳税款之日起一年内,可以要求海关退还。

四、关税补征和追征

补征和追征是海关在关税纳税义务人按海关核定的税额缴纳关税后,发现实际征收税额少于应当征收的税额(称为短征关税)时,责令纳税义务人补缴所差税款的一种行政行为。

海关法根据短征关税的原因,将海关征收原短征关税的行为分为补征和追征两种。由于纳税人违反海关规定造成短征关税的,称为追征;非因纳税人违反海关规定造成短征关税的,称为补征。区分关税追征和补征的目的是区别不同情况以适用不同的征收时效,超过时效规定的期限,海关就丧失了追补关税的权力。

根据《海关法》规定,进出口货物、进出境物品放行后,海关发现少征或者漏征税款的,应当自缴纳税款或者货物、物品放行之日起1年内,要求纳税义务人补征。因纳税义务人违反规定而造成的少征或者漏征,海关在3年以内可以追征。

因纳税义务人违反规定而造成的少征或者漏征,从应缴纳税款之日起按日加收少征或者漏征税款万分之五的滞纳金。

五、关税纳税争议和处理

为保护纳税人合法权益,我国《海关法》和《关税条例》都规定了纳税义务人、担保人对海关确定的进出口货物的征税、减税、补税或者退税等有异议时,有提出申诉的权利。在纳税义务人同海关发生纳税争议时,也应当在规定期限内按海关核定的税额缴纳关税,逾期则构成滞纳,海关有权按规定采取强制执行措施。

纳税争议的内容一般为进出境货物和物品的纳税义务人对海关在原产地认定,商品归类,税率或汇率适用,完税价格确定,关税减征、免征、追征、补征和退还等征税行为是否合法或适当,是否侵害了纳税义务人的合法权益时,对海关征收关税的行为表示异议。

纳税争议的申诉程序:纳税义务人自海关填发税款缴款书之日起60日内,向原征税海关的上一级海关书面申请复议。逾期申请复议的,海关不予受理。海关应当自收到复议申请之日起60日内作出复议决定,并以复议决定书的形式正式答复纳税义务人;纳税义务人对海关复议决定仍然不服的,可以自收到复议决定书之日起15日内,向人民法院提起诉讼。

【导学案例解析】

(1)计算应缴纳关税税额

关税完税价格=离岸价+软件费+卖方佣金-买方佣金+运输保险费
$$=1410+50+15-10+35$$
$$=1500(万元)$$

关税＝关税完税价格×关税税率

＝1500×20%

＝300(万元)

(2)计算应缴纳消费税税额

组成计税价格＝(关税完税价格＋关税)÷(1－消费税税率)

＝(1500＋300)÷(1－10%)

＝2000(万元)

消费税＝组成计税价格×税率

＝2000×10%

＝200(万元)

(3)计算应纳增值税税额

组成计税价格＝关税完税价格＋关税＋消费税

＝1500＋300＋200

＝2000(万元)

增值税＝组成计税价格×税率

＝2000×13%

＝260(万元)

第五章　企业所得税法

【本章学习目标】
1. 掌握企业所得税应纳税额的计算方法，企业所得税税收优惠政策。
2. 理解企业所得税纳税人、税率、征税范围。
3. 了解企业所得税的扣缴和特别纳税调整。

【导学案例】

甲公司2022年年底经审计后认定的经营亏损金额为8万元。2022年营业收入为150万元，年度报表决算时，公司财务账面上已经列支的成本、费用、损失合计为130万元，并计算出当年实现利润总额为20万元。该公司适用的所得税税率为25%，2022年当年已累计缴纳企业所得税4万元。

经核对发现，甲公司2022年度有关支出数分别有以下调整事项：2022年度营业外支出中直接列支税收滞纳金0.5万元，管理费用中列支赞助某歌星演出2.5万元，业务招待费经计算超过税法规定标准应调整数为2万元。

分别计算甲公司2022年度应纳税所得额和应纳企业所得税税额。

第一节　企业所得税概述

一、企业所得税和企业所得税法的概念

（一）企业所得税的概念

企业所得税，是指对一国境内的企业和其他经济组织在一定期间内的生产经营所得和其他所得等收入，扣除生产成本、费用和损失等后的余额所征收的一种税。

（二）企业所得税法的概念

企业所得税法是国家制定的用以调整企业所得税征收与缴纳之间的权利及义务关系的法律规范。《中华人民共和国企业所得税法》（以下简称《企业所得税法》）由中华人民共和国第十届全国人民代表大会第五次会议于2007年3月16日通过，自2008年1月1日起施行。后经过两次修正。《企业所得税法》的实施标志着我国"两税"合并，即对内、外资企业实行统一的企业所得税制，这是我国税收史上一个重要的里程碑。

《中华人民共和国企业所得税法实施条例》(以下简称《企业所得税法实施条例》)于2007年11月28日经国务院第197次常务会议通过,自2008年1月1日起施行。2019年4月23日,国务院对《企业所得税法实施条例》进行了修改。

二、企业所得税的特征

(一)将企业划分为居民企业和非居民企业

把企业分为居民企业和非居民企业是为了在税法领域有效行使我国的税收管辖权。我国根据国际上通行做法,同时选择地域管辖权和居民管辖权的原则。

(二)征税对象为应纳税所得额

企业所得税的征税对象是指居民企业应当就其来源于中国境内、境外的所得缴纳企业所得税。所得包括销售货物所得、提供劳务所得、转让财产所得、股息红利等权益性投资所得、利息所得、租金所得、特许权使用费所得、接受捐赠所得和其他所得。

对居民企业的征税范围不但来源于境内所得,还要来源于境外所得,二者全部要缴纳企业所得税,即居民企业为无限纳税人。非居民企业以其在中国境内获得特许权使用费、红利、利润、转让资产等作为应纳税所得额。

(三)征税以量能负担为原则

企业所得税的税基为企业和其他经济组织的生产经营所得和其他所得,即"所得多,纳税多;所得少,纳税少;无所得,不纳税"。从而将所得税负担的高低与纳税人所得的多少联系起来,充分体现出税收公平的原则。

(四)实行按年计征、分期预缴的办法

企业所得税实行按年计征、分期预缴、年终汇算清缴、多退少补的办法。

企业应当自月份或者季度终了之日起15日内,向税务机关报送预缴企业所得税纳税申报表,预缴税款。

企业应当自年度终了之日起5个月内,向税务机关报送年度企业所得税纳税申报表,并汇算清缴,结清应缴应退税款。

第二节 企业所得税纳税人、税率和应纳税所得额

一、企业所得税纳税人

在中华人民共和国境内,企业和其他取得收入的组织(以下统称企业)为企业所得税的纳税人,依照《企业所得税法》的规定缴纳企业所得税。

依法在中国境内成立的企业,包括依照中国法律、行政法规在中国境内成立的企业、事业单位、社会团体以及其他取得收入的组织。个人独资企业、合伙企业不适用《企业所得税法》。企业分为居民企业和非居民企业。

(一) 居民企业

居民企业,是指依法在中国境内成立,或者依照外国(地区)法律成立但实际管理机构在中国境内的企业。依照外国(地区)法律成立的企业,包括依照外国(地区)法律成立的企业和其他取得收入的组织。

(二) 非居民企业

非居民企业,是指依照外国(地区)法律成立且实际管理机构不在中国境内,但在中国境内设立机构、场所的,或者在中国境内未设立机构、场所,但有来源于中国境内所得的企业。

非居民企业委托营业代理人在中国境内从事生产经营活动的,包括委托单位或者个人经常代其签订合同,或者储存、交付货物等,该营业代理人视为非居民企业在中国境内设立的机构、场所。

非居民企业的基本核心就是它是依照外国法律制设立的,而且它的实际管理机构不在中国境内。

机构、场所,是指在中国境内从事生产经营活动的机构、场所,包括:①管理机构、营业机构、办事机构;②工厂、农场、开采自然资源的场所;③提供劳务的场所;④从事建筑、安装、装配、修理、勘探等工程作业的场所;⑤其他从事生产经营活动的机构、场所。

所得,包括销售货物所得、提供劳务所得、转让财产所得、股息红利等权益性投资所得、利息所得、租金所得、特许权使用费所得、接受捐赠所得和其他所得。

来源于中国境内、境外的所得,按照以下原则确定:①销售货物所得,按照交易活动发生地确定;②提供劳务所得,按照劳务发生地确定;③转让财产所得,不动产转让所得按照不动产所在地确定,动产转让所得按照转让动产的企业或者机构、场所所在地确定,权益性投资资产转让所得按照被投资企业所在地确定;④股息、红利等权益性投资所得,按照分配所得的企业所在地确定;⑤利息所得、租金所得、特许权使用费所得,按照负担、支付所得的企业或者机构、场所所在地确定,或者按照负担、支付所得的个人的住所地确定;⑥其他所得,由国务院财政、税务主管部门确定。

实际联系,是指非居民企业在中国境内设立的机构、场所拥有据以取得所得的股权、债权,以及拥有、管理、控制据以取得所得的财产等。

二、企业所得税税率

(1)企业所得税的税率为25%。居民企业中,符合条件的小型微利企业减按20%税率征税;国家重点扶持的高新技术企业减按15%税率征税。

(2)非居民企业在中国境内未设立机构、场所,且取得的所得与其所设机构、场所有实际联系的,适用25%的税率。

非居民企业在中国境内未设立机构、场所的,或者虽设立机构、场所,但取得的所得与其所设机构、场所没有实际联系的,应当就其来源于中国境内的所得按20%的税率缴纳企业所得税。

第三节 企业所得税的计算

一、企业所得税应纳税额计算

$$应纳税额=应纳税所得额×适用税率-减免税额-抵免税额$$

减免税额和抵免税额,是指根据企业所得税法和国务院的税收优惠规定减征、免征和抵免的应纳税额。

企业抵免境外所得税额后实际应纳所得税额的计算公式为:

$$企业实际应纳所得税额=企业境内外所得应纳税总额-企业所得税减免、抵免优惠税额-境外所得税抵免额$$

二、企业取得境外所得计税时的抵免

1. 抵免适用情况

境外税额抵免分为直接抵免和间接抵免。

(1)直接抵免,是指企业直接作为纳税人就其境外所得在境外缴纳的所得税额在我国应纳税额中抵免。直接抵免的范围:①居民企业来源于中国境外的应税所得;②非居民企业在中国境内设立机构、场所,取得发生在中国境外但与该机构、场所有实际联系的应税所得。

直接抵免主要适用于企业就来源于境外的营业利润所得在境外所缴纳的企业所得税,以及就来源于或发生于境外的股息、红利等权益性投资所得、利息、租金、特许权使用费、财产转让等所得在境外被源泉扣缴的预提所得税。

(2)间接抵免,是指境外企业就分配股息前的利润缴纳的外国所得税额中由我国居民企业就该项分得的股息性质的所得间接负担的部分,在我国的应纳税额中抵免。例如我国居民企业(母公司)的境外子公司在所在国(地区)缴纳企业所得税后,将税后利润的一部分作为股息、红利分配给该母公司,子公司在境外就其应税所得实际缴纳的企业所得税税额中按母公司所得股息占全部税后利润之比的部分即属于该母公司间接负担的境外企业所得税额。间接抵免的适用范围为居民企业从其符合《财政部 国家税务总局关

于企业境外所得税收抵免有关问题的通知》(财税〔2009〕125号)规定的境外子公司取得的股息、红利等权益性投资收益所得。

已在境外缴纳的所得税税额,是指企业来源于中国境外的所得依照中国境外税收法律以及相关规定应当缴纳并已经实际缴纳的企业所得税性质的税款。

抵免限额,是指企业来源于中国境外的所得,依照我国税法的相关规定计算的应纳税额。

2. 抵免限额的计算

抵免限额应当分国(地区)不分项计算,计算公式如下:

抵免限额=中国境内/境外所得依照企业所得税法计算的应纳税总额×来源于某国(地区)的应纳税所得额÷中国境内、境外应纳税所得总额

3. 抵免限额的应用

抵免限额与境外实纳税额比较大小,择其小者在境内外合计应纳税额中抵扣。

(1)如果纳税人来源于境外的所得在境外实际缴纳的税款低于抵免限额,可从应纳税额中据实扣除。

(2)如果超过抵免限额,其超过部分不得从本年度应纳税额中扣除,也不得列为本年度费用支出,但可以用以后年度抵免限额抵免当年应抵税额后的余额进行递补,补扣期限最长不能超过5年。

自2017年7月1日起,企业可以选择按国别(地区)分别计算,或者不按国别(地区)汇总计算其来源于境外的应纳税所得额,按照规定的税率,分别计算其可抵免境外所得税税额和抵免限额。上述方式一经选择,5年内不得改变。

【随堂测验 5-1】

某企业2022年境内所得800万元,境外分红税后160万元,境外已按20%交所得税。该企业适用25%企业所得税税率,计算该企业2022年应交纳企业所得税额。

【解析】

(1)境外所得应纳税所得额=160÷(1-20%)=200(万元)

(2)境内、外所得应纳税总额=(800+200)×25%=250(万元)

(3)境外所得税税额的抵免限额=250×200÷(800+200)=50(万元)

(4)境外所得实际缴纳所得税额=200×20%=40(万元)<抵免限额50(万元)

(5)本年度应交纳企业所得税额=250-40=210(万元)

三、应纳税所得额的计算

企业应纳税所得额的计算,以权责发生制为原则,属于当期的收入和费用,不论款项是否收付,均作为当期的收入和费用;不属于当期的收入和费用,即使款项已经在当期收付,也不作为当期的收入和费用。法律法规另有规定的除外。

企业每一纳税年度的收入总额,减除不征税收入、免税收入、各项扣除以及允许弥补的以前年度亏损后的余额,为应纳税所得额。

(一) 计算方法

居民企业应纳税额的计算有直接法和间接法两种。

(1)直接计算法的应纳税所得额计算公式:

应纳税所得额＝收入总额－不征税收入－免税收入－各项扣除－允许弥补的以前年度亏损

(2)间接计算法的应纳税所得额计算公式:

应纳税所得额＝会计利润总额±纳税调整项目金额

即:不应扣除的多扣了,应调增会计利润;允许扣除的少扣了,应调减会计利润。

【随堂测验 5-2】

某居民企业适用企业所得税税率为 25％,本纳税年度总收入为 1200 万元,其中不征税收入为 100 万元,免税收入为 50 万元,各项扣除为 570 万元;允许弥补的以前年度亏损为 80 万元,减免税额为 30 万元,抵免税额为 10 万元,计算该企业当年应纳企业所得税税额。

【解析】

应纳税所得额＝1200－100－50－570－80＝400(万元)

应纳税额＝400×25％－30－10＝60(万元)

(二) 收入总额

1. 收入总额概述

企业以货币形式和非货币形式从各种来源取得的收入,为收入总额。包括:销售货物收入;提供劳务收入;转让财产收入;股息、红利等权益性投资收益;利息收入;租金收入;特许权使用费收入;接受捐赠收入;其他收入。

企业取得收入的货币形式,包括现金、存款、应收账款、应收票据、准备持有至到期的债券投资以及债务的豁免等。企业取得收入的非货币形式,包括固定资产、生物资产、无形资产、股权投资、存货、不准备持有至到期的债券投资、劳务以及有关权益等。企业以非货币形式取得的收入,应当按照公允价值确定收入额。

2. 销售货物收入

销售货物收入,是指企业销售商品、产品、原材料、包装物、低值易耗品以及其他存货取得的收入。

3. 提供劳务收入

提供劳务收入,是指企业从事建筑安装、修理修配、交通运输、仓储租赁、金融保险、邮电通信、咨询经纪、文化体育、科学研究、技术服务、教育培训、餐饮住宿、中介代理、卫生保健、社区服务、旅游、娱乐、加工以及其他劳务服务活动取得的收入。

企业在各个纳税期末,提供劳务交易的结果能够可靠估计的,应采用完工进度(百分比)法确认提供劳务收入。企业应按照从接受劳务方已收或应收的合同或协议价款确定劳务收入总额,根据纳税期末提供劳务收入总额乘以完工进度,扣除以前纳税年度累计已确认提供劳务收入后的金额,确认为当期劳务收入;同时,按照提供劳务估计总成本乘以完工进度,扣除以前纳税期间累计已确认劳务成本后的金额,结转为当期劳务成本。

4. 特许权使用费收入

特许权使用费收入,是指企业提供专利权、非专利技术、商标权、著作权以及其他特许权的使用权取得的收入。特许权使用费收入,按照合同约定的特许权使用人应付特许权使用费的日期确认收入的实现。

5. 租金收入

租金收入,是指企业提供固定资产、包装物或者其他有形资产的使用权取得的收入。

租金收入,按照合同约定的承租人应付租金的日期确认收入的实现。如果交易合同或协议中规定租赁期限跨年度,且租金提前一次性支付的,出租人可对上述已确认的收入,在租赁期内,分期均匀计入相关年度收入。

6. 转让财产收入

转让财产收入,是指企业转让固定资产、生物资产、无形资产、股权、债权等财产取得的收入。

企业转让股权收入,应于转让协议生效,且完成股权变更手续时确认收入。转让股权收入扣除为取得该股权所发生的成本后,为股权转让所得。企业在计算股权转让所得时,不得扣除被投资企业未分配利润等股东留存收益中按该项股权所可能分配的金额。

7. 股息、红利等权益性投资收益

股息、红利等权益性投资收益,是指企业因权益性投资从被投资方取得的收入。股息、红利等权益性投资收益,除国务院财政、税务主管部门另有规定外,按照被投资方作出利润分配决定的日期确认收入的实现。被投资企业将股权(票)溢价所形成的资本公积转为股本的,不作为投资方企业的股息、红利收入,投资方企业也不得增加该项长期投资的计税基础。

8. 利息收入

利息收入,是指企业将资金提供他人使用但不构成权益性投资,或者因他人占用本企业资金取得的收入,包括存款利息、贷款利息、债券利息、欠款利息等收入。利息收入,按照合同约定的债务人应付利息的日期确认收入的实现。

9. 接受捐赠收入

接受捐赠收入,是指企业接受的来自其他企业、组织或者个人无偿给予的货币性资产、非货币性资产。接受捐赠收入,按照实际收到捐赠资产的日期确认收入的实现。

10. 其他收入

其他收入,是指企业取得的除《企业所得税法》具体列举的收入外的其他收入,包括企业资产溢余收入、逾期未退包装物押金收入、确实无法偿付的应付款项、已作坏账损失处理后又收回的应收款项、债务重组收入、补贴收入、违约金收入、汇兑收益等。企业发生债务重组,应在债务重组合同或协议生效时确认收入的实现。

11. 特殊收入的确认

(1)售后回购。采用售后回购方式销售商品的,销售的商品按"售价"确认收入,回购的商品作为购进商品处理。有证据表明不符合销售收入确认条件的,如以销售商品方式进行融资,收到的款项应确认为负债;回购价格大于原售价的,差额应在回购期间确认为利息费用。

(2)以旧换新。销售商品以旧换新的,销售商品应当按照"销售商品收入"确认条件确认收入,回收的商品作为购进商品处理。

(3)商业折扣销售。企业为促进商品销售而在商品价格上给予的价格扣除属于商业折扣,商品销售涉及商业折扣的,应当按照扣除商业折扣"后"的金额确定销售商品收入金额。

(4)现金折扣销售。债权人为鼓励债务人在规定的期限内付款而向债务人提供的债务扣除属于现金折扣,销售商品涉及现金折扣的,应当按扣除现金折扣"前"的金额确定销售商品收入金额,现金折扣在实际发生时作为财务费用扣除。

(5)销售折让。企业因售出商品的质量不合格等原因而在售价上给的减让属于销售折让;企业因售出商品质量、品种不符合要求等原因而发生的退货属于销售退回。企业已经确认销售收入的售出商品发生销售折让和销售退回,应当在发生当期冲减当期销售商品收入。

(6)企业以"买一赠一"等方式组合销售本企业商品的,不属于捐赠,应将总的销售金额按各项商品的公允价值的比例来分摊确认各项的销售收入。

(7)企业受托加工制造大型机械设备、船舶、飞机,以及从事建筑、安装、装配工程业务或者提供其他劳务等,持续时间超过12个月的,按照纳税年度内完工进度或者完成的工作量确认收入的实现。

(8)采取产品分成方式取得收入的,以企业分得产品的日期确认收入的实现,其收入额按照产品的公允价值确定。

(三)不征税收入

不征税收入,是指从性质和根源上均不属于企业营利性活动带来的经济利益、不作为应纳税所得额组成部分的收入。下列收入为不征税收入:(1)财政拨款;(2)依法收取并纳入财政管理的行政事业性收费、政府性基金;(3)国务院规定的其他不征税收入。

按照相关性原则,企业的不征税收入用于支出所形成的费用或形成的资产计算的折旧、摊销,"不得"在计算应纳税所得额时扣除。

💡 **小贴士**

企业发生非货币性资产交换,以及将货物、财产、劳务用于捐赠、偿债、赞助、集资、广告、样品、职工福利或者利润分配等用途的,应当视同销售货物、转让财产和提供劳务,在所得税上确认收入。

(四)税前扣除项目及扣除标准

1. 税前扣除项目

企业实际发生的与取得收入有关的、合理的支出,包括成本、费用、税金、损失和其他支出,准予在计算应纳税所得额时扣除,但不得重复扣除。企业发生的支出应当区分收益性支出和资本性支出。收益性支出在发生当期直接扣除;资本性支出应当分期扣除或者计入有关资产成本,不得在发生当期直接扣除。

企业所得税税前扣除的重要条件:相关性和合理性。相关性是指与取得收入直接相关的支出。合理的支出是指符合生产经营活动常规,应当计入当期损益或者资产成本的必要与正常的支出。

(1)成本,是指企业销售商品(产品、材料、下脚料、废料、废旧物资等)、提供劳务、转让固定资产、无形资产(包括技术转让)的成本。企业在2018年1月1日至2020年12月31日期间新购进的设备、器具(此处所称设备、器具,是指除房屋、建筑物以外的固定资产),单位价值不超过500万元的,允许一次性计入当期成本费用在计算应纳税所得额时扣除,不再分年度计算折旧,单位价值超过500万元的,仍按企业所得税法实施条例、财政部规章等相关规定执行。

(2)费用,是指企业在生产经营活动过程中发生的销售费用、管理费用和财务费用。已经计入成本的有关费用除外。

(3)税金,是指企业发生的除企业所得税和允许抵扣的增值税以外的各项税金及其附加。纳税人按照规定缴纳的消费税、资源税、土地增值税、关税、城市维护建设税、教育费附加、房产税、车船税、城镇土地使用税、印花税等税金及附加,准予在计算应纳税所得额时扣除。

(4)损失,是指企业在生产经营活动过程中发生的固定资产和存货的盘亏、毁损、报废损失,转让财产损失,呆账损失,坏账损失,自然灾害等不可抗力因素造成的损失以及其他损失。

企业发生的损失,减除责任人赔偿和保险赔款后的余额,依照国务院财政、税务主管部门的规定扣除。

企业已经作为损失处理的资产,在以后纳税年度全部收回或者部分收回时,应当计入当期收入。

(5)其他支出,是指除成本、费用、税金、损失外,企业在生产经营活动中发生的与生产经营活动有关的、合理的支出。

2. 扣除标准

(1) 工资薪金。企业实际发生的合理的工资薪金支出,准予扣除。

工资薪金是指企业每一纳税年度支付给在本企业任职或者受雇的员工的所有现金和非现金形式的劳动报酬,包括基本工资、奖金、津贴、补贴、年终加薪、加班工资,以及与员工任职或者受雇有关的其他支出。

(2) 社会保险费和住房公积金。企业按照国务院有关主管部门或者省级人民政府规定的范围和标准为职工缴纳的基本养老保险费、基本医疗保险费、失业保险费、工伤保险费、生育保险费等基本社会保险费和住房公积金,准予扣除。

企业为投资者或者职工支付的补充养老保险费、补充医疗保险费,在国务院财政、税务主管部门规定的范围和标准内,准予扣除。

企业为在本企业任职和受雇的全体员工支付的补充养老保险费、补充医疗保险费,分别不超过职工工资总额5%的部分;企业参加雇主责任险、公众责任险等责任保险,按照规定缴纳的保险费,也可以扣除。

(3) 商业保险。除企业依照国家有关规定为特殊工种职工支付的人身安全保险费和国务院财政、国家税务总局规定可以扣除的其他商业保险费外,企业为投资者或者职工支付的商业保险费,不得扣除。

(4) 借款费用。企业在生产经营活动中发生的合理的不需要资本化的借款费用,准予扣除。企业为购置、建造固定资产、无形资产和经过12个月以上的建造才能达到预定可销售状态的存货发生借款的,在有关资产购置、建造期间发生的合理的借款费用,应当作为资本性支出计入有关资产的成本,并依照本条例的规定扣除。

(5) 利息支出。企业在生产经营活动中发生的下列利息支出,准予扣除:①非金融企业向金融企业借款的利息支出、金融企业的各项存款利息支出和同业拆借利息支出、企业经批准发行债券的利息支出;②非金融企业向非金融企业借款的利息支出,不超过按照金融企业同期同类贷款利率计算的数额的部分。

(6) 汇兑损失。企业在货币交易中,以及纳税年度终了时将人民币以外的货币性资产、负债按照期末即期人民币汇率中间价折算为人民币时产生的汇兑损失,除已经计入有关资产成本以及与向所有者进行利润分配相关的部分外,准予扣除。

(7) 职工福利费。企业发生的职工福利费支出,不超过工资薪金总额14%的部分,准予扣除。

(8) 职工工会经费。企业拨缴的职工工会经费支出,不超过工资薪金总额2%的部分,可以扣除。

(9) 职工教育经费。企业发生的职工教育经费支出,不超过工资薪金总额8%的部分,准予扣除;超过部分,准予在以后纳税年度结转扣除。

企业发生的合理的劳动保护支出,准予扣除。

(10) 业务招待费。企业发生的与生产经营活动有关的业务招待费支出,按照发生额的60%扣除,但最高不得超过当年销售(营业)收入的5‰。

【随堂测验5-3】

某企业2022年度营业收入为1000万元,发生业务招待费6万元。

请问:(1)该企业可税前扣除业务招待费是多少万元?(2)若该企业发生业务招待费12万元,可税前扣除业务招待费是多少万元?

【解析】

发生业务招待费6万元,可税前扣除业务招待费为6×60%=3.6(万元)。

发生业务招待费12万元,可税前扣除业务招待费1000×5‰=5(万元),而不是12×60%=7.2(万元)。

(11)广告费和业务宣传费。企业发生的符合条件的广告费和业务宣传费支出,除国务院财政、税务主管部门另有规定外,不超过当年销售(营业)收入15%的部分,准予扣除;超过部分,准予在以后纳税年度结转扣除。

企业筹建期间,发生的广告费和业务宣传费,可按实际发生额计入企业筹办费,并按有关规定在税前扣除。

小贴士

不可混淆广告费支出与业务宣传费支出

广告费,是指企业通过各种媒体宣传或发放赠品等方式,激发消费者对其产品或劳务的购买欲望,以达到促销的目的所支付的费用。业务宣传费,是指企业开展业务宣传活动所支付的费用,主要是指未通过媒体传播的广告性支出,包括企业发放的印有企业标志的礼品、纪念品等。

自2021年1月1日至2025年12月31日,对化妆品制造或销售、医药制造和饮料制造(不含酒类制造)企业发生的广告费和业务宣传费支出,不超过当年销售(营业)收入30%的部分,准予扣除;超过部分,准予在以后纳税年度结转扣除。烟草企业的烟草广告费和业务宣传费支出,一律不得在计算应纳税所得额时扣除。

(12)专项资金。企业依照法律、行政法规有关规定提取的用于环境保护、生态恢复等方面的专项资金,准予扣除。上述专项资金提取后改变用途的,不得扣除。

(13)财产保险费。企业参加财产保险,按照规定缴纳的保险费,准予扣除。

(14)租赁费。企业根据生产经营活动的需要租入固定资产支付的租赁费,按照以下方法扣除:①以经营租赁方式租入固定资产发生的租赁费支出,按照租赁期限均匀扣除;②以融资租赁方式租入固定资产发生的租赁费支出,按照规定构成融资租入固定资产价值的部分应当提取折旧费用,分期扣除。

(15)劳动保护支出。企业发生的合理的劳动保护支出,准予扣除。

(16)企业之间支付的费用。企业之间支付的管理费、企业内营业机构之间支付的租金和特许权使用费,以及非银行企业内营业机构之间支付的利息,不得扣除。

非居民企业在中国境内设立的机构、场所,就其中国境外总机构发生的与该机构、场所生产经营有关的费用,能够提供总机构出具的费用汇集范围、定额、分配依据和方法等证明文件,并合理分摊的,准予扣除。

小贴士

企业在计算业务招待费、广告费和业务宣传费等费用扣除限额时,其销售(营业)收入额应包括企业发生的非货币性资产交换,以及将货物、财产、劳务用于捐赠、偿债、赞助、集资、广告、样品、职工福利或者利润分配等用途的应当视同销售(营业)的收入额。

3. 公益救济性捐赠

企业发生的公益性捐赠支出,在年度利润总额12%以内的部分,准予在计算应纳税所得额时扣除;超过年度利润总额12%的部分,准予结转以后3年内在计算应纳税所得额时扣除。

小贴士

公益性捐赠是指企业通过公益性社会团体或者县级以上人民政府及其部门,用于《中华人民共和国公益事业捐赠法》规定的公益事业的捐赠。

公益性捐赠具体范围包括:(1)救助灾害、救济贫困、扶助残疾人等困难的社会群体和个人的活动;(2)教育、科学、文化、卫生、体育事业;(3)环境保护、社会公共设施建设;(4)促进社会发展和进步的其他社会公共和福利事业。

【随堂测验5-4】

根据企业所得税法律制度的规定,下列各项中,纳税人在计算企业所得税应纳税所得额时准予扣除的项目有(   )。

A. 消费税　　　B. 房产税　　　C. 土地增值税　　　D. 增值税

【解析】

正确答案A、B、C。增值税是价外税,纳税人在计算企业所得税应纳税所得额时不能扣除增值税。

4. 不准予扣除的项目

在计算应纳税所得额时,下列支出不得扣除。

(1)向投资者支付的股息、红利等权益性投资收益款项;

(2)企业所得税税款;

(3)税收滞纳金;

(4)罚金、罚款和被没收财物的损失;

(5)超过规定标准的捐赠支出;

(6)赞助支出;

(7)未经核定的准备金支出;

未经核定的准备金支出是指不符合国务院财政、税务主管部门规定的各项资产减值准备、风险准备等准备金支出。

(8)与取得收入无关的其他支出。

此外,企业的不征税收入用于支出形成的费用;企业的不征税收入用于支出形成的财产,其固定资产折旧和无形资产摊销,也不能扣除。

5. 亏损

企业本纳税年度发生的亏损,可以用以后纳税年度的所得弥补,但是结转年限最长不能超过5年。

6. 清算所得

企业的清算所得是指企业的全部资产可变现价值或者交易价格减除资产的计税基础、清算费用和相关税费,加上债务清偿损益等以后的余额。

(五)非居民企业在中国境内从事船舶、航空等国际运输业务的,以其在中国境内起运客货收入总额的5%为应纳税所得额

【随堂测验5-5】

某外国航空公司本纳税年度在中国境内起运客货收入总额为8000万元,计算其企业所得税应纳税所得额。

【解析】

某外国航空公司应纳税所得额计算如下:应纳税所得额=8000×5%=400(万元)

(六)非居民企业没有在中国境内设立机构、场所,取得来源于中国境内的所得;或者虽然在中国境内设立机构、场所,但是取得来源于中国境内的所得与其在中国境内设立机构、场所没有实际联系,应当按照下列方法计算企业所得税应纳税所得额,适用税率为20%(符合规定条件的项目,可以减按10%的税率缴纳企业所得税;中国政府同外国政府签订的有关税收协定有更优惠规定的,可以按照有关税收协定办理)

(1)股息、红利等权益性投资收益和利息、租金、特许权使用费所得,以收入全额为应纳税所得额。

【随堂测验5-6】

根据企业所得税法律制度的规定,在中国境内未设立机构、场所的非居民企业从中

国境内取得的下列所得中,应以收入全额为应纳税所得额的有(　　)。

　　A. 股息　　　　B. 转让财产所得　　　　C. 特许权使用费所得　　　　D. 租金

【解析】

　　正确答案 A、C、D。非居民企业的股息、红利等权益性投资收益和利息、租金、特许权使用费所得,应以收入全额为应纳税所得额。

(2)转让财产所得,以收入全额减除财产净值以后的余额为应纳税所得额。

应纳税所得额计算公式:

应纳税所得额＝收入全额－财产净值

收入全额,是指非居民企业向支付人收取的全部价款和价外费用。

【随堂测验5-7】

　　某外国公司驻华代表处受该公司委托,将该公司在中国境内一处净值5000万元的房产出售,取得收入8000万元,计算该企业应纳税所得额。

【解析】

　　应纳税所得额的计算方法如下:应纳税所得额＝收入全额－财产净值＝8000－5000＝3000(万元)

(3)其他所得(如咨询费、保险费等),参照前两项规定的方法计算应纳税所得额。

第四节　资产的税务处理

一、固定资产

　　固定资产,是指企业为生产产品、提供劳务、出租或者经营管理而持有的,使用时间超过12个月的,价值达到一定标准的非货币性资产,包括房屋、建筑物、机器、机械、运输工具以及其他与生产经营活动有关的设备、器具、工具等。企业按照规定计算的固定资产折旧,准予扣除。

1. 不允许计算折旧扣除的固定资产

　　下列固定资产不得计算折旧扣除:①房屋、建筑物以外未投入使用的固定资产;②以经营租赁方式租入的固定资产;③以融资租赁方式租出的固定资产;④已足额提取折旧仍继续使用的固定资产;⑤与经营活动无关的固定资产;⑥单独估价作为固定资产入账的土地;⑦其他不得计算折旧扣除的固定资产。

2. 允许计算折旧扣除的固定资产的计税基础

　　(1)外购的固定资产,以购买价款和支付的相关税费以及直接归属于使该资产达到预定用途发生的其他支出为计税基础。

(2)自行建造的固定资产,以竣工结算前发生的支出为计税基础。

(3)融资租入的固定资产,以租赁合同约定的付款总额和承租人在签订租赁合同过程中发生的相关费用为计税基础,租赁合同未约定付款总额的,以该资产的公允价值和承租人在签订租赁合同过程中发生的相关费用为计税基础。

(4)盘盈的固定资产,以同类固定资产的重置完全价值为计税基础。

(5)通过捐赠、投资、非货币性资产交换、债务重组等方式取得的固定资产,以该资产的公允价值和支付的相关税费为计税基础。

(6)改建的固定资产,除已足额提取折旧的固定资产和租入的固定资产以外的其他固定资产,以改建过程中发生的改建支出增加计税基础。

3. 允许扣除的折旧额的计算

固定资产按照直线法计算的折旧,准予扣除。企业应当从固定资产使用月份的次月起计算折旧;停止使用的固定资产,应当从停止使用月份的次月起停止计算折旧。

4. 固定资产计算折旧的最低年限

(1)房屋、建筑物,为20年;

(2)飞机、火车、轮船、机器、机械和其他生产设备,为10年;

(3)与生产经营活动有关的器具、工具、家具等,为5年;

(4)飞机、火车、轮船以外的运输工具,为4年;

(5)电子设备,为3年。

企业应当根据固定资产的性质和使用情况,合理确定固定资产的预计净残值。固定资产的预计净残值一经确定,不得变更。

5. 加速折旧

企业按税法规定实行加速折旧的,其按加速折旧办法计算的折旧额可全额在税前扣除。企业实施加速折旧但不符合税法规定条件的,按照税法规定的折旧方法计算扣除。

二、生产性生物资产折旧

生产性生物资产,是指企业为产出农产品、提供劳务或出租等目的而持有的生物资产,包括经济林、薪炭林、产畜和役畜等。

1. 计税基础

(1)外购的生产性生物资产,以购买价款和支付的相关税费为计税基础;

(2)通过捐赠、投资、非货币性资产交换、债务重组等方式取得的生产性生物资产,以该资产的公允价值和支付的相关税费为计税基础。

2. 允许扣除折旧额的计算

生产性生物资产按照直线法计算的折旧,准予扣除。企业应当从生产性生物资产投入使用月份的次月起计算折旧;停止使用的生产性生物资产,应当从停止使用月份的次月起停止计算折旧。

企业应当根据生产性生物资产的性质和使用情况,合理确定生产性生物资产的预计净残值。生产性生物资产的预计净残值一经确定,不得变更。

3. 最低折旧年限

生产性生物资产计算折旧的最低年限如下:(1)林木类生产性生物资产,为10年;(2)畜类生产性生物资产,为3年。

三、无形资产摊销

无形资产通常包括专利权、商标权、著作权、土地使用权、非专利技术、商誉等。

1. 不允许计算摊销费用扣除的无形资产

下列无形资产不得计算摊销费用扣除:(1)自行开发的支出已在计算应纳税所得额时扣除的无形资产;(2)自创商誉;(3)与经营活动无关的无形资产;(4)其他不得计算摊销费用扣除的无形资产。

2. 允许计算摊销费用扣除的无形资产的计税基础

(1)外购的无形资产,以购买价款和支付的相关税费以及直接归属于使该资产达到预定用途发生的其他支出为计税基础。

(2)自行开发的无形资产,以开发过程中该资产符合资本化条件后至达到预定用途前发生的支出为计税基础。

(3)通过捐赠、投资、非货币性资产交换、债务重组等方式取得的无形资产,以该资产的公允价值和支付的相关税费为计税基础。

3. 允许扣除摊销额的计算

无形资产按照直线法计算的摊销费用,准予扣除。外购商誉的支出,在企业整体转让或者清算时,准予扣除。

4. 最低折旧年限

无形资产的摊销年限不得低于10年。作为投资或者受让的无形资产,有关法律规定或者合同约定使用年限的,可以按照规定或者约定的使用年限分期计算摊销。

四、长期待摊费用

长期待摊费用,是指企业发生的应在1个年度以上或者几个年度进行摊销的费用。

企业发生的下列支出作为长期待摊费用,按照规定摊销的,准予扣除:

(1)已足额提取折旧的固定资产的改建支出,按照固定资产预计尚可使用年限分期摊销。

(2)租入固定资产的改建支出,按照合同约定的剩余租赁期限分期摊销。

(3)固定资产的大修理支出,按照固定资产尚可使用年限分期摊销,是指同时符合下列条件的支出：①修理支出达到取得固定资产时的计税基础50％以上；②修理后固定资产的使用年限延长2年以上。

(4)其他应当作为长期待摊费用的支出,自支出发生月份的次月起,分期摊销,摊销年限不得低于3年。

五、投资资产

投资资产,是指企业对外进行权益性投资和债权性投资形成的资产。企业对外投资期间,投资资产的成本在计算应纳税所得额时不得扣除。企业在转让或者处置投资资产时,投资资产的成本,准予扣除。

投资资产按照以下方法确定成本：

(1)通过支付现金方式取得的投资资产,以购买价款为成本。

(2)通过支付现金以外的方式取得的投资资产,以该资产的公允价值和支付的相关税费为成本。

六、存货

存货是指企业持有的以备出售的产品或者商品、处在生产过程中的在产品、在生产或者提供劳务过程中耗用的材料和物料等。企业使用或者销售存货,按照规定计算的存货成本,准予在计算应纳税所得额时扣除。

存货按照以下方法确定成本：

(1)通过支付现金方式取得的存货,以购买价款和支付的相关税费为成本；

(2)通过支付现金以外的方式取得的存货,以该存货的公允价值和支付的相关税费为成本；

(3)生产性生物资产收获的农产品,以产出或者采收过程中发生的材料费、人工费和分摊的间接费用等必要支出为成本。

企业使用或者销售的存货的成本计算方法,可以在先进先出法、加权平均法、个别计价法中选用一种。计价方法一经选用,不得随意变更。

七、资产损失

资产损失,是指企业在生产经营活动中实际发生的、与取得应税收入有关的资产损失,包括现金损失,存款损失,坏账损失,贷款损失,股权投资损失,固定资产和存货的盘亏、毁损、报废、被盗损失,自然灾害等不可抗力因素造成的损失以及其他损失。

企业发生资产损失,应在按税收规定实际确认或者实际发生的当年申报扣除,不得提前或延后扣除。

【随堂测验5-8】

某企业为居民企业,2022年经营业务如下:取得销售收入5400万元,销售成本2300万元,发生销售费用1300万元(其中广告费900万元),管理费用890万元(其中业务招待费30万元),财务费用120万元,税金及附加320万元(含增值税240万元),营业外收入140万元,营业外支出100万元(含通过公益性社会团体向贫困山区捐款60万元,支付税收滞纳金13万元),计入成本、费用中的实发工资总额300万元、拨缴职工工会经费6万元、提取职工福利费46万元、职工教育经费10万元。计算该企业实际应缴纳的企业所得税税额。

【解析】

(1)年度利润总额＝5400＋140－2300－1300－890－120－(320－240)－100＝750(万元)

(2)广告费调增所得额＝900－5400×15％＝90(万元)

(3)业务招待费支出的限额为5400×5‰＝27(万元)＞30×60％＝18(万元)

业务招待费调增所得额＝30－30×60％＝30－18＝12(万元)

(4)捐赠支出应调增所得额＝60－340×12％＝19.2(万元)

(5)工会经费的扣除限额为300×2％＝6(万元),实际拨缴6万元,无须调整;职工福利费扣除限额为300×14％＝42(万元),实际发生46万元,应调增46－42＝4(万元);职工教育经费的扣除限额为300×8％＝24(万元),实际发生10万元,无须调整;三项经费共调增4万元。

(6)税收滞纳金不得在企业所得税税前扣除,应计入应纳税所得额。

(7)应纳税所得额＝750＋90＋12＋19.2＋4＋13＝888.2(万元)

(8)2022年应缴企业所得税税额＝888.2×25％＝222.05(万元)

第五节 企业所得税税收优惠

一、免税收入

1. 一般免税收入

免税收入,是指虽属于企业的应税所得,但是按照税法规定免予征收企业所得税的收入。

(1)国债利息收入。

国债利息收入,是指企业持有国务院财政主管部门发行的国债取得的利息收入。

(2)符合条件的居民企业之间的股息、红利等权益性投资收益。

符合条件的居民企业之间的股息、红利等权益性投资收益,是指居民企业直接投资于其他居民企业取得的投资收益;居民与居民企业之间的投资收益属于免税范围。权益性投资收益不包括连续持有居民企业公开发行并上市流通的股票不足12个月取得的投资收益。

(3)非居民企业的投资收益。

在中国境内设立机构、场所的非居民企业从居民企业取得与该机构、场所有实际联系的股息、红利等权益性投资收益。权益性投资收益不包括连续持有居民企业公开发行并上市流通的股票不足12个月取得的投资收益。

2. 特殊的免税收入

(1)符合条件的非营利组织的"非营利收入"。符合条件的非营利组织的下列收入为免税收入:①接受其他单位或者个人捐赠的收入;②除《企业所得税法》第7条规定的财政拨款以外的其他政府补助收入,但不包括因政府购买服务取得的收入;③按照省级以上民政、财政部门规定收取的会费;④不征税收入和免税收入孳生的银行存款利息收入;⑤财政部、国家税务总局规定的其他收入。

符合条件的非营利组织的"非营利收入"免于征税,但非营利组织从事营利性活动所取得的收入征税。

(2)企业取得的2012年及以后年度发行的地方政府债券利息所得。

> **小贴士**
>
> **"不征税收入"不同于"免税收入"**
>
> "不征税收入"不属于税收优惠,而"免税收入"属于税收优惠。"不征税收入",是指从性质和根源上不属于企业营利性活动带来的经济利益、不负有纳税义务,并不作为应纳税所得额组成部分的收入。"免税收入"是指属于企业的应纳税所得,但按照税法规定免予征收企业所得税的收入。

二、免征、减征企业所得税

(一)税额式减免优惠

1. 免税项目

企业从事下列项目的所得,免征企业所得税:①蔬菜、谷物、薯类、油料、豆类、棉花、麻类、糖料、水果、坚果的种植;②农作物新品种的选育;③中药材的种植;④林木的培育和种植;⑤牲畜、家禽的饲养;⑥林产品的采集;⑦灌溉、农产品初加工、兽医、农技推广、农机作业和维修等农、林、牧、渔服务业项目;⑧远洋捕捞。

2. 减半征收项目

企业从事下列项目的所得,减半征收企业所得税:①花卉、茶以及其他饮料作物和香料作物的种植;②海水养殖、内陆养殖。

3. 铁路债券利息收入所得

对企业投资者持有 2019—2023 年发行的铁路债券取得的利息收入，减半征收企业所得税。对个人投资者持有 2019—2023 年发行的铁路债券取得的利息收入，减按 50% 计入应纳税所得额计算征收个人所得税。税款由兑付机构在向个人投资者兑付利息时代扣代缴。

铁路债券，是指以中国铁路总公司为发行和偿还主体的债券，包括中国铁路建设债券、中期票据、短期融资券等债务融资工具。

4. 从事国家重点扶持的公共基础设施项目投资经营的所得

国家重点扶持的公共基础设施项目，是指《公共基础设施项目企业所得税优惠目录》内的港口码头、机场、铁路、公路、城市公共交通、电力、水利等项目。

企业从事的国家重点扶持的公共基础设施项目的投资经营的所得，自项目取得第一笔生产经营收入所属纳税年度起，第 1 年至第 3 年免征企业所得税，第 4 年至第 6 年减半征收企业所得税。即"三免三减半"。企业承包经营、承包建设和内部自建自用上述项目，不得享受上述企业所得税优惠。

5. 从事符合条件的环境保护、节能节水项目的所得

符合条件的环境保护、节能节水项目，包括公共污水处理、公共垃圾处理、沼气综合开发利用、节能减排技术改造、海水淡化等。

企业从事的符合条件的环境保护、节能节水项目的所得，自项目取得第一笔生产经营收入所属纳税年度起，第 1 年至第 3 年免征企业所得税，第 4 年至第 6 年减半征收企业所得税。即"三免三减半"。

企业购置并实际使用规定的环境保护、节能节水、安全生产等专用设备的，该专用设备的投资额的 10% 可以从企业当年的应纳税额中抵免；当年不足抵免的，可以在以后 5 个纳税年度结转抵免。

6. 经营性文化事业单位转制为企业的所得税处理

2019 年 1 月 1 日至 2023 年 12 月 31 日，经营性文化事业单位转制为企业，自转制注册之日起 5 年内免征企业所得税。2018 年 12 月 31 日之前已经完成转制的企业，自 2019 年 1 月 1 日起可继续免征 5 年企业所得税。

经营性文化事业单位，是指从事新闻出版、广播影视和文化艺术的事业单位。

7. 符合条件的技术转让所得

符合条件的技术转让所得免征、减征企业所得税，是指一个纳税年度内，居民企业技术所有权转让所得不超过 500 万元的部分，免征企业所得税；超过 500 万元的部分，减半征收企业所得税。其计算公式为：

$$技术转让所得 = 技术转让收入 - 技术转让成本 - 相关税费$$

8. 区域税收优惠

（1）民族地区税收优惠。

民族自治地方的自治机关对本民族自治地方的企业应缴纳的企业所得税中属于地方分享的部分,可以决定减征或者免征。对民族自治地方内国家限制和禁止行业的企业,不得减征或者免征企业所得税。

企业所得税属于中央政府与地方政府的共享税,其60%收入归中央财政,40%收入归地方财政。民族自治地方只能对地方财政分享的40%企业所得税收入部分实行减征、免征。自治州、自治县决定减征或者免征的,须报省、自治区、直辖市人民政府批准。

(2)国家西部大开发税收优惠。

对设在西部地区国家鼓励类产业企业,在2021年1月1日至2030年12月31日期间,减按15%的税率征收企业所得税。

(二)税率式减免优惠

1. 高新技术企业

国家需要重点扶持的高新技术企业,减按15%的税率征收企业所得税。自2018年1月1日起,对经认定的技术先进型服务企业(服务贸易类),减按15%的税率征收企业所得税。

> 😊 **小贴士**
>
> **国家需要重点扶持的高新技术企业的含义和条件**
>
> 国家需要重点扶持的高新技术企业,是指拥有核心自主知识产权,同时符合下列条件的企业:(1)产品(服务)属于《国家重点支持的高新技术领域》规定的范围;(2)研究开发费用占销售收入的比例不低于规定比例;(3)高新技术产品(服务)收入占企业总收入的比例不低于规定比例;(4)科技人员占企业职工总数的比例不低于规定比例;(5)高新技术企业认定管理办法规定的其他条件。

2. 小型微利企业

对小型微利企业年应纳税所得额不超过100万元的部分,减按25%计入应纳税所得额,按20%的税率缴纳企业所得税;对年应纳税所得额超过100万元但不超过300万元的部分,减按50%计入应纳税所得额,按20%的税率缴纳企业所得税。

> 😊 **小贴士**
>
> 小型微利企业,是指从事国家非限制和禁止行业,且同时符合年度应纳税所得额不超过300万元、从业人数不超过300人、资产总额不超过5000万元等三个条件的企业。

3. 设在西部地区企业

自2021年1月1日至2030年12月31日,对设在西部地区的鼓励类产业企业减按15%的税率征收企业所得税。鼓励类产业企业,是指以《西部地区鼓励类产业目录》(2005年版)中规定的产业项目为主营业务,且其主营业务收入占企业收入总额60%以上的企业。

(三) 非居民企业的税收优惠

非居民企业在中国境内未设立机构、场所的，或者虽设立机构、场所但取得的所得与其所设机构、场所没有实际联系的所得，其来源于中国境内的所得，减按10%的税率征收企业所得税。

该类非居民企业下列所得可以免征企业所得税：(1)外国政府向中国政府提供贷款取得的利息所得；(2)国际金融组织向中国政府和居民企业提供优惠贷款取得的利息所得；(3)经国务院批准的其他所得。

【随堂测验5-9】

在计算企业应纳税所得额时，下列支出中，可以加计扣除的是（　　）。

A. 新技术、新产品、新工艺的研究开发费用

B. 为安置残疾人员所购置的专门设施

C. 赞助支出

D. 职工教育经费

【解析】

正确答案A。根据规定，新技术、新产品、新工艺的研究开发费用可以加计扣除。

(四) 特殊行业的税收优惠

1. 鼓励软件产业和集成电路产业发展的优惠政策

财政部、税务总局《关于集成电路设计和软件产业企业所得税政策的公告》(2019年第68号)明确：依法成立且符合条件的集成电路设计企业和软件企业，在2018年12月31日前自获利年度起计算优惠期，第1年至第2年免征企业所得税，第3年至第5年按照25%的法定税率减半征收企业所得税，并享受至期满为止。

2. 鼓励证券投资基金发展的优惠政策

对证券投资基金从证券市场中取得的收入，包括买卖股票、债券的差价收入，股权的股息、红利收入、债券的利息收入以及其他收入，暂不征收企业所得税。对投资者从证券投资基金分配中取得的收入，暂不征收企业所得税。对证券投资基金管理人运用基金买卖股票、债券的差价收入，暂不征收企业所得税。

3. 促进节能服务公司发展的税收优惠

对符合条件的节能服务公司实施合同能源管理项目，自项目取得第一笔生产经营收入所属纳税年度起，第1年至第3年免征企业所得税，第4年至第6年按照25%的法定税率减半征收企业所得税。

4. 电网企业电网新建项目享受所得税的优惠政策

根据《企业所得税法》及其实施条例和《公共基础设施项目企业所得税优惠目录》

(2008版)(以下简称目录)的相关规定,符合规定条件和标准的电网(输变电设施)新建项目可享受"三免三减半"的企业所得税优惠政策。

【随堂测验 5-10】

【随堂测验 5-8】续,公司于2022年4月份投资兴建环保项目,"企业购置用于环境保护专用设备",该项目已经税务机关审批确认符合投资抵免所得税优惠条件,环保设备800万元,取得设备发票。

计算在进行环保项目投资后的企业所得税实际应纳税额。

【解析】

首先计算,2022年应缴企业所得税税额=888.2×25%=222.05(万元)

2022年购置环保设备的抵免额:2022年应纳所得税额为222.05万元,大于80万元(800×10%),可以抵免80万元。

抵免后,2022年实际应纳所得税额=222.05-80=142.05(万元),因已经预交300万元,余额为:300-142.05=157.95(万元),表示企业多预缴的所得税,根据税收相关规定,可以在下一年度内抵缴。

第六节 企业所得税的征收管理

一、源泉扣缴

(一)源泉扣缴的含义

非居民企业在中国境内未设立机构、场所的,或者虽设立机构、场所但取得的所得与其所设机构、场所没有实际联系的所得,应缴纳的所得税,实行源泉扣缴。

对非居民企业应当缴纳的企业所得税实行源泉扣缴的,应当依照非居民企业向支付人收取的全部价款和价外费用计算应纳税所得额。具体缴税要求分别有如下规定:

(1)对在中国境内设有机构、场所的,取得境内所得要按25%的税率缴税。同时规定,对这些场所在境外取得的所得,如与该机构场所有实际联系的,也要按25%缴税。

(2)对在中国境内未设立机构场所而从中国境内取得的所得则按10%缴税,同时规定,在中国境内设有机构场所的,其所得与其机构场所没有实际联系的,其所得部分也要按10%缴税。

(二)应税所得及应纳税额计算

(1)对非居民企业取得来源于中国境内的股息、红利等权益性投资收益和利息、租金、特许权使用费所得、转让财产所得以及其他所得应当缴纳的企业所得税,实行源泉扣缴。

(2) 对非居民企业取得来源于中国境内的股息、红利、利息、租金、特许权使用费、租金等按收入全额计征,即支付人向非居民企业支付的全部价款和价外费用,其相关发生的成本费用不得扣除;对其取得的转让财产所得,以收入全额减除财产净值后的余额为应纳税所得额。其他所得,参照前两项规定的方法计算应纳税所得额。

(3) 应纳税额计算:

$$扣缴企业所得税应纳税额 = 应纳税所得额 \times 实际征收率$$

实际征收率,是指《企业所得税法》及其实施条例等相关法律法规规定的税率,或者税收协定规定的更低的税率。

(三) 支付人

支付人,是指依照有关法律规定或者合同约定对非居民企业直接负有支付相关款项义务的单位或者个人。支付包括现金支付、汇拨支付、转账支付和权益兑价支付等货币支付和非货币支付。

(四) 扣缴义务人

支付人为扣缴义务人,即依照有关法律规定或者合同约定对非居民企业直接负有支付相关款项义务的单位或者个人为扣缴义务人。

税款由扣缴义务人在每次支付或者到期应支付时,从支付或者到期应支付的款项中扣缴。其中,对非居民企业在中国境内取得工程作业和劳务所得应缴纳的所得税,税务机关可以指定工程价款或者劳务费的支付人为扣缴义务人。

扣缴义务人,由县级以上税务机关指定,同时告知扣缴义务人所扣税款的计算依据、计算方法、扣缴期限和扣缴方式。

在中国境内存在多处所得发生地的,由纳税人选择其中一地申报缴纳企业所得税。

(五) 税务管理

扣缴义务人与非居民企业首次签订与规定的所得有关的业务合同或协议(简称合同)的,扣缴义务人应当自合同签订之日起 30 日内,向其主管税务机关申报办理扣缴税款登记。扣缴义务人每次代扣的税款,应当自代扣之日起 7 日内缴入国库,并向所在地的税务机关报送扣缴企业所得税报告表。

按照规定给予非居民企业减免税优惠的,应按相关税收减免管理办法和行政审批程序的规定办理。

二、特别纳税调整

特别纳税调整是指对关联企业之间非正常的商业行为进行强制性纳税调整,使其符合独立交易原则,防止避税现象,维护国家利益。从反避税角度出发,主要是通过对关联方采取"预约定价安排""资本弱化""商业实质"等方法对各种现实中的避税措施实施特别纳税调整。

(一)关联企业与独立交易原则

1. 关联企业及关联关系

(1)界定关联企业的基本标准:一是股权控制,如持有25%股份等;二是企业管理和人员方面的控制。

关联方,是指与企业有下列关联关系之一的企业、其他组织和个人:在资金、经营、购销等方面存在直接或者间接的控制关系;直接或者间接地同为第三者控制;在利益上具有相关联的其他关系。

(2)具体关联关系的认定标准主要有以下几种。

①一方直接或者间接持有另一方的股份总和达到25%以上;双方直接或者间接同为第三方所持有的股份达到25%以上。

②双方存在持股关系或者同为第三方持股,虽持股比例未达到本条第①项规定,但双方之间借贷资金总额占任一方实收资本比例达到50%以上,或者一方全部借贷资金总额的10%以上由另一方担保(与独立金融机构之间的借贷或者担保除外)。

③双方存在持股关系或者同为第三方持股,虽持股比例未达到本条第①项规定,但一方的生产经营活动必须由另一方提供专利权、非专利技术、商标权、著作权等特许权才能正常进行。

④双方存在持股关系或者同为第三方持股,虽持股比例未达到本条第①项规定,但一方的购买、销售、接受劳务、提供劳务等经营活动由另一方控制。上述控制,是指一方有权决定另一方的财务和经营政策,并能据以从另一方的经营活动中获取利益。

⑤一方半数以上董事或者半数以上高级管理人员(包括上市公司董事会秘书、经理、副经理、财务负责人和公司章程规定的其他人员)由另一方任命或者委派,或者同时担任另一方的董事或者高级管理人员;或者双方各自半数以上董事或者半数以上高级管理人员同为第三方任命或者委派。

⑥具有夫妻、直系血亲、兄弟姐妹以及其他抚养、赡养关系的两个自然人分别与双方具有本条第①~⑤项关系之一。

⑦双方在实质上具有其他共同利益。

除本条第②项规定外,上述关联关系年度内发生变化的,关联关系按照实际存续期间认定。

2. 独立交易原则

独立交易原则,是指没有关联关系的交易各方,按照公平成交价格和营业常规进行业务往来遵循的原则。

3. 关联企业的业务往来

关联企业的业务往来具体包括有形资产使用权或者所有权的转让、金融资产的转让、无形资产使用权或者所有权的转让、资金融通、劳务交易等,这些交易税务机关都有权力进行调查,并按照独立交易原则认定和调整。

(二)特别纳税调整管理办法

1. 税务机关有权按以下办法核定和调整关联企业交易价格

(1)可比非受控价格法,是指按照没有关联关系的交易各方进行相同或者类似业务往来的价格进行定价的方法。

(2)再销售价格法,是指按照从关联方购进商品再销售给没有关联关系的交易方的价格,减去相同或者类似业务的销售毛利进行定价的方法。

(3)成本加成法,是指按照成本加合理的费用和利润进行定价的方法。

(4)交易净利润法,是指按照没有关联关系的交易各方进行相同或者类似业务往来取得的净利润水平确定利润的方法。

(5)利润分割法,是指将企业与其关联方的合并利润或者亏损在各方之间采用合理标准进行分配的方法。

(6)其他符合独立交易原则的方法。

2. 关联业务的相关资料

实行查账征收的居民企业和在中国境内设立机构、场所并据实申报缴纳企业所得税的非居民企业向税务机关报送年度企业所得税纳税申报表时,应当就其与关联方之间的业务往来进行关联报送,附送《中华人民共和国企业年度关联业务往来报告表》。

税务机关在进行关联业务调查时,企业及其关联方,以及与关联业务调查有关的其他企业,应当按照规定提供相关资料。

3. 税务机关的纳税核定权

企业不提供与其关联方之间业务往来资料,或者提供虚假、不完整资料,未能真实反映其关联业务往来情况的,税务机关有权依法核定其应纳税所得额。税务机关依照法律核定企业的应纳税所得额时,可以采用下列方法:

(1)参照同类或者类似企业的利润率水平核定。

(2)按照企业成本加合理的费用和利润的方法核定。

(3)按照关联企业集团整体利润的合理比例核定。

(4)按照其他合理方法核定。

企业对税务机关按照前款规定的方法核定的应纳税所得额有异议的,应当提供相关证据,经税务机关认定后,调整核定的应纳税所得额。

4. 补征税款和加收利息

税务机关根据税收法律、行政法规的规定,对企业作出特别纳税调整的,应当对补征的税款,自税款所属纳税年度的次年6月1日起至补缴税款之日止的期间,按日加收利息。

加收的利息,应当按照税款所属纳税年度中国人民银行公布的与补税期间同期的人民币贷款基准利率加 5 个百分点计算。加收的利息,不得在计算应纳税所得额时扣除。

5. 纳税调整的时效

企业与其关联方之间的业务往来,不符合独立交易原则,或者企业实施其他不具有合理商业目的的安排的,税务机关有权在该业务发生的纳税年度起 10 年内,进行纳税调整。

(三) 预约定价安排

企业可以向税务机关提出与其关联方之间业务往来的定价原则和计算方法,税务机关与企业协商、确认后,达成预约定价安排。

预约定价安排是指企业就其未来年度关联交易的定价原则和计算方法,向税务机关提出申请,与税务机关按照独立交易原则协商、确认后达成的协议。

预约定价安排的谈签与执行通常包括预备会谈、正式申请、审核评估、磋商、签订安排和监控执行 6 个阶段。预约定价安排有单边、双边和多边三种类型。

(四) 成本分摊协议

为避免征纳双方矛盾,税法规定,关联企业可以制订"成本分摊协议",协议上报主管税务机关认可后执行。

(1) 企业与其关联方共同开发、受让无形资产,或者共同提供、接受劳务发生的成本,在计算应纳税所得额时应当按照独立交易原则进行分摊。

税法规定,允许企业按照独立交易原则与其关联方分摊共同发生的成本,达成成本分摊协议。

(2) 企业与其关联方分摊成本时,应当按照成本与预期收益相配比的原则进行分摊,并在税务机关规定的期限内,按照税务机关的要求报送有关资料。

企业应自成本分摊协议达成之日起 30 日内,层报国家税务总局备案。税务机关判定成本分摊协议是否符合独立交易原则须层报国家税务总局审核。

(3) 企业与其关联方分摊成本的时候违反上述规定的,其自行分摊的成本不能在计算应纳税所得额的时候扣除。

(4) 企业不按独立交易原则处理而减少其应纳税所得额的,税务机关有权作出调整。

(五) 受控外国企业

对我国居民企业,中国公民投资控制的外国企业,其经营利润无合理理由不作分配或减少分配的情况,属于特别纳税调整管理范围。

税法规定,由居民企业,或者由居民企业和中国居民控制的设立在实际税负明显低于我国法定税率水平的国家(地区)的企业,并非由于合理的经营需要而对利润不作分配或者减少分配的,上述利润中应归属于该居民企业的部分,应当计入该居民企业的当期收入。实际税负明显低于我国法定税率水平,是指低于我国法定税率的 50%。

> **小贴士**
>
> **中国居民的定义**
>
> 中国居民,是指根据《中华人民共和国个人所得税法》的规定,就其从中国境内、境外取得的所得在中国缴纳个人所得税的个人。

中国居民企业或者居民个人能够按规定提供资料证明其控制的外国企业利润不作分配或者减少分配具有正当合理性,可免于将该外国企业不作分配或者减少分配的利润视同股息分配额计入中国居民企业股东的当期所得。

受控外国企业的反避税措施,其目的在于防止企业在低税率国家或地区建立受控外国企业,将利润保留在外国企业不分配或者少量分配,逃避国内纳税义务。

> **小贴士**
>
> **"控制"包括的内容**
>
> (1)居民企业或者中国居民直接或者间接单一持有外国企业10%以上有表决权股份,且由其共同持有该外国企业50%以上股份;(2)居民企业,或者居民企业和中国居民持股比例没有达到第(1)项规定的标准,但在股份、资金、经营、购销等方面对该外国企业构成实质控制。

(六)资本弱化管理

资本弱化管理,是指税务机关按照税法规定,对企业接受关联方债权性投资与企业接受的权益性投资的比例是否符合规定比例或独立交易原则进行审核评估和调查调整等工作的总称。

企业从其关联方接受的债权性投资与权益性投资的比例超过规定标准而发生的利息支出,不得在计算应纳税所得额时扣除。

(1)债权性投资,是指企业直接或者间接从关联方获得的,需要偿还本金和支付利息或者需要以其他具有支付利息性质的方式予以补偿的融资。

(2)权益性投资,是指企业接受的不需要偿还本金和支付利息,投资人对企业净资产拥有所有权的投资。

(3)企业实际支付给关联方的利息支出,不超过以下规定比例计算的部分,准予扣除,超过的部分不得在发生当期和以后年度扣除。除另有规定外,企业接受关联方债权性投资与其权益性投资比例为:①金融企业为5∶1;②其他企业为2∶1。

(4)企业能够按照有关规定提供相关资料,并证明相关交易活动符合独立交易原则的;或者该企业的实际税负不高于境内关联方的,其实际支付给境内关联方的利息支出,在计算应纳税所得额时准予扣除。

【随堂测验 5-11】

某企业注册资本为 4000 万元。2022 年按同期金融机构贷款利率从其关联方借款 9000 万元,发生借款利息 540 万元。

计算该企业在计算企业所得税应纳税所得额时,准予扣除的利息金额。

【解析】

企业实际支付给关联方的利息支出,除另有规定外,企业接受关联方债权性投资与其权益性投资比例为:其他企业为 2∶1。该企业的注册资本为 4000 万元,关联方债权性投资不应超过 4000×2=8000(万元),现借款 9000 万元,准予扣除的利息金额是 8000 万元产生的利息,即 8000÷9000×540=480(万元)

(七) 一般反避税管理

企业实施不具有合理商业目的的安排而减少其应纳税收入或者所得额的,税务机关有权按照合理方法调整。对存在以下避税安排的企业,启动一般反避税调查:

(1)滥用税收优惠;

(2)滥用税收协定;

(3)滥用公司组织形式;

(4)利用避税港避税;

(5)其他不具有合理商业目的的安排。

税务机关应按照经济实质对企业的避税安排重新定性,取消企业从避税安排获得的税收利益。

三、征收管理具体流程

(一) 纳税地点

(1)企业所得税除税收法律、行政法规另有规定外,居民企业以企业登记注册地为纳税地点;但登记注册地在境外的,以实际管理机构所在地为纳税地点。居民企业在中国境内设立不具有法人资格的营业机构的,应当汇总计算并缴纳企业所得税。

(2)非居民企业在中国境内未设立机构、场所的,或者虽设立机构、场所但取得的所得与其所设机构、场所没有实际联系的所得,以机构、场所所在地为纳税地点。非居民企业在中国境内设立两个或者两个以上机构、场所的,经税务机关审核批准,可以选择由其主要机构、场所汇总缴纳企业所得税。非居民企业在中国境内未设立机构、场所的,或者虽设立机构、场所但取得的所得与其所设机构、场所没有实际联系的所得,以扣缴义务人所在地为纳税地点。

主要机构、场所,应当同时符合下列条件:(1)对其他各机构、场所的生产经营活动负有监督管理责任;(2)设有完整的账簿、凭证,能够准确反映各机构、场所的收入、成本、费用和盈亏情况。

有两个或者两个以上机构、场所的,其纳税地点应经各机构、场所所在地税务机关的共同上级税务机关审核批准后确定。

非居民企业经批准汇总缴纳企业所得税后,需要增设、合并、迁移、关闭机构、场所或者停止机构、场所业务的,应当事先向主管税务机关报告;需要变更汇总缴纳企业所得税的主要机构、场所的,依照前述规定办理。

(二) 纳税时间

(1)企业所得税按纳税年度计算。纳税年度自公历1月1日起至12月31日止。

(2)企业在一个纳税年度中间开业,或者终止经营活动,使该纳税年度的实际经营期不足12个月的,应当以其实际经营期为1个纳税年度。

(3)企业依法清算时,应当以清算期间作为1个纳税年度。

(三) 纳税方式

居民企业在中国境内设立不具有法人资格营业机构的,应当汇总计算并缴纳企业所得税。企业汇总计算并缴纳企业所得税时,应当统一核算应纳税所得额。除国务院另有规定外,企业之间不得合并缴纳企业所得税。

(四) 纳税申报

企业所得税分月或者分季预缴。企业应当自月份或者季度终了之日起15日内,向税务机关报送预缴企业所得税纳税申报表,预缴税款。

分月或者分季预缴企业所得税时,应当按照月度或者季度的实际利润额预缴;按照月度或者季度的实际利润额预缴有困难的,可以按照上一纳税年度应纳税所得额的月度或者季度平均额预缴,或者按照经税务机关认可的其他方法预缴。预缴方法一经确定,该纳税年度内不得随意变更。

企业应当自年度终了之日起5个月内,向税务机关报送年度企业所得税纳税申报表,并汇算清缴,结清应缴应退税款。企业应当在办理注销登记前,就其清算所得向税务机关申报并依法缴纳企业所得税。

企业在纳税年度内无论盈利或者亏损,都应当依照企业所得税法规定的期限,向税务机关报送预缴企业所得税纳税申报表、年度企业所得税纳税申报表、财务会计报告和税务机关规定应当报送的其他有关资料。

(五) 计税货币

依法缴纳的企业所得税,以人民币计算。企业所得以人民币以外的货币计算的,应当折合成人民币计算并缴纳税款。应纳税所得额。

企业以外币计算并预缴企业所得税时,应当按照月度或者季度最后1日的人民币汇率中间价,折合成人民币计算应纳税所得额。

年度终了汇算清缴时,对已经按照月度或者季度预缴税款的,不再重新折合计算,只就该纳税年度内未缴纳企业所得税的部分,按照纳税年度最后1日的人民币汇率中间价,折合成人民币计算应纳税所得额。

【导学案例解析】

应纳税所得额＝收入总额－不征税收入－免税收入－各项扣除－允许弥补的以前年度亏损＝150－0－0－(130－0.5－2.5－2)－8＝17(万元)

应纳企业所得税税额＝17×25％＝4.25(万元)

第六章 个人所得税法

【本章学习目标】

掌握个人所得税的纳税人、征收范围的确定,应纳税所得额的确定的计算方法。

理解个人所得税的纳税申报与纳税期限。

了解个人所得税的税收优惠。

【引导案例】

中国居民刘某在境内企业任职,2022年1—12月每月应从其任职企业取得工资、薪金收入18 000元,无免税收入;任职企业每月按有关规定为其代缴"三险一金"2600元,从1月开始享受子女教育和赡养老人专项附加扣除合计3000元。另外,刘某2022年4月从甲公司取得劳务报酬收入3000元,从乙公司取得稿酬收入2000元;7月从丙公司取得劳务报酬收入30 000元,从丁公司特许权使用费收入2000元。已知当年取得四项所得时已被支付方足额预扣预缴税款合计11 128元,没有大病医疗和减免收入及减免税额等情况,请依据法律规定,为刘某进行综合所得个人所得税的汇算清缴。

第一节 个人所得税概述

一、个人所得税和个人所得税法的概念

(一)个人所得税的概念

个人所得税是以个人(自然人)取得的各项应税所得为对象征收的一种税。

作为征税对象的个人所得,有狭义和广义两种之分。狭义的个人所得,仅限于每年经常、反复发生的所得。广义的个人所得,是指个人在一定期间内,通过各种来源或方式所获得的一切利益:无论是偶然的,还是临时的;是货币的,还是实物的。目前,我国实行的个人所得税,是以广义的个人所得概念为基础。

(二)个人所得税法的概念

1980年9月10日,第五届全国人民代表大会第三次会议通过《中华人民共和国个人所得税法》(以下简称《个人所得税法》)当日公布施行。从1993年至2011年9年间,我国《个人所得税法》经历七次修正。《个人所得税法》的修改,是我国个人所得税制的重大改

革。它标志着《个人所得税法》朝着科学化、规范化和国际化的方向迈进了一大步,基本与国际惯例接轨。

《中华人民共和国个人所得税法实施条例》(以下简称《个人所得税法实施条例》)于1994年1月28日由国务院发布实施,历经四次修改。

个人所得税法,在我国有广义和狭义两种解释。广义的个人所得税法是指调整征税机关与自然人(居民个人、非居民个人)之间在个人所得税的征纳与管理过程中所发生的社会关系的法律规范的总称。它既包括《个人所得税法》,也包括其他与个人所得税有关的法律规范,如《税收征管法》《个人所得税法实施条例》、国家税务总局的有关行政解释。狭义的个人所得税法,就是调整个人所得税征纳关系的基本法,即《个人所得税法》。简言之,个人所得税法,就是有关个人所得税的法律规定。

小贴士

财政部、国家税务总局2021年12月31日发布公告,进一步明确全年一次性奖金单独计税、上市公司股权激励单独计税等多项税收优惠政策继续执行。

根据最新政策规定,2022—2023年,居民个人取得的全年一次性奖金,可继续选择适用单独计税的优惠政策,不并入综合所得纳税。

2021—2023年,纳税人取得已依法预扣预缴个人所得税的综合所得,年收入不超过12万元且需要汇算清缴补税的,或者年度汇算清缴补税金额不超过400元的,可免予办理汇算清缴。

上市公司股权激励单独计税优惠政策,执行期限延长至2022年12月31日。

国家根据纳税人需求和现实情况变化,对原有过渡期税收优惠作出延续安排,体现了实事求是的科学态度,是保障和改善民生的积极作为,将有效增强纳税人的获得感和幸福感。

二、个人所得税的特点

1. 实行分类征收

我国现行个人所得税采用的是分类所得分类征收,即将个人取得的各种所得划分为9类,分别适用不同的费用减除规定、不同的税率和不同的计税方法。实行分类课征制度,可以广泛采用扣缴税款办法,加强源泉管控,简化纳税手续,方便征纳双方。

2. 在费用扣除上定额与定率并用

居民个人的综合所得以每一纳税年度的收入额减除费用6万元以及专项扣除、专项附加扣除和依法确定的其他扣除后的余额,为应纳税所得额。非居民个人取得工资、薪金所得,以每月收入额减除费用5000元以后的余额为应纳税所得额;取得劳务报酬所得、稿酬所得和特许权使用费所得,以每次收入减除20%的费用以后的余额为应纳税所得额。

3. 累进税率与比例税率并用

分类所得一般采用比例税率，综合所得采用累进税率。比例税率计算简便，便于实行代扣代缴；累进税率可以合理调节收入，调节分配，体现公平。我国现行个人所得税根据各类个人所得的不同性质和特点，将这两种形式的税率运用于个人所得税。如：对居民综合所得，经营所得，采用累进税率。对利息、股息和红利所得，采用比例税率。

4. 采用自行申报与代扣代缴两种方法

我国个人所得税法规定，对纳税人的应纳税额分别采取由支付单位代扣代缴和纳税人自行申报两种方法。对凡是可以在应税所得的支付环节扣缴个人所得税的，均由扣缴义务人履行代扣代缴义务。

对于法律规定的特殊情况，纳税人应当依法办理纳税申报。如：取得应税所得没有扣缴义务人；因移居境外注销中国户籍等。

第二节　个人所得税纳税人、征收范围和应纳税所得额的确定

一、纳税人

个人所得税的纳税人，是指在中国境内有住所，或者无住所而在境内居住满一年的个人，以及无住所又不居住或居住不满一年但从中国境内取得所得的个人，包括中国公民、个体工商户、外籍个人、香港、澳门、台湾同胞等。

按照国际上通用的方法，根据纳税人的住所和在中国境内居住的时间，分为居民纳税人和非居民纳税人。

（一）居民纳税人

根据《个人所得税法》第1条的规定，在中国境内有住所，或者无住所而一个纳税年度内在中国境内居住累计满183天的个人，为居民个人。居民个人从中国境内和境外取得的所得，依照《个人所得税法》规定缴纳个人所得税。其纳税年度自公历1月1日至12月31日止。

在中国境内有住所，是指因户籍、家庭、经济利益关系而在中国境内习惯性居住。从中国境内和境外取得的所得，分别是指来源于中国境内的所得和来源于中国境外的所得。

习惯性居住，是判定纳税义务人是居民或非居民的一个法律意义上的标准，不是指实际居住或在某一个特定时期内的居住地。如因学习、工作、探亲、旅游等而在中国境外居住的，在其原因消除之后，必须回到中国境内居住的个人，则中国即为该纳税人习惯性居住地。

在境内居住满一年，是指在一个纳税年度中在中国境内居住365日。临时离境的，

不扣减日数。临时离境,是指在一个纳税年度中一次不超过30日或者多次累计不超过90日的离境。

除国务院财政、税务主管部门另有规定外,下列所得,不论支付地点是否在中国境内,均为来源于中国境内的所得:(1)因任职、受雇、履约等在中国境内提供劳务取得的所得;(2)将财产出租给承租人在中国境内使用而取得的所得;(3)许可各种特许权在中国境内使用而取得的所得;(4)转让中国境内的不动产等财产或者在中国境内转让其他财产取得的所得;(5)从中国境内企业、事业单位、其他组织以及居民个人取得的利息、股息、红利所得。

(二)非居民纳税人

在中国境内无住所又不居住,或者无住所而一个纳税年度内在中国境内居住累计不满183天的个人,为非居民个人。非居民个人从中国境内取得的所得,依照《个人所得税法》规定缴纳个人所得税。

在中国境内无住所的个人,在中国境内居住累计满183天的年度连续不满6年的,经向主管税务机关备案,其来源于中国境外且由境外单位或者个人支付的所得,免予缴纳个人所得税;在中国境内居住累计满183天的任一年度中有一次离境超过30天的,其在中国境内居住累计满183天的年度的连续年限重新起算。

在中国境内无住所的个人,在一个纳税年度内在中国境内居住累计不超过90天的,其来源于中国境内的所得,由境外雇主支付并且不由该雇主在中国境内的机构、场所负担的部分,免予缴纳个人所得税。如某国外工程师通过互联网将个人设计的项目转让给中国境内的某企业,中国企业支付设计使用费。此时,这位外国工程师就其来源于中国境内的设计使用费在中国缴纳个人所得税。

二、征税项目

个人所得税的征税范围包括个人取得各项应税所得,《个人所得税法》设有9个征税项目,即工资、薪金所得,劳务报酬所得,稿酬所得,特许权使用费所得,经营所得,利息、股息、红利所得,财产租赁所得,财产转让所得和偶然所得。

目前,中国的个人所得税收入主要来自居民个人取得的工资、薪金所得,财产转让所得,利息、股息、红利所得,经营所得和劳务报酬所得。

三、综合所得

(一)征税范围

1.工资、薪金所得

(1)征税范围的一般规定。

工资、薪金所得，是指个人因任职或者受雇取得的工资、薪金、奖金、年终加薪、劳动分红、津贴、补贴以及与任职或者受雇有关的其他所得。

工资、薪金所得是个人从事非独立劳动，从所在单位（雇主）领取的报酬，存在雇佣与被雇佣关系，即在机关、团体、学校、部队、企事业单位及其他组织中任职、受雇而得到的报酬。

下列项目不属于工资、薪金性质的补贴、津贴，不予征收个人所得税：①独生子女补贴；②执行公务员工资制度未纳入基本工资总额的补贴、津贴差额和家属成员的副食品补贴；③托儿补助费；④差旅费津贴、误餐补助。误餐补助，是指按照财政部规定，个人因公在城区、郊区工作，不能在工作单位或返回就餐的，根据实际误餐顿数，按规定的标准领取的误餐费。单位以误餐补助名义发给职工的补助、津贴不包括在内。

(2)征税范围的特殊规定。

①实行内部退养的个人在其办理内部退养手续后至法定离退休年龄之间从原任职单位取得的工资、薪金，不属于离退休工资，应按工资、薪金所得项目计征个人所得税。

个人在办理内部退养手续后从原任职单位取得的一次性收入，应按办理内部退养手续后至法定离退休年龄之间的所属月份进行平均，并与领取当月的"工资、薪金所得"合并后减除当月费用扣除标准，以余额为基数确定适用税率，再将当月工资、薪金所得的一次性收入，减去费用扣除标准，按适用税率计征个人所得税。

个人在办理内部退养手续后至法定离退休年龄之间重新就业取得的"工资、薪金所得"，应与其从原任职单位取得的同一月份的"工资、薪金所得"合并，并依法自行向主管税务机关申报缴纳个人所得税。

②退休人员再任职取得的收入征收问题，退休人员再任职取得的收入，符合相关条件的，在减除按税法规定的费用扣除标准后，按"工资、薪金所得"项目缴纳个人所得税。

③离退休人员从原任职单位取得补贴等征税问题。离退休人员除按规定领取离退休工资或养老金外，另从原任职单位取得的各类补贴、奖金、实物，不属于免税的退休工资、离休工资、离休生活补助费，应按"工资、薪金所得"项目缴纳个人所得税。

④企事业单位和个人超过规定的比例和标准缴付的基本养老保险费、基本医疗保险费和失业保险费，应将超过部分并入个人当期的工资、薪金收入，计征个人所得税。

单位和个人分别在不超过职工本人上一年度月平均工资12%的幅度内，其实际缴存的住房公积金，允许在个人应纳税所得额中扣除。单位和职工个人缴存住房公积金的月平均工资不得超过职工工作地所在县级城市上一年度职工月平均工资的3倍。单位和个人超过上述规定比例和标准缴付的住房公积金，应将超过部分并入个人当期的工资、薪金收入，计征个人所得税。

⑤关于保险金征税问题。企业为员工支付各项免税之外的保险金，应在企业向保险公司缴付时（即该保险落到被保险人的保险账户）并入员工当期的工资收入，按"工资、薪金所得"项目计征个人所得税，税款由企业负责代扣代缴。

⑥个人取得公务交通、通信补贴收入征税问题。个人因公务用车和通信制度改革而取得的公务用车、通信补贴收入,扣除一定标准的公务费用后,按照"工资、薪金所得"项目计征个人所得税。按月发放的,并入当月"工资、薪金所得"计征个人所得税;不按月发放的,分解到所属月份并与该月份"工资、薪金所得"合并后计征个人所得税。

⑦兼职律师从律师事务所取得工资、薪金性质的所得征税问题。兼职律师从律师事务所取得工资、薪金性质的所得,律师事务所在代扣代缴其个人所得税时,不再减除个人所得税法规定的费用扣除标准,以收入全额(取得分成收入的为扣除办理案件支出费用后的余额)直接确定适用税率,计算扣缴个人所得税。兼职律师应于次月15日内自行向主管税务机关申报两处或两处以上取得的工资、薪金所得,合并计算缴纳个人所得税。兼职律师,是指取得律师资格和律师执业证书,不脱离本职工作从事律师职业的人员。

⑧依法批准设立的非营利性研究开发机构和高等学校根据《中华人民共和国促进科技成果转化法》规定,从职务科技成果转化收入中给予科技人员的现金奖励,可减按50%计入科技人员当月"工资、薪金所得",依法缴纳个人所得税。

⑨演员从其所属单位领取工资,教师从学校领取工资,属于"工资、薪金所得"。

2. 劳务报酬所得

(1)征收范围的一般规定。

劳务报酬所得,是指个人从事劳务取得的所得,包括从事设计、装潢、安装、制图、化验、测试、医疗、法律、会计、咨询、讲学、翻译、审稿、书画、雕刻、影视、录音、录像、演出、表演、广告、展览、技术服务、介绍服务、经纪服务、代办服务以及其他劳务取得的所得。

(2)征收范围的特殊规定。

个人由于担任董事职务所取得的董事费收入,属于劳务报酬所得性质,按照劳务报酬所得项目征收个人所得税。

①个人兼职取得的收入应按照"工资、薪金所得"项目缴纳个人所得税。

②律师以个人名义再聘请其他人员为其工作而支付的报酬,应由该律师按"工资、薪金所得"项目负责代扣代缴个人所得税。

③保险营销员、证券经纪人取得的佣金收入,属于劳务报酬所得,以不含增值税的收入减除20%的费用后的余额为收入额,收入额减去展业成本以及附加税费后,并入当年综合所得,计算缴纳个人所得税。保险营销员、证券经纪人展业成本按照收入额的25%计算。扣缴义务人向保险营销员、证券经纪人支付佣金收入时,应按照《个人所得税扣缴申报管理办法(试行)》(国家税务总局公告2018年第61号)规定的累计预扣法计算预扣税款。

④演员"走穴"演出取得的报酬,教师自行举办学习班、培训班等取得的收入,属于"劳务报酬所得"或者"经营所得"。

> **小贴士**
>
> 是否存在雇佣与被雇佣关系,是判断一种收入属于劳务报酬所得,还是属于工资、薪金所得的重要标准。
>
> 劳务报酬所得是个人独立从事某种技艺,独立提供某种劳务而取得的所得;工资、薪金所得则是个人从事非独立劳动,从所在单位领取的报酬。后者存在雇佣与被雇佣的关系,前者则不存在这种关系。

3. 稿酬所得

稿酬所得,是指个人因其作品以图书、报刊等形式出版、发表而取得的所得。这里所说的作品,包括文学作品、书画作品、摄影作品以及其他作品。

作者去世后,财产继承人取得的遗作稿酬,也应征收个人所得税。

4. 特许权使用费所得

特许权使用费所得是指个人提供专利权、商标权、著作权、非专利技术以及其他特许权的使用权取得的所得;提供著作权的使用权取得的所得,不包括稿酬所得。

(1)我国法律规定,提供著作权的使用权取得的所得,不包括稿酬所得,对于作者将自己的文字作品手稿原件或复印件公开拍卖(竞价)取得的所得,属于提供著作权的使用所得,故应按"特许权使用费所得"项目征收个人所得税。

(2)个人取得特许权的经济赔偿收入,应按"特许权使用费所得"项目缴纳个人所得税,税款由支付赔偿的单位或个人代扣代缴。

(3)从2002年5月1日起,编剧从电视剧的制作单位取得的剧本使用费,不再区分剧本的使用方是否为其任职单位,统一按"特许权使用费所得"项目计征个人所得税。

> **小贴士**
>
> **3岁以下婴幼儿照护个人所得税专项附加扣除**
>
> 国务院《关于设立3岁以下婴幼儿照护个人所得税专项附加扣除的通知》(国发〔2022〕8号)明确规定:(1)纳税人照护3岁以下婴幼儿子女的相关支出,按照每个婴幼儿每月1000元的标准定额扣除。(2)父母可以选择由其中一方按扣除标准的100%扣除,也可以选择由双方分别按扣除标准的50%扣除,具体扣除方式在一个纳税年度内不能变更。(3)3岁以下婴幼儿照护个人所得税专项附加扣除涉及的保障措施和其他事项,参照《个人所得税专项附加扣除暂行办法》有关规定执行。(4)3岁以下婴幼儿照护个人所得税专项附加扣除自2022年1月1日起实施。

(二)应纳税所得额的确定

1. 居民个人的综合所得

居民个人的综合所得,以每一纳税年度的收入额减除费用6万元以及专项扣除、专项附加扣除和依法确定的其他扣除后的余额,为应纳税所得额。

综合所得,包括工资、薪金所得,劳务报酬所得,稿酬所得,特许权使用费所得4项。劳务报酬所得、稿酬所得、特许权使用费所得以收入减除20%的费用后的余额为收入额;稿酬所得的收入额按70%计算。

(1)专项扣除,包括居民个人按照国家规定的范围和标准缴纳的基本养老保险、基本医疗保险、失业保险等社会保险费和住房公积金等。

(2)专项附加扣除,是指个人所得税法规定的子女教育、继续教育、大病医疗、住房贷款利息、住房租金和赡养老人6项专项附加扣除。

①子女教育专项附加扣除。纳税人的子女接受全日制学历教育的相关支出,按照每个子女每年12 000元(每月1000元)的标准定额扣除。学历教育包括义务教育(小学、初中教育)、高中阶段教育(普通高中、中等职业、技工教育)、高等教育(大学专科、大学本科、硕士研究生、博士研究生教育)。学前教育包括年满3岁至小学入学前处于学前教育阶段的子女。父母可以选择由其中一方按扣除标准的100%扣除,也可以选择由双方分别按扣除标准的50%扣除,具体扣除方式在一个纳税年度内不能变更。

②继续教育专项附加扣除。纳税人在中国境内接受学历(学位)继续教育的支出,在学历(学位)教育期间按照每年4800(每月400元)定额扣除。同一学历(学位)继续教育的扣除期限不超过48个月。纳税人接受技能人员职业资格继续教育、专业技术人员职业资格继续教育的支出,在取得相关证书的当年按照3600元定额扣除。个人接受本科及以下学历(学位)继续教育,符合本办法规定扣除条件的,可以选择由其父母扣除,也可以选择由本人扣除。

③大病医疗专项附加扣除。在一个纳税年度内,纳税人发生的与基本医保相关的医药费用支出,扣除医保报销后个人负担(指医保目录范围内的自付部分)累计超过15 000元的部分,由纳税人在办理年度汇算清缴时,在80 000元限额内据实扣除。纳税人发生的医药费用支出可以选择由本人或者其配偶扣除;未成年子女发生的医药费用支出可以选择由其父母一方扣除。纳税人及其配偶、未成年子女发生的医药费用支出,按上述规定分别计算扣除额。

④住房贷款利息专项附加扣除。纳税人本人或者配偶单独或者共同使用商业银行或者住房公积金个人住房贷款为本人或者其配偶购买中国境内住房,发生的首套住房贷款利息支出,在实际发生贷款利息的年度,按照每月1000元的标准定额扣除,扣除期限最长不超过240个月。纳税人只能享受一次首套住房贷款的利息扣除。经夫妻双方约定,可以选择由其中一方扣除,具体扣除方式在一个纳税年度内不能变更。夫妻双方婚前分别购买住房发生的首套住房贷款,其贷款利息支出,婚后可以选择其中一套购买的住房,由购买方按扣除标准的100%扣除,也可以由夫妻双方对各自购买的住房分别按扣除标准的50%扣除,具体扣除方式在一个纳税年度内不能变更。

首套住房贷款,是指购买住房享受首套住房贷款利率的住房贷款。

⑤住房租金专项附加扣除。纳税人在主要工作城市没有自有住房而发生的住房租金支出,现按照以下标准扣除:直辖市、省会(首府)城市、计划单列市以及国务院确定的其他城市,扣除标准为每月1500元。除前项所列城市以外,市辖区户籍人口超过100万的城市,扣除标准为每月1100元;市辖区户籍人口不超过100万的城市,扣除标准为每月800元。

纳税人的配偶在纳税人的主要工作城市有自有住房的,视同纳税人在主要工作城市有自有住房。夫妻双方主要工作城市相同的,只能由一方扣除住房租金支出。住房租金支出由签订租赁住房合同的承租人扣除。纳税人及其配偶在一个纳税年度内不能同时分别享受住房贷款利息和住房租金专项附加扣除。

主要工作城市,是指纳税人任职受雇的直辖市、计划单列市、副省级城市、地级市(地区、州、盟)全部行政区域范围;纳税人无任职受雇单位的,为受理其综合所得汇算清缴的税务机关所在城市。

⑥赡养老人专项附加扣除。纳税人为独生子女的,按照每月2000元的标准定额扣除;纳税人为非独生子女的,由其与兄弟姐妹分摊每月2000元的扣除额度,每人分摊的额度不能超过每月1000元。可以由赡养人均摊或者约定分摊,也可以由被赡养人指定分摊。约定或者指定分摊的须签订书面分摊协议,指定分摊优先于约定分摊。具体分摊方式和额度在一个纳税年度内不能变更。被赡养人,是指年满60岁(含)的父母,以及子女均已去世的年满60岁的祖父母、外祖父母。

(3)其他扣除。

包括:①公益性捐赠。个人将其所得对教育、扶贫、济困等公益慈善事业进行捐赠,捐赠额未超过纳税人申报的应纳税所得额30%的部分,可以从其应纳税所得额中扣除;国务院规定对公益慈善事业捐赠实行全额税前扣除的,从其规定。

②商业健康保险。对个人购买符合规定的商业健康保险产品的支出,允许在当年(月)计算应纳税所得额时予以税前扣除,扣除限额为2400元/年(200元/月)。单位统一为员工购买符合规定的商业健康保险产品的支出,应分别计入员工个人工资薪金,视同个人购买,按上述限额予以扣除。

③税收递延型商业养老保险的养老金收入。领取的税收递延型商业养老保险的养老金收入,其中25%部分予以免税,其余75%部分按照10%的比例税率计算缴纳个人所得税,税款计入"工资、薪金所得"项目。

2. 非居民个人的综合所得

非居民个人的工资、薪金所得,以每月收入额减除费用5000元后的余额为应纳税所得额;劳务报酬所得、稿酬所得、特许权使用费所得,以每次收入额为应纳税所得额。

非居民个人取得的劳务报酬所得、稿酬所得、特许权使用费所得,属于一次性收入的,以取得该项收入为一次;属于同一项目连续性收入的,以一个月内取得的收入为一次。

个人取得的所得,难以界定应纳税所得项目的,由税务机关确定。居民个人的综合所得,按纳税年度合并计算个人所得税;非居民个人的综合所得,按月或者按次分项计算个人所得税。

四、经营所得

(一) 征税范围

(1) 个体工商户从事生产、经营活动取得的所得,个人独资企业投资人、合伙企业的个人合伙人来源于境内注册的个人独资企业、合伙企业生产、经营的所得;
(2) 个人依法从事办学、医疗、咨询以及其他有偿服务活动取得的所得;
(3) 个人对企业、事业单位承包经营、承租经营以及转包、转租取得的所得;
(4) 个人从事其他生产、经营活动取得的所得。

(二) 应纳税所得额的确定

经营所得,以每一纳税年度的收入总额减除成本、费用以及损失后的余额,为应纳税所得额。

1. 基本规定

个体工商户业主、个人独资企业投资者、合伙企业个人合伙人以及从事其他生产、经营活动的个人,以其每一纳税年度来源于个体工商户、个人独资企业、合伙企业以及其他生产、经营活动的所得,减除费用6万元、专项扣除、专项附加扣除以及依法确定的其他扣除后的余额,为应纳税所得额。其中,专项附加扣除在办理汇算清缴时减除。

个体工商户、个人独资企业、合伙企业以及个人从事其他生产、经营活动,未提供完整、准确的纳税资料,不能正确计算应纳税所得额的,由税务机关核定其应纳税所得额。

2. 个体工商户的生产、经营所得应纳税所得额的确定

个体工商户的生产、经营所得,以每一纳税年度的收入总额,减除成本、费用、税金、损失、其他支出以及允许弥补的以前年度亏损后的余额,为应纳税所得额。

(1) 基本构成。

成本,是指个体工商户在生产经营活动中发生的销售成本、销货成本、业务支出以及其他耗费;费用,是指个体工商户在生产经营中发生的销售费用、管理费用、财务费用,已经计入成本的有关费用除外;税金,是指个体工商户在生产经营活动中发生的除个人所得税和允许抵扣的增值税以外的各项税金及其附加;损失,是指个体工商户在生产经营活动中发生的固定资产和存货的盘亏、毁损、报废损失、转让财产损失、坏账损失、自然灾害等不可抗力因素造成的损失以及其他损失。

其他支出,是指除成本、费用、税金、损失外,个体工商户在生产经营活动中发生的与生产经营活动有关的、合理的支出;允许弥补的以前年度亏损,是指个体工商户依照法律规定计算的应纳税所得额小于零的数额。

个体工商户已经作为损失处理的资产,在以后纳税年度又全部收回或者部分收回时,应当计入收回当期的收入。

(2)扣除标准。

①个体工商户下列支出不得扣除:个人所得税税款;税收滞纳金;罚金、罚款和被没收财物的损失;不符合扣除规定的捐赠支出;赞助支出;用于个人和家庭的支出;与取得生产经营收入无关的其他支出;国家税务总局规定不准扣除的支出。

②个体工商户生产经营活动中,应当分别核算生产经营费用和个人、家庭费用。对于生产经营与个人、家庭生活混用难以分清的费用,其40%视为与生产经营有关的费用,准予扣除。

③个体工商户实际支付给从业人员的、合理的工资薪金支出,准予扣除。个体工商户业主的工资薪金支出不得税前扣除。

④个体工商户向当地工会组织拨缴的工会经费、实际发生的职工福利费支出、职工教育经费支出分别在工资薪金总额的2%、14%、2.5%的标准内据实扣除。工资薪金总额是指允许在当期税前扣除的工资薪金支出数额。职工教育经费的实际发生数额超出规定比例当期不能扣除的数额,准予在以后纳税年度结转扣除。个体工商户业主本人向当地工会组织缴纳的工会经费、实际发生的职工福利费支出、职工教育经费支出,以当地(地级市)上年度社会平均工资的3倍为计算基数,在前述第一款规定比例内据实扣除。

⑤个体工商户发生的与生产经营活动有关的业务招待费,按照实际发生额的60%扣除,但最高不得超过当年销售(营业)收入的5‰。业主自申请营业执照之日起至开始生产经营之日止所发生的业务招待费,按照实际发生额的60%计入个体工商户的开办费。

⑥个体工商户每一纳税年度发生的与其生产经营活动直接相关的广告费和业务宣传费不超过当年销售(营业)收入15%的部分,可以据实扣除;超过部分,准予在以后纳税年度结转扣除。

⑦个体工商户通过公益性社会团体或者县级以上人民政府及其部门,用于《中华人民共和国公益事业捐赠法》规定的公益事业的捐赠,捐赠额不超过其应纳税所得额30%的部分可以据实扣除。财政部、国家税务总局规定可以全额在税前扣除的捐赠支出项目,按有关规定执行。个体工商户直接对受益人的捐赠不得扣除。

⑧个体工商户按照国务院有关主管部门或者省级人民政府规定的范围和标准为其业主和从业人员缴纳的基本养老保险费、基本医疗保险费、失业保险费、生育保险费、工伤保险费和住房公积金,准予扣除。个体工商户为从业人员缴纳的补充养老保险费、补充医疗保险费,分别在不超过从业人员工资总额5%标准内的部分据实扣除;超过部分,不得扣除。个体工商户业主本人缴纳的补充养老保险费、补充医疗保险费,以当地(地级市)上年度社会平均工资的3倍为计算基数,分别在不超过该计算基数5%标准内的部分据实扣除;超过部分,不得扣除。除个体工商户依照国家有关规定为特殊工种从业人员支付的人身安全保险费和财政部、国家税务总局规定可以扣除的其他商业保险费外,个体工商户业主本人或者为从业人员支付的商业保险费,不得扣除。

⑨个体工商户在生产经营活动中发生的下列利息支出,准予扣除:向金融企业借款的利息支出;向非金融企业和个人借款的利息支出,不超过按照金融企业同期同类贷款利率计算的数额的部分。

⑩个体工商户按照规定缴纳的摊位费、行政性收费、协会会费等,按实际发生数额扣除。

⑪个体工商户发生的合理的劳动保护支出,准予扣除。

⑫个体工商户自申请营业执照之日起至开始生产经营之日止所发生符合本办法规定的费用,除为取得固定资产、无形资产的支出,以及应计入资产价值的汇兑损益、利息支出外,作为开办费,个体工商户可以选择在开始生产经营的当年一次性扣除,也可自生产经营月份起在不短于3年期限内摊销扣除,但一经选定,不得改变。开始生产经营之日为个体工商户取得第一笔销售(营业)收入的日期。

⑬个体工商户研究开发新产品、新技术、新工艺所发生的开发费用,以及研究开发新产品、新技术而购置单台价值在10万元以下的测试仪器和试验性装置的购置费准予直接扣除;单台价值在10万元以上(含10万元)的测试仪器和试验性装置,按固定资产管理,不得在当期直接扣除。

⑭个体工商户纳税年度发生的亏损,准予向以后年度结转,用以后年度的生产经营所得弥补,但结转年限最长不得超过5年。投资者兴办的两个或两个以上企业的,企业的年度经营亏损不能跨企业弥补。

3. 个人独资企业、合伙企业的生产、经营所得应纳税所得额的确定

(1)应纳税所得额的确定。

个人独资企业的投资者以全部生产经营所得为应纳税所得额。生产经营所得,包括企业分配给投资者个人的所得和企业当年留存的所得。合伙企业的投资者按照合伙企业的全部生产经营所得和合伙企业协议约定的分配比例确定应纳税所得额;合伙协议没有约定分配比例的,以全部生产经营所得和合伙人数量平均计算每个投资者的应纳税所得额。个人独资企业和合伙企业的投资者以企业资金为本人、家庭成员以及相关人员支付与企业生产经营无关的消费性支出及购买汽车、住房等财产性支出,视为企业对个人投资者的利润分配,并入投资者个人的生产经营所得,依照个体工商户生产、经营所得征税。

(2)查账征收所得税的确定。

查账征收的个人独资企业和合伙企业的扣除项目比照《个体工商户个人所得税计税办法》的规定确定。查账征收下,企业计提的各项准备金不得扣除。

投资者兴办两个或两个以上企业的,根据前述规定准予扣除的个人费用,由投资者选择在其中一个企业的生产经营所得中扣除。企业与其关联企业之间的业务往来不按照独立企业之间的业务往来收取或者支付价款、费用而减少其应纳税所得额的,主管税务机关有权进行合理调整。

(3)核定征收所得税的规定。

核定征收方式,包括定额征收、核定应税所得率征收以及其他合理的征收方式。实行核定征税的投资者,不能享受个人所得税的优惠政策。

有下列情形之一的,主管税务机关应采取核定征收方式征收个人所得税:①企业依照国家有关规定应当设置但未设置账簿的;②企业虽设置账簿,但账目混乱或者成本资料、收入凭证、费用凭证残缺不全,难以查账的;③纳税人发生纳税义务,未按照规定的期限办理纳税申报,经税务机关责令限期申报,逾期仍不申报的。

五、利息、股息、红利所得

(一)征税范围

利息、股息、红利所得,是指个人拥有债权、股权等而取得的利息、股息、红利所得。其中,利息是指个人的存款利息、贷款利息和购买各种债券的利息。股息、股利是指个人拥有股权取得的公司、企业分红。按照一定的比率派发的每股息金,称为股息。根据公司、企业分配的超过股息部分的利润,按股派发的红股,称为红利。

(二)应纳税所得额的确定

利息、股息、红利所得,以每次收入额为应纳税所得额。

利息、股息、红利所得,以支付利息、股息、红利时取得的收入为一次。

股份制企业在分配股息、红利时,以股票形式向股东个人支付应得的股息、红利(即派发红股),应以派发红股的股票票面金额为收入额,按利息、股息、红利项目计征个人所得税。

(三)利息、股息、红利所得的特殊规定

1. 个人投资者收购企业股权后,将企业原有盈余积累转增股本个人所得税问题

一名或多名个人投资者以股权收购方式取得被收购企业100%股权,股权收购前,被收购企业原账面金额中的"资本公积、盈余公积、未分配利润"等盈余积累未转增股本,而在股权交易时将其一并计入股权转让价格并履行了所得税纳税义务。股权收购后,企业将原账面金额中的盈余积累向个人投资者(新股东,下同)转增股本,有关个人所得税问题区分以下情形处理:

(1)新股东以不低于净资产价格收购股权的,企业原盈余积累已全部计入股权交易价格,新股东取得盈余积累转增股本的部分,不征收个人所得税。

(2)新股东以低于净资产价格收购股权的,企业原盈余积累中,对于股权收购价格减去原股本的差额部分已经计入股权交易价格,新股东取得盈余积累转增股本的部分,不征收个人所得税;对于股权收购价格低于原所有者权益的差额部分未计入股权交易价格,新股东取得盈余积累转增股本的部分,应按照"利息、股息、红利所得"项目征收个人所得税。

(3)新股东以低于净资产价格收购企业股权后转增股本,应按照下列顺序进行,即:先转增应税的盈余积累部分,再转增免税的盈余积累部分。

2. 个人从公开发行和转让市场取得股票个人所得税问题

个人从公开发行和转让市场取得的上市公司股票,持股期限在1个月以内(含1个月)的,其股息红利所得全额计入应纳税所得额;持股期限在1个月以上至1年(含1年)的,暂减按50%计入应纳税所得额;持股期限超过1年的,暂减按25%计入应纳税所得额。上述所得统一适用20%的税率计征个人所得税。

对个人持有的上市公司限售股,解禁后取得的股息红利,按照上市公司股息红利差别化个人所得税政策规定计算纳税,持股时间自解禁日起计算;解禁前取得的股息红利继续暂减按50%计入应纳税所得额,适用20%的税率计征个人所得税。

3. 个人持有全国中小企业股份转让系统挂牌公司股票的个人所得税问题

自2019年7月1日起至2024年6月30日止,个人持有在全国中小企业股份转让系统挂牌公司的股票,持股期限在1个月以内(含1个月)的,其股息红利所得全额计入应纳税所得额;持股期限在1个月以上至1年(含1年)的,其股息红利所得暂减按50%计入应纳税所得额;上述所得统一适用20%的税率计征个人所得税。证券投资基金从挂牌公司取得的股息红利所得,按照前述规定计征个人所得税。

4. 房屋买受人未办理房屋产权证的个人所得税问题

房屋买受人在未办理房屋产权证的情况下,按照与房地产公司约定条件(如对房屋的占有、使用、收益和处分权进行限制)在一定时期后无条件退房而取得的补偿款,应按照"利息、股息、红利所得"项目缴纳个人所得税,税款由支付补偿款的房地产公司代扣代缴。

六、财产租赁所得

(一) 征税范围

财产租赁所得,是指个人出租不动产、机器设备、车船以及其他财产的所得。

(1)个人取得的房屋转租收入,属于"财产租赁所得"项目。取得转租收入的个人向出租方支付的租金,凭租赁合同和合法支付凭据允许从该转租收入中税前扣除。

(2)房地产开发企业与商店购买者个人签订协议,以优惠价格出售其商店给购买者个人,购买者个人在一定期限内必须将购买的商店无偿提供给房地产开发企业对外出租使用。该行为实质上是购买者个人以所购商店交由房地产开发企业出租而取得的房屋租赁收入支付了部分购房价款。根据《个人所得税法》的有关规定,对购买者个人少支出的购房价款,应视同个人财产租赁所得,按照"财产租赁所得"项目征收个人所得税。每次财产租赁所得的收入额,按照少支出的购房价款和协议规定的租赁月份数平均计算确定。

(二) 应纳税所得额的确定

财产租赁所得,每次收入不超过4000元的,减除费用800元;4000元以上的,减除20%的费用,其余额为应纳税所得额。

财产租赁所得,以一个月内取得的收入为一次。

七、财产转让所得

(一) 征税范围

财产转让所得,是指个人转让有价证券、股权、合伙企业中的财产份额、不动产、机器设备、车船以及其他财产的所得。

(1) 个人将投资于在中国境内成立的企业或组织(不包括个人独资企业和合伙企业)的股权或股份,转让给其他个人或法人的行为,按照"财产转让所得"项目,依法计算缴纳个人所得税,具体包括以下情形:①出售股权;②公司回购股权;③发行人首次公开发行新股时,被投资企业股东将其持有的股份以公开发行方式一并向投资者发售;④股权被司法机关或行政机关强制过户;⑤以股权对外投资或进行其他非货币性交易;⑥以股权抵偿债务;⑦其他股权转移行为。

(2) 个人因各种原因终止投资、联营、经营合作等行为,从被投资企业或合作项目、被投资企业的其他投资者以及合作项目的经营合作人取得股权转让收入、违约金、补偿金、赔偿金及以其他名目收回的款项等,均属于个人所得税应税收入,应按照"财产转让所得"项目适用的规定计算缴纳个人所得税。

(3) 个人以非货币性资产投资,属于个人转让非货币性资产和投资同时发生。对个人转让非货币性资产的所得,应按照"财产转让所得"项目,依法缴纳个人所得税。

(4) 纳税人收回转让的股权征收个人所得税的方法。股权转让合同履行完毕、股权已作变更登记,且所得已经实现的,转让人取得的股权转让收入应当依法缴纳个人所得税。转让行为结束后,当事人双方签订并执行解除原股权转让合同、退回股权的协议,是另一次股权转让行为,对前次转让行为征收的个人所得税款不予退回。股权转让合同未履行完毕,因执行仲裁委员会作出的解除股权转让合同及补充协议的裁决、停止执行原股权转让合同,并原价收回已转让股权的,纳税人不应缴纳个人所得税。

(5) 自 2010 年 1 月 1 日起,对个人转让限售股取得的所得,按照"财产转让所得",适用 20% 的比例税率征收个人所得税。

个人转让限售股,以每次限售股转让收入,减除股票原值和合理税费后的余额,为应纳税所得额。

$$应纳税所得额 = 限售股转让收入 - (限售股原值 + 合理税费)$$

$$应纳税额 = 应纳税所得额 \times 20\%$$

(6) 个人通过招标、竞拍或其他方式购置债权以后,通过相关司法或行政程序主张债权而取得的所得,应按照"财产转让所得"项目缴纳个人所得税。

(7) 个人通过网络收购玩家的虚拟货币,加价后向他人出售取得的收入,应按照"财产转让所得"项目计算缴纳个人所得税。

（二）应纳税所得额的确定

财产转让所得，以转让财产的收入额减除财产原值和合理费用后的余额，为应纳税所得额。

财产原值，包括以下财产形式。

(1)有价证券，为买入价以及买入时按照规定交纳的有关费用；

(2)建筑物，为建造费或者购进价格以及其他有关费用；

(3)土地使用权，为取得土地使用权所支付的金额、开发土地的费用以及其他有关费用；

(4)机器设备、车船，为购进价格、运输费、安装费以及其他有关费用；

(5)其他财产，参照以上方法确定。

纳税义务人未提供完整、准确的财产原值凭证，不能正确计算财产原值的，由主管税务机关核定其财产原值。

纳税义务人未提供完整、准确的财产原值凭证，不能正确计算财产原值的，由主管税务机关核定其财产原值。合理费用，是指卖出财产时按照规定支付的有关费用。

个人发生非货币性资产交换，以及将财产用于捐赠、偿债、赞助、投资等用途的，应当视同转让财产并缴纳个人所得税，但国务院财政、税务主管部门另有规定的除外。

八、偶然所得

（一）征税范围

偶然所得，是指个人得奖、中奖、中彩以及其他偶然性质的所得。得奖，是指参加各种有奖竞赛活动，取得名次得到的奖金；中奖、中彩是指参加各种有奖活动，如有奖储蓄，或者购买彩票，经过规定程序，抽中、摇中号码而取得的奖金。

(1)企业对累积消费达到一定额度的顾客，给予额外抽奖机会，个人的获奖所得，按照"偶然所得"项目，全额适用20%的税率缴纳个人所得税。

(2)个人取得单张有奖发票奖金所得超过800元的，应全额按照个人所得税法规定的"偶然所得"项目征收个人所得税。税务机关或者指定的有奖发票兑奖机构，是有奖发票奖金所得个人所得税的扣缴义务人。

（二）应纳税所得额的确定

偶然所得，以每次取得收入额为应纳税所得额。

九、其他费用扣除规定

1.捐赠的扣除规定

(1)个人将其所得对教育、扶贫、济困等公益慈善事业进行捐赠，捐赠额未超过纳税人申报的应纳税所得额30%的部分,可以从其应纳税所得额中扣除;国务院规定对公益慈善事业捐赠实行全额税前扣除的,从其规定。应纳税所得额,是指计算扣除捐赠额之前的应纳税所得额。

(2)个人通过非营利性的社会团体和国家机关向红十字会事业的捐赠,在计算缴纳个人所得税时,准予在税前的所得额中全额扣除。

(3)个人通过非营利性的社会团体和国家机关向农村义务教育的捐赠,在计算缴纳个人所得税时,准予在税前的所得额中全额扣除。农村义务教育范围是指政府和社会力量举办的农村乡镇(不含县和县级市政府所在地的镇)、村的小学和初中以及属于这一阶段的特殊教育学校。纳税人对农村义务教育与高中在一起的学校的捐赠,也享受所得税前全额扣除政策。

(4)个人通过非营利性的社会团体和国家机关对公益性青少年活动场所(其中包括新建)的捐赠,在计算缴纳个人所得税时,准予在税前的所得额中全额扣除。公益性青少年活动场所,是指专门为青少年学生提供科技、文化、德育、爱国主义教育、体育活动的青少年宫、青少年活动中心等校外活动的公益性场所。

(5)根据财政部、国家税务总局的有关规定,个人通过非营利性的社会团体和政府部门向福利性、非营利性老年服务机构捐赠,符合相关条件的,准予在税前的所得额中全额扣除。

(6)个人通过非营利性的社会团体和政府部门向福利性、非营利性的老年服务机构的捐赠、通过宋庆龄基金会等6家单位、中国医药卫生事业发展基金会、中国教育发展基金会、中国老龄事业发展基金会等8家单位,中华健康快车基金会等5家单位用于公益救济性的捐赠,符合相关条件的,准予在缴纳个人所得税税前全额扣除。

2. 商业健康保险的扣除规定

自2017年7月1日起,对个人购买符合规定的商业健康保险产品的支出,允许在当年(月)计算应纳税所得额时予以税前扣除,扣除限额为2400元/年(200元/月)。单位统一为员工购买符合规定的商业健康保险产品的支出,应分别计入员工个人工资薪金,视同个人购买,按上述限额予以扣除。2400元/年(200元/月)的限额扣除为个人所得税法规定减除费用标准之外的扣除。

适用商业健康保险税收优惠政策的纳税人,是指取得工资薪金所得、连续性劳务报酬所得的个人,以及取得个体工商户生产经营所得、对企事业单位的承包承租经营所得的个体工商户业主、个人独资企业投资者、合伙企业合伙人和承包承租经营者。

第三节 个人所得税的税收优惠

个人所得税的税收优惠是对纳税人的应税所得通过实行免征、减征或降低税率等方式,使纳税人依法减少应纳个人所得税。

一、免征个人所得税

下列各项个人所得,免征个人所得税。

(1)省级人民政府、国务院部委和中国人民解放军军以上单位,以及外国组织、国际组织颁发的科学、教育、技术、文化、卫生、体育、环境保护等方面的奖金。

(2)国债和国家发行的金融债券利息。

(3)按照国家统一规定发给的补贴、津贴。

(4)福利费、抚恤金、救济金。

(5)保险赔款。

(6)军人的转业费、复员费、退役金。

(7)按照国家统一规定发给干部、职工的安家费、退职费、基本养老金或者退休费、离休费、离休生活补助费。

(8)依照有关法律规定应予免税的各国驻华使馆、领事馆的外交代表、领事官员和其他人员的所得。

(9)中国政府参加的国际公约、签订的协议中规定免税的所得。

(10)国务院规定的其他免税所得。

二、减征个人所得税

下列各项个人所得,减征个人所得税。

(1)残疾、孤老人员和烈属的所得。

(2)因自然灾害遭受重大损失的。

三、暂免征收个人所得税

(1)个人举报、协查各种违法、犯罪行为而获得的奖金暂免征收个人所得税。个人办理代扣代缴税款手续,按规定取得的扣缴手续费暂免征收个人所得税。

(2)个人转让自用达5年以上并且是唯一的家庭居住用房取得的所得,暂免征收个人所得税。个人领取原提存的住房公积金、基本医疗保险金、基本养老保险金,以及失业保险金,暂免征收个人所得税。被拆迁人按照国家有关城镇房屋拆迁管理办法规定的标准取得的拆迁补偿款,免征个人所得税。

(3)对个人购买福利彩票、赈灾彩票、体育彩票,一次中奖收入在1万元以下的(含1万元)暂免征收个人所得税,超过1万元的,全额征收个人所得税。个人取得单张有奖发票奖金所得不超过800元(含800元)的,暂免征收个人所得税。

(4)自2008年10月9日(含)起,对个人储蓄存款利息所得暂免征收个人所得税。

(5)个人在上海、深圳证券交易所转让从上市公司公开发行和转让市场取得的股票,转让所得暂不征收个人所得税。自2015年9月8日起,个人从公开发行和转让市场取得的上市公司股票,持股期限超过1年的,股息红利所得暂免征收个人所得税。

(6)自2019年7月1日起至2024年6月30日,个人持有全国中小企业股份转让系统挂牌公司的股票,持股期限超过1年的,对股息红利所得暂免征收个人所得税。

(7)自2018年5月25日(含)起,以下情形的房屋产权无偿赠与的,对当事双方不征收个人所得税:①房屋产权所有人将房屋产权无偿赠与配偶、父母、子女、祖父母、外祖父母、孙子女、外孙子女、兄弟姐妹;②房屋产权所有人将房屋产权无偿赠与对其承担直接抚养或者赡养义务的抚养人或者赡养人;③房屋产权所有人死亡,依法取得房屋产权的法定继承人、遗嘱继承人或者受遗赠人。

(8)个体工商户、个人独资企业和合伙企业或个人从事种植业、养殖业、饲养业、捕捞业取得的所得,暂免征收个人所得税。

(9)达到离休、退休年龄,但确因工作需要,适当延长离休、退休年龄的高级专家(指享受国家发放的政府特殊津贴的专家、学者),其在延长离休、退休期间的工资、薪金所得,视同离休、退休工资免征个人所得税。

(10)企业对工伤职工及其近亲属按照《工伤保险条例》规定取得的工伤保险待遇,免征个人所得税。企业按照国家有关法律规定宣告破产,企业职工从破产企业取得的一次性安置费收入,免予征收个人所得税。

(11)企业在销售商品(产品)和提供服务过程中向个人赠送礼品,属于下列情形之一的,不征收个人所得税:①企业通过价格折扣、折让方式向个人销售商品(产品)和提供服务;②企业在向个人销售商品(产品)和提供服务的同时给予赠品,如通信企业对个人购买手机赠话费、入网费,或者购话费赠手机等;③企业对累积消费达到一定额度的个人按消费积分反馈礼品。

(12)企业和事业单位根据国家有关政策规定的办法和标准,为在本单位任职或者受雇的全体职工缴付的企业年金或职业年金单位缴费部分,在计入个人账户时,个人暂不缴纳个人所得税。个人根据国家有关政策规定缴付的年金个人缴费部分,在不超过本人缴费工资计税基数的4%标准内的部分,暂从个人当期的应纳税所得额中扣除。年金基金投资运营收益分配计入个人账户时,个人暂不缴纳个人所得税。

(13)外籍个人以非现金形式或实报实销形式取得的住房补贴、伙食补贴、搬迁费、洗衣费;外籍个人按合理标准取得的境内、外出差补贴;外籍个人取得的探亲费、语言训练费、子女教育费等,经当地税务机关审核批准为合理的部分;外籍个人从外商投资企业取得的股息、红利所得等,暂免征收个人所得税。

(14)对外籍个人取得的探亲费免征个人所得税。可以享受免征个人所得税优惠待遇的探亲费,仅限于外籍个人在我国的受雇地与其家庭所在地(包括配偶或父母居住地)之间搭乘交通工具且每年不超过两次的费用。

(15)凡符合下列条件之一的外籍专家取得的工资、薪金所得,可免征个人所得税:

①根据世界银行专项贷款协议由世界银行直接派往我国工作的外国专家;

②联合国组织直接派往我国工作的专家;

③为联合国援助项目来华工作的专家;

④援助国派往我国专为该国援助项目工作的专家;

⑤根据两国政府签订的文化交流项目来华工作两年以内的文教专家,其工资、薪金所得由该国负担的;

⑥根据我国大专院校国际交流项目来华工作两年以内的文教专家,其工资、薪金所得由该国负担的;

⑦通过民间科研协定来华工作的专家,其工资、薪金所得由该国政府机构负担的。

(16)2019年1月1日至2023年12月31日期间,外籍个人符合居民个人条件的,可以选择享受个人所得税专项附加扣除,也可以选择享受住房补贴、语言训练费、子女教育费等津补贴免税优惠政策,但不得同时享受。外籍个人一经选择,在一个纳税年度内不得变更。

第四节 个人所得税的计算方法

一、综合所得应纳税额的计算方法

(一)适用税率

综合所得适用3%～45%的超额累进税率。具体税率如表6-1所示。

表6-1 个人所得税税率表
(综合所得适用)一

级 数	全年应纳税所得额	税率(%)
1	不超过36 000元的	3
2	超过36 000元至144 000元的部分	10
3	超过144 000元至300 000元的部分	20
4	超过300 000元至420 000元的部分	25
5	超过420 000元至660 000元的部分	30
6	超过660 000元至960 000元的部分	35
7	超过960 000元的部分	45

注:①本表所称全年应纳税所得额是指依照法律规定,居民个人取得综合所得以每一纳税年度收入额减除费用6万元以及专项扣除、专项附加扣除和依法确定的其他扣除后的余额。②非居民个人取得工资、薪金所得,劳务报酬所得,稿酬所得和特许权使用费所得,依照本表按月换算后计算应纳税额。

（二）应纳税额的计算方法

1. 综合所得应纳税额的计算方法

综合所得应纳税额的计算公式为：

应纳税额＝应纳税所得额×税率－速算扣除数

＝（每一纳税年度的收入额－费用6万元－专项扣除－专项附加扣除－依法确定的其他扣除）×税率－速算扣除数

2. 预扣预缴个人所得税的计算

（1）工资、薪金所得预扣预缴个人所得税的计算：

本期应预扣预缴税额＝（累计预扣预缴应纳税所得额×预扣率－速算扣除数）－累计减免税额－累计已预扣预缴税额

其中：

累计预扣预缴应纳税所得额＝累计收入－累计免税收入－累计减除费用－累计专项扣除－累计专项附加扣除－累计依法确定的其他扣除

累计减除费用，按照5000元/月乘以纳税人当年截至本月在本单位的任职受雇月份数计算。自2020年7月1日起，对一个纳税年度内首次取得工资、薪金所得的居民个人，扣缴义务人在预扣预缴个人所得税时，可按照5000元/月乘以纳税人当年截至本月月份数计算累计减除费用。

上述公式预扣预缴的预扣率、速算扣除数如表6-2所示。

表6-2 个人所得税预扣率表
（居民个人工资、薪金所得预扣预缴适用）

级数	累计预扣预缴应纳税所得额	预扣率（%）	速算扣除数
1	不超过36 000元的部分	3	0
2	超过36 000元至144 000元的部分	10	2520
3	超过144 000元至300 000元的部分	20	16 920
4	超过300 000元至420 000元的部分	25	31 920
5	超过420 000元至660 000元的部分	30	52 920
6	超过660 000元至960 000元的部分	35	85 920
7	超过960 000元的部分	45	181 920

【随堂测验6-1】

职工胡某2022年1月、2月每月取得工资4万元；每月可以扣除费用5000元，基本养老保险费、基本医疗保险费、失业保险费（以下简称"三险"）、住房公积金和企业年金4000元，子女教育支出1000元，继续教育支出400元，住房贷款利息1000元，赡养老人支出 2000 元。计算上述收入预扣预缴个人所得税税额。

【解析】

(1) 1 月工资应预扣预缴税额：

预扣预缴应纳税所得额 = 40 000 − 5000 − 4000 − 1000 − 400 − 1000 − 2000
= 26 600(元)

应预扣预缴税额 = 26 600 × 3% = 798(元)

(2) 2 月工资应预扣预缴税额：

累计预扣预缴应纳税所得额 = 40 000 × 2 − 5000 × 2 − 4000 × 2 − 1000 × 2 − 400 × 2 − 1000 × 2 − 2000 × 2 = 53 200(元)

应预扣预缴税额 = 53 200 × 10% − 2520 − 798 = 2002(元)

(2) 劳务报酬所得预扣预缴个人所得税的计算。

劳务报酬所得应预扣预缴税额 = 预扣预缴应纳税所得额 × 预扣率 − 速算扣除数

其中，预扣预缴应纳税所得额为每次收入额。每次收入额又为收入减除费用后的余额：每次收入不超过 4000 元的，减除费用按 800 元计算；每次收入 4000 元以上的，减除费用按收入的 20% 计算。

上述公式预扣预缴税额的预扣率、速算扣除数如表 6-3 所示。

表 6-3　个人所得税预扣率表
（居民个人劳务报酬所得预扣预缴适用）

级　数	预扣预缴应纳税所得额	预扣率(%)	速算扣除数
1	不超过 20 000 元的	20	0
2	超过 20 000 元至 50 000 元的部分	30	2000
3	超过 50 000 元的部分	40	7000

【随堂测验 6-2】

演员岳某某一次演出取得劳务报酬 8 万元，计算其此项收入应预扣预缴个人所得税税额。

【解析】

预扣预缴应纳税所得额 = 80 000 − 80 000 × 20% = 64 000(元)

应预扣预缴税额 = 64 000 × 40% − 7000 = 18 600(元)

(3) 稿酬所得预扣预缴个人所得税的计算。

稿酬所得应预扣预缴税额 = 预扣预缴应纳税所得额 × 20%

其中，预扣预缴应纳税所得额为每次收入额。每次收入额又为收入减除费用后的余额：每次收入不超过 4000 元的，减除费用按 800 元计算；每次收入 4000 元以上的，减除费用按 20% 计算。与劳务报酬所得不同的是，稿酬所得的收入额减除费用后，减按 70% 计算,即减征 30%。

同样的,扣缴义务人向居民个人支付稿酬所得按次或者按月预扣预缴个人所得税。属于一次性收入的,以取得该项收入为一次;属于同一项目连续性收入的,以一个月内取得的收入为一次。

【随堂测验 6-3】

作家颜某一次取得稿酬 6 万元,计算其此项收入应预扣预缴个人所得税税额。

【解析】

预扣预缴应纳税所得额=(60 000−60 000×20%)×70%=51 600(元)

应预扣预缴税额=51 600×20%=10 320(元)

(4)特许权使用费预扣预缴个人所得税的计算。

特许权使用费所得应预扣预缴税额=预扣预缴应纳税所得额×20%

其中,预扣预缴应纳税所得额、收入额、预扣预缴方式等规定,同上述劳务报酬所得。

【随堂测验 6-4】

职员王某 2022 年取得工资、劳务报酬和稿酬 24 万元;可以扣除费用 6 万元,按规定允许扣除的"三险"、住房公积金和企业年金分别为其工资收入的 8%、2%、0.5%、12% 和 4%,还可以扣除子女教育支出 12 000 元(每个月 1000 元)、继续教育支出 4800 元(每个月 400 元)、住房贷款利息 12 000 元(每个月 1000 元)和赡养老人支出 24 000 元(每个月 2000 元);计算其上述收入应纳个人所得税税额。

【解析】

应纳税所得额=240 000−60 000−240 000×(8%+2%+0.5%+12%+4%)−12 000−4800−12 000−24 000=63 600(元)

应纳税额=63 600×10%−2520=3840(元)

3. 非居民个人综合所得个人所得税的扣缴

计算公式:

非居民个人工资、薪金所得,劳务报酬所得,稿酬所得,特许权使用费所得应纳税额=应纳税所得额×预扣率−速算扣除数

其中,非居民个人的工资、薪金所得,以每月收入额减除费用 5000 元后的余额为应纳税所得额;劳务报酬所得、稿酬所得、特许权使用费所得,以每次收入额为应纳税所得额。每次收入额又为收入减除 20% 的费用后的余额为收入额;稿酬所得的收入额同样需减按 70% 计算。

上述公式中的税率、速算扣除数如表 6-4 所示。

表 6-4　个人所得税税率表

（非居民个人工资、薪金所得，劳务报酬所得，稿酬所得，特许权使用费所得适用）

级　数	应纳税所得额	税率(%)	速算扣除数
1	不超过 3 000 元的	3	0
2	超过 3 000 元至 12 000 元的部分	10	210
3	超过 12 000 元至 25 000 元的部分	20	1 410
4	超过 25 000 元至 35 000 元的部分	25	2 660
5	超过 35 000 元至 55 000 元的部分	30	4 410
6	超过 55 000 元至 80 000 元的部分	35	7 160
7	超过 80 000 元的部分	45	15 160

【随堂测验 6-5】

非中国居民乔治 2022 年从中国取得一笔稿酬 10 万元，计算其此项收入应纳个人所得税税额。

【解析】

应纳税所得额 =（100 000 － 100 000 × 20%）× 70% = 56 000(元)

应纳税额 = 56 000 × 35% － 7 160 = 12 440(元)

4. 综合所得应纳税额计算的特殊规定

（1）个人办理提前退休首先而取得的一次性补贴收入，应按照办理提前退休手续至法定离退休年龄之间实际年度数平均分摊，确定适用税率和速算扣除数，单独适用综合所得税率表，计算纳税。计算公式如下：

应纳税额 = {[(一次性补贴收入 ÷ 办理提前退休手续至法定退休年龄的实际年度数) － 费用扣除标准] × 适用税率 － 速算扣除数} × 办理提前退休手续至法定退休年龄的实际年度数

（2）以下所得不并入当年综合所得。

①居民个人取得股票期权、股票增值权、限制性股票、股权奖励等股权激励（以下简称股权激励），符合规定的相关条件的，在 2021 年 12 月 31 日前，不并入当年综合所得，全额单独适用综合所得税率表，计算纳税。计算公式为：

应纳税额 = 股权激励收入 × 适用税率 － 速算扣除数

②单位按低于购置或建造成本价格出售住房给职工，职工因此而少支出的差价部分，符合相关规定的，不并入当年综合所得，以差价收入除以 12 个月得到的数额，按照月度税率表确定适用税率和速算扣除数，单独计算纳税。计算公式为：

应纳税额 = 职工实际支付的购房价款低于该房屋的购置或建造成本价格的差额 × 适用税率 － 速算扣除数

③居民个人取得全年一次性奖金,在2023年12月31日前,可以选择不并入当年综合所得,以全年一次性奖金收入除以12个月得到的数额,按照按月换算后的综合所得税率表(以下简称月度税率表),确定适用税率和速算扣除数,单独计算纳税。计算公式为:

$$应纳税额 = 全年一次性奖金收入 \times 适用税率 - 速算扣除数$$

居民个人取得全年一次性奖金,也可以选择并入当年综合所得计算纳税。

④个人与用人单位解除劳动关系取得一次性补偿收入(包括用人单位发放的经济补偿金、生活补助费和其他补助费),在当地上年职工平均工资3倍数额以内的部分,免征个人所得税;超过3倍数额的部分,不并入当年综合所得,单独适用综合所得税率表,计算纳税。

⑤个人达到国家规定的退休年龄,领取的企业年金、职业年金,符合相关规定的,不并入综合所得,全额单独计算应纳税款。其中按月领取的,适用月度税率表计算纳税;按季领取的,平均分摊计入各月,按每月领取额适用月度税率表计算纳税;按年领取的,适用综合所得税率表计算纳税。

个人因出境定居而一次性领取的年金个人账户资金,或个人死亡后,其指定的受益人或法定继承人一次性领取的年金个人账户余额,适用综合所得税率表计算纳税。对个人除上述特殊原因外一次性领取年金个人账户资金或余额的,适用月度税率表计算纳税。

对个人除上述特殊原因外一次性领取年金个人账户资金或余额的,适用月度税率表计算纳税。

【随堂测验6-6】

居民个人兰某2022年共取得工资144 000元,取得劳务报酬20 000元,取得稿酬5000元,转让专利使用权取得收入20 000元,符合条件的专项扣除和专项附加扣除共计62 400元。计算其2022年度应缴纳个人所得税税额。

【解析】

收入总额 = 144 000 + 20 000 × (1 − 20%) + 5000 × (1 − 20%) × 70% + 20 000 × (1 − 20%) = 178 800(元)

年应纳税所得额 = 178 800 − 60 000 − 62 400 = 56 400(元)

年应纳税所得税税额 = 56 400 × 10% − 2520 = 3120(元)

二、经营所得应纳税额的计算

(一)适用税率

经营所得适用5%~35%的超额累进税率。具体税率如表6-5所示。

表 6-5 个人所得税税率表
（经营所得适用）

级数	全年应纳税所得额	税率（%）	速算扣除数
1	不超过 30 000 元的	5	0
2	超过 30 000 元至 90 000 元的部分	10	1500
3	超过 90 000 元至 300 000 元的部分	20	10 500
4	超过 300 000 元至 500 000 元的部分	30	40 500
5	超过 500 000 元的部分	35	65 500

注：本表所称全年应纳税所得额是指依照法律规定，以每一纳税年度的收入总额减除成本、费用以及损失后的余额。

（二）应纳税额的计算

个体工商户的生产、经营所得应纳税所得额的计算公式为：

应纳税额＝应纳税所得额×税率－速算扣除数＝（收入总额－成本－费用－损失－税金－其他支出－允许弥补以前年度亏损）×税率－速算扣除数

对企事业单位的承包经营、承租经营所得应纳税额的计算公式为：

应纳税额＝应纳税所得额×适用税率－速算扣除数
　　　　＝（纳税年度收入总额－必要费用）×适用税率－速算扣除数

【随堂测验 6-7】

某个体工商户 2022 年取得经营收入 100 万元，发生与其经营相关的税金、成本和费用 70 万元（不包括法定可以扣除的业主的费用），可以按照规定扣除费用 6 万元、"三险" 18 000 元，专项附加扣除 52 800 元，计算其上述收入应纳个人所得税税额。

【解析】

应纳税所得额＝1 000 000－700 000－60 000－18 000－52 800＝169 200（元）

应纳税额＝169 200×20%－10 500＝23 340（元）

投资者兴办两个或两个以上企业，并且企业性质全部是个人独资的，年度终了后汇算清缴时，应纳税款的计算按以下方法进行：汇总其投资兴办的所有企业的经营所得作为应纳税所得额，以此确定适用税率，计算出全年经营所得的应纳税额，再根据每个企业的经营所得占所有企业经营所得的比例，分别计算出每个企业的应纳税额和应补缴税额。计算公式如下：

应纳税所得额＝$\sum$ 各个企业的经营所得应纳税额

　　　　　　＝应纳税所得额×税率－速算扣除数

本企业应纳税额＝应纳税额×本企业的经营所得/$\sum$ 各个企业的经营所得本企业应补缴的税额

＝本企业应纳税额－本企业预缴的税额

【随堂测验6-8】

杜某登记成立一家个人独资企业，2022年取得利润30万元，没有其他扣除。计算其应纳个人所得税税额。

【解析】

应纳税所得额为30万元。

应纳税额＝300 000×20％＝60 000(元)

【随堂测验6-9】

杜某、张某和李某共同出资，登记成立一家合伙企业，2022年取得利润60万元，没有其他扣除。按照上述三人合伙协议约定，经营成果根据各人出资的比例，即3∶2∶1的比例在3个人之间分配。据此，杜某、张某和李某分别分得利润30万元、20万元和10万元。计算上述三人各自应纳个人所得税税额。

【解析】

(1)杜某应纳税所得额为30万元；应纳税额＝300 000×20％＝60 000(元)

(2)张某应纳税所得额为20万元；应纳税额＝200 000×20％＝40 000(元)

(3)李某应纳税所得额为10万元；应纳税额＝100 000×20％＝20 000(元)

三、利息、股息、红利所得应纳税额的计算

（一）适用税率

利息、股息和红利所得没有扣除项目。适用比例税率，税率为20％。

（二）应纳税额的计算

利息、股息和红利所得应纳税额的计算公式为：

应纳税额＝应纳税所得额×适用税率＝每次收入额×适用税率

四、财产租赁所得应纳税额的计算

（一）适用税率

财产租赁所得，适用比例税率，税率为20％。

自2001年1月1日起，对个人出租住房取得的所得暂减按10％的税率征收个人所得税。

（二）应纳税额的计算

财产租赁所得应纳税额的计算公式如下。

1. 每次(月)收入不足 4000 元的

应纳税所得额=[每次(月)收入额-财产租赁过程中缴纳的税费-由纳税人负担的租赁财产实际开支的修缮费用(800 为限)-800 元]×20%

【随堂测验 6-10】

张某出租房屋取得租金收入 3800 元,财产租赁缴纳税费 152 元,修缮费 600 元,已知个人出租房屋暂减 10%征收个人所得税,收入不超过 4000 元,减除 800 元费用,下列关于张某当月租金收入应缴纳个人所得税税额的计算中,正确的是(   )。(2019 年全国会计专业技术资格考试《经济法基础》试题)

A. (3800-800)×10%=300(元)
B. 3800×10%=380(元)
C. (3800-152-600-800)×10%=224.8(元)
D. (3800-152-600)×10%=304.8(元)

【解析】

正确答案 C。每次(月)收入不足 4000 元的:

应纳税所得额=[每次(月)收入额-财产租赁过程中缴纳的税费-由纳税人负担的租赁财产实际开支的修缮费用(800 为限)-800 元]×20%。自 2001 年 1 月 1 日起,暂减 10%的税率征收个人所得税。

2. 每次(月)收入 4000 元以上的

应纳税所得额=[每次(月)收入额-财产租赁过程中缴纳的税费-由纳税人负担的租赁财产实际开支的修缮费用(800 为限)]×(1-20%)×20%

个人出租房屋的个人所得税应税收入不含增值税,计算房屋出租所得可扣除的税费不包括本次出租缴纳的增值税。个人转租房屋的,其向房屋出租方支付的租金及增值税额,在计算转租所得时予以扣除。

【随堂测验 6-11】

朱某出租自有房屋供他人经商,当月取得租金收入 10 000 元,支付各项税金、教育费附加和修缮费用等共 2000 元,计算其此项收入应纳个人所得税税额。

【解析】

每次(月)收入 4000 元以上的:

应纳税所得额=[每次(月)收入额-财产租赁过程中缴纳的税费-由纳税人负担的租赁财产实际开支的修缮费用(800 为限)]×(1-20%)×20%

应纳税所得额=(10 000-2000)×(1-20%)=6400(元)

应纳税额=6400×20%=1280(元)

五、财产转让所得应纳税额的计算

(一) 适用税率

财产转让所得,适用比例税率,税率为20%。

(二) 应纳税额的计算

(1) 一般情况下财产转让所得应纳税额的计算。

财产转让所得应纳税额的计算公式为:

应纳税额=应纳税所得额×适用税率=(收入总额-财产原值-合理税费)×20%

【随堂测验6-12】

马某出售原值200万元的住房一套,取得收入300万元;可以扣除有关税费20万元,计算其此项收入应纳个人所得税税额。

【解析】

应纳税所得额=3 000 000-2 000 000-200 000=800 000(元)

应纳税额=800 000×20%=160 000(元)

个人转让房屋的个人所得税应税收入不含增值税,其取得房屋时所支付价款中包含的增值税计入财产原值,计算转让所得时可扣除的税费不包括本次转让缴纳的增值税。

(2) 个人销售无偿受赠不动产应纳税额的计算。

受赠人转让受赠房屋的,以其转让受赠房屋的收入减除原捐赠人取得该房屋的实际实购置成本以及赠与和转让过程中受赠人支付的相关税费后的余额,为受赠人的应纳税所得额,依法计征个人所得税。受赠人转让受赠房屋价格明显偏低且无正当理由的,税务机关可以依据该房屋的市场评估价格或其他合理方式确定的价格核定其转让收入。

【随堂测验6-13】

根据个人所得税法律制度的规定,下列各项中,以一个月内取得的收入为一次的是( )。

A. 偶然所得
B. 利息、股息、红利所得
C. 财产租赁所得
D. 财产转让所得

【解析】

正确答案C。财产租赁所得,以一个月内取得的收入为一次。

六、偶然所得应纳税额的计算

（一）适用税率

偶然所得,适用比例税率,税率为20%。

（二）应纳税额的计算

偶然所得应纳税额的计算公式为：

应纳税额＝应纳税所得额×适用税率＝每次收入额×20%

【随堂测验6-14】

2018年10月,李某购买福利彩票,取得一次中奖收入3万元,购买彩票支出400元,已知偶然所得个人所得税税率为20%,计算李某中奖收入应缴纳个人所得税税额的下列计算式中,正确的是（　　）。（2019年全国会计专业技术资格考试《经济法基础》试题）

A. 30 000×(1−20%)×20%＝4800(元)

B. (30 000−400)×20%＝5920(元)

C. 30 000×20%＝6000(元)

D. (30 000−400)×(1−20%)×20%＝4736(元)

【解析】

正确答案C。应纳税额＝应纳税所得额×适用税率＝每次收入额×20%。

七、应纳税额计算的其他规定

(1)两个或者两个以上的个人共同取得同一项目收入的,应当对每个人取得的收入分别按照个人所得税法规定减除费用后计算纳税。

(2)居民个人从境内和境外取得的综合所得或者经营所得,应当分别合并计算应纳税额;从境内和境外取得的其他所得应当分别单独计算应纳税额。

(3)个人独资企业、合伙企业及个人从事其他生产、经营活动在境外营业机构的亏损,不得抵减境内营业机构的盈利。

(4)居民个人从中国境外取得的所得,可以从其应纳税额中抵免已在境外缴纳的个人所得税额,但抵免额不得超过该纳税人境外所得依照个人所得税法规定计算的应纳税额。

已在境外缴纳的个人所得税税额,是指纳税义务人从中国境外取得的所得,依照该所得来源国家或者地区的法律应当缴纳并实际已经缴纳的税额;纳税人境外所得依照本法规定计算的应纳税额,是居民个人抵免已在境外缴纳的综合所得、经营所得以及其他所得的所得税税额的限额(以下简称抵免限额)。除国务院财政、税务主管部门另有规定外,来源于中国境外一个国家(地区)的综合所得抵免限额、经营所得抵免限额以及其他所得抵免限额之和,为来源于该国家(地区)所得的抵免限额。

①来源于一国(地区)综合所得的抵免限额＝中国境内、境外综合所得依照个人所得税法和个人所得税法实施条例计算的综合所得应纳税总额×来源于该国(地区)的综合所得收入额÷中国境内、境外综合所得收入总额;

②来源于一国(地区)经营所得抵免限额＝中国境内、境外经营所得依照个人法和个人所得税法实施条例计算的经营所得应纳税总额×来源于该国(地区)的经营所得的应纳税所得额÷中国境内、境外经营所得的应纳税所得额;

③来源于一国(地区)的其他所得项目抵免限额,为来源于该国(地区)的其他所得项目依照个人所得税法和个人所得税法实施条例计算的应纳税额。

居民个人在中国境外一个国家(地区)实际已经缴纳的个人所得税税额,低于依照前款规定计算出的来源于该国家(地区)所得的抵免限额的,应当在中国缴纳差额部分的税款;超过来源于该国家(地区)所得的抵免限额的,其超过部分不得在本纳税年度的应纳税额中抵免,但是可以在以后纳税年度来源于该国家(地区)所得的抵免限额的余额中补扣。补扣期限最长不得超过5年。

居民个人申请抵免已在境外缴纳的个人所得税税额,应当提供境外税务机关出具的税款所属年度的有关纳税凭证。

(5)根据国家有关规定,集体所有制企业在改制为股份合作制企业时,可以将有关资产量化给职工个人,为了支持企业改组改制的顺利进行,对于企业在改制过程中个人取得量化资产的征税问题,税法做了如下规定:对职工个人以股份形式取得的仅作为分红依据,不拥有所有权的企业量化资产,不征收个人所得税。对职工个人以股份形式取得的拥有所有权的企业量化资产,暂缓征收个人所得税;待个人将股份转让时,就其转让收入额,减除个人取得该股份时实际支付的费用支出和合理转让费用后的余额,按"财产转让所得"项目计征个人所得税。对职工个人以股份形式取得的企业量化资产参与企业分配而获得的股息、红利,应按"利息、股息、红利"项目征收个人所得税。

【随堂测验6-15】

杨某2019年的有关收支情况如下:

(1)1月购买体育彩票,取得中奖收入20 000元,购买体育彩票支出700元。

(2)2月获赠父母名下的住房一套。

(3)3月取得储蓄存款利息1500元;在乙商场购买空调,获赠价值280元的电器公司累积消费达到规定额度,取得按消费积分反馈的价值100元的礼品。

(4)4月将一套商铺出租,取得当月租金6000元,缴纳相关税费720元。

(5)其他相关情况:2019年总计取得工资收入105 600元,专项扣除20 250元。杨某夫妇有个在上小学的孩子,子女教育专项附加扣除由杨某夫妇分别按扣除标准的50%扣除。

已知:财产租赁所得个人所得税税率为20%,财产租赁所得每次(月)收入在4000元以上的,减除20%的费用。综合所得,每一纳税年度减除费用60 000元;子女教育专项附加扣除,按照每个子女每年12 000元的标准定额扣除。

(1)计算杨某1月体育彩票中奖收入应纳个人所得税税额。
(2)杨某下列所得中,不缴纳个人所得税的是( )。
 A.获赠父母名下住房一套   B.取得储蓄存款利息1500元
 C.获赠乙商场价值280元的电饭煲   D.获赠丙公司价值100元的礼品
(3)计算杨某4月出租商铺应缴纳个人所得税税额。
(4)计算杨某2019年综合所得应纳个人所得税税额。(2019年全国会计专业技术资格考试《经济法基础》试题)

【解析】
(1)20 000×20%=4000(元)中奖收入属于偶然所得,应纳税额=每次收入额×20%,无任何允许减除的支出或费用。超过1万元的,全额征收个人所得税。
(2)正确答案 A、B、C、D。房屋产权所有人将房屋产权无偿赠与配偶、父母、子女、祖父母、外祖父母、孙子女、外孙子女、兄弟姐妹,不征收个人所得税;个人存款利息所得暂免征收个人所得税;企业在向个人销售商品(产品)和提供服务的同时给予赠品,不征收个人所得税;企业对累积消费达到一定额度的个人按消费积分反馈礼品,不征收个人所得税。
(3)出租商铺应缴纳个人所得税税额=(6000−720)×(1−20%)×20%=844.8(元)
计算应纳税所得额时减除20%的费用。
(4)综合所得应纳个人所得税税额=(105 600−60 000−20 250−12 000×50%)×3%=580.5(元)
杨某的综合所得中,只是单一的工资、薪金所得,无劳务报酬所得、稿酬所得、特许权使用费所得,其计税收入为105 600元,应纳税所得额=105 600−60 000−20 250−12 000×50%=19 350(元)。适用3%,速算扣除数0,应纳税税额为580.5(元)。

(6)符合以下情形的房屋或其他财产,不论所有权人是否将财产无偿或有偿交付企业使用,其实质均为企业对个人进行了实物性质的分配,应依法计征个人所得税。
①企业出资购买房屋及其他财产,将所有权登记为投资者个人、投资者家庭成员或企业其他人员的。
②企业投资者个人、投资者家庭成员或企业其他人员向企业借款用于购买房屋及其他财产,将所有权登记为投资者、投资者家庭成员或企业其他人员,且借款年度终了后未归还借款的。

③对个人独资企业、合伙企业的个人投资者或其家庭成员取得的上述所得,视为企业对个人投资者的利润分配,按照"经营所得"项目计征个人所得税;对除个人独资企业、合伙企业以外其他企业的个人投资者或其家庭成员取得的上述所得,视为企业对个人投资者的红利分配,按照"利息、股息、红利所得"项目计征个人所得税;对企业其他人员取得的上述所得,按照"综合所得"项目计征个人所得税。

【随堂测验6-16】

居民个人刘某购买福利彩票取得中奖所得40 000元,通过非营利组织向公益慈善事业捐赠10 000元。已知偶然所得适用个人所得税税率20%,则刘某应缴纳个人所得税(   )元。(2021年全国会计专业技术资格考试《经济法基础》试题)

A. 2000　　　　　B. 5600　　　　　C. 6000　　　　　D. 8000

【解析】

正确答案C。捐赠扣除限额=40 000×30%=12 000(元),实际捐赠10 000元,未超过扣除限额,因此可以全额扣除。刘某应缴纳个人所得税=(40 000-10 000)×20%=6000(元)。

第五节　个人所得税的征收管理

一、纳税申报

(一)基本规定

(1)个人所得税以所得人为纳税人,以支付所得的单位或者个人为扣缴义务人。扣缴义务人向个人支付(现金支付、汇拨支付、转账支付、以有价证券或实物支付)应税款项时,应当依照个人所得税法规定预扣或代扣代缴,按时缴库,并专项记载备查。

国务院税务主管部门可以指定掌握所得信息并对所得取得过程有控制权的单位为扣缴义务人,税务机关对扣缴义务人按照所扣缴的税款,付给2%的手续费。

(2)居民个人取得工资、薪金所得时,可以向扣缴义务人提供专项附加扣除有关信息,由扣缴义务人扣缴税款时办理专项附加扣除。纳税人同时从两处以上取得工资、信息所得,并由扣缴义务人办理专项附加扣除的,对同一专项附加扣除项目,纳税人只能选择从其中一处扣除。居民个人取得劳务报酬所得、稿酬所得、特许权使用费所得,应当在汇算清缴时向税务机关提供有关信息,办理专项附加扣除。暂不能确定纳税人为居民个人或者非居民个人的,应当按照非居民个人缴纳税款,年度终了确定纳税人为居民个人的,按照规定办理汇算清缴。

(3)对年收入超过国务院税务主管部门规定数额的个体工商户、个人独资企业、合伙企业,税务机关不得采取定期定额、事先核定应税所得率等方式征收个人所得税。

(4)纳税人可以委托扣缴义务人或者其他单位和个人办理汇算清缴。

纳税人有中国公民身份号码的,以中国公民身份号码为纳税人识别号;纳税人没有中国公民身份号码的,由税务机关赋予其纳税人识别号。扣缴义务人扣缴税款时,纳税人应当向扣缴义务人提供纳税人识别号。

(二) 特殊规定

有下列情形之一的,纳税人应当依法办理纳税申报:

(1)取得综合所得需要办理汇算清缴。需要办理汇算清缴的情形包括:①从两处以上取得综合所得,且综合所得年收入额减除专项扣除的余额超过6万元;②取得劳务报酬所得、稿酬所得、特许权使用费所得中一项或者多项所得,且综合所得年收入额减除专项扣除的余额超过6万元;③纳税年度内预缴税额低于应纳税额;④纳税人申请退税。

纳税人申请退税,应当提供其在中国境内开设的银行账户,并在汇算清缴地就地办理税款退库,汇算清缴的具体办法由国务院税务主管部门制定。

(2)取得应税所得没有扣缴义务人。

(3)取得应税所得,扣缴义务人未扣缴税款。

(4)取得境外所得。

(5)因移居境外注销中国户籍。

(6)非居民个人在中国境内从两处以上取得工资、薪金所得。

(7)国务院规定的其他情形。

扣缴义务人应当按照国家规定办理全员全额扣缴申报,并向纳税人提供其个人所得和已扣缴税款等信息。

纳税人有下列情形之一的,税务机关可以不予办理退税:

(1)纳税申报或者提供的汇算清缴信息,经税务机关核实为虚假信息,并拒不改正的。

(2)法定汇算清缴期结束后申报退税的。

对不予办理退税的,税务机关应当及时告知纳税人。

二、纳税期限

(1)居民个人取得综合所得,按年计算个人所得税;有扣缴义务人的,由扣缴义务人按月或者按次预扣预缴税款;需要办理汇算清缴的,应当在取得所得的次年3月1日至6月30日内办理汇算清缴。预扣预缴办法由国务院税务主管部门制定。

居民个人向扣缴义务人提供专项附加扣除信息的,扣缴义务人按月预扣预缴税款时应当按照规定予以扣除,不得拒绝。

各项所得的计算,以人民币为单位。所得为人民币以外的货币的,按照人民币汇率中间价折合成人民币缴纳税款。

(2)非居民个人取得工资、薪金所得,劳务报酬所得,稿酬所得和特许权使用费所得,有扣缴义务人的,由扣缴义务人按月或者按次代扣代缴税款,不办理汇算清缴。

(3)纳税人取得经营所得,按年计算个人所得税,由纳税人在月度或者季度终了后15日内向税务机关报送纳税申报表,并预缴税款;在取得所得的次年3月31日前办理汇算清缴。

(4)纳税人取得利息、股息、红利所得,财产租赁所得,财产转让所得和偶然所得,按月或者按次计算个人所得税,有扣缴义务人的,由扣缴义务人按月或者按次代扣代缴税款。

(5)纳税人取得应税所得没有扣缴义务人的,应当在取得所得的次月15日内向税务机关报送纳税申报表,并缴纳税款。

(6)纳税人取得应税所得,扣缴义务人未扣缴税款的,纳税人应当在取得所得的次年6月30日前,缴纳税款;税务机关通知限期缴纳的,纳税人应当按照期限缴纳税款。

(7)居民个人从中国境外取得所得的,应当在取得所得的次年3月1日至6月30日内申报纳税。

(8)非居民个人在中国境内从两处以上取得工资、薪金所得的,应当在取得所得的次月15日内申报纳税。

(9)纳税人因移居境外注销中国户籍的,应当在注销中国户籍前办理税款清算。

(10)扣缴义务人每月或者每次预扣、代扣的税款,应当在次月15日内缴入国库,并向税务机关报送扣缴个人所得税申报表。

(11)纳税人办理汇算清缴退税或者扣缴义务人为纳税人办理汇算清缴退税的,税务机关审核后,按照国库管理的有关规定办理退税。

【导学案例解析】

(1)刘某年综合所得年收入额=工资、薪金收入额+劳务报酬收入额+稿酬收入额+特许权使用费收入额=$18\,000 \times 12 + (3000 + 30\,000) \times (1 - 20\%) + 2000 \times (1 - 20\%) \times 70\% + 2000 \times (1 - 20\%) = 245\,120$(元)

(2)刘某综合所得年应纳税所得额

年应纳税所得额=年收入额-60 000-专项扣除-专项附加扣除-依法确定的其他扣除

$$= 245\,120 - 60\,000 - (2600 \times 12) - (3000 \times 12) = 117\,920 \text{(元)}$$

(3)刘某年综合所得应纳税额

应纳税额=年应纳税所得额×适用税率-速算扣除数

$$= 117\,920 \times 10\% - 2520 = 9272 \text{(元)}$$

(4)刘某年终汇算清缴应补(退)税额=应纳税额-预扣预缴税额=$9272 - 11\,128 = -1856$(元)

所以,年终汇算清缴刘某应获退税款1856元。

第七章 土地增值税法

【本章学习目标】
1. 掌握土地增值税的纳税人、征收范围和税率,应纳税额的计算方法。
2. 理解土地增值税的征收管理。
3. 了解土地增值税的概念和特征。

【导学案例】
某企业出售一处房产,售价5000万元,可以扣除的各项成本、费用和有关税金等共计2000万元。计算该企业上述收入应纳土地增值税税额。

第一节 土地增值税法概述

一、土地增值税的概念

土地增值税是以纳税人转让国有土地使用权、地上的建筑物及其附着物(以下简称转让房地产)所取得的增值额为征税对象,依照规定税率征收的一种税。

土地属于不动产,对土地课税是一种古老的税收形式,土地增值税也是各国普遍征收的一种财产税。有些国家和地区将土地单列出来征税,如土地税、地价税、农地税、土地登记税、土地转让税、土地增值税、土地租金税和土地发展税,等等。有些国家和地区鉴于土地与地面上的建筑物及其附着物密不可分,因此对它们一起征税,统称房地产税、不动产税或财产税等。

对土地征税,依据税基不同,大致可以分为两大类:一类是财产性质的土地税,它以土地的数量或价值为税基,或实行从量计税,或采取从价计税,前者如我国历史上的田赋和地亩税,后者如地价税等。这类土地税的历史十分悠久,属于原始的直接税或财产税。另一类是收益性质的土地税,其实质是对土地收益或地租的征税。

二、土地增值税的特征

1. 以转让房地产取得的增值额为征税对象

我国的土地增值税属于"土地转让增值税"的类型,将土地、房屋的转让收入合并征收。作为征税对象的增值额,是纳税人转让房地产的收入减除税法规定准予扣除项目金额后的余额。

2. 实行按次征收

土地增值税发生在房地产转让环节,实行按次征收,每发生一次转让行为,就应根据每次取得的增值额征一次税。

3. 实行超率累进税率

土地增值税的税率是以房地产的增值率高低为依据,按照累进原则设计的,实行分级计税。增值率高的,适用的税率高、多纳税;增值率低的,适用的税率低、少纳税。

4. 征税面比较广

凡在我国境内转让房地产并取得收入的单位和个人,除税法规定免税外,均应依照税法规定缴纳土地增值税。

三、开征土地增值税的意义

征收土地增值税是为了规范土地、房地产市场交易秩序,合理地调节土地增值收益,维护国家权益。

四、土地增值税法的概念

土地增值税法,是指国家制定的用以调整土地增值税征收与缴纳之间权利及义务关系的法律规范。

现行土地增值税的基本规范有:1993年12月13日,国务院颁布了《中华人民共和国土地增值税暂行条例》(以下简称《土地增值税暂行条例》),该条例于1994年1月1日起施行。2011年1月8日,国务院对该条例作了修改。1995年1月27日,财政部发布了《中华人民共和国土地增值税暂行条例实施细则》。

> **小贴士**
>
> 土地增值税由税务机关负责征收管理,所得收入归地方政府所有。

第二节 纳税人、征税范围和税率

一、土地增值税的纳税人

土地增值税的纳税人是转让国有土地使用权、地上的建筑物及其附着物(以下简称转让房地产)并取得收入的单位和个人,包括各类企业单位、事业单位、机关、社会团体、个体工商户以及其他单位和个人。

二、土地增值税的征税范围

(一)征税范围的一般规定

1. 转让国有土地使用权

转让国有土地使用权、地上的建筑物及其附着物并取得收入,是指以出售或者其他方式有偿转让房地产的行为,不包括以继承、赠与方式无偿转让房地产的行为。

国有土地,是指按国家法律法规属于国家所有的土地。收入,包括转让房地产的全部价款及有关的经济收益。

2. 地上的建筑物及其附着物连同国有土地使用权一并转让

地上的建筑物,是指建于土地上的一切建筑物,包括地上地下的各种附属设施。附着物,是指附着于土地上的不能移动,一经移动即遭损坏的物品。

(二)征税范围的特殊规定

1. 合作建房

对于一方出地,一方出资金,双方合作建房,建房后分房自用的,暂免征收土地增值税;建成后转让的,应征土地增值税。

2. 房地产交换

房地产的交换即发生了房产产权、土地使用权的转移,交换双方取得了实物形态的收入,应缴纳土地增值税。但个人之间互换自有居住用房地产的,经当地税务机关核实,可以免征土地增值税。

3. 房地产抵押

在抵押期间由于没有发生权属变更,不增收土地增值税;待抵押期满后,视该房地产是否转移占有而确定是否征收土地增值税。对于以房地产抵债而发生房地产权属转让的,应列入征税范围。

4. 房地产出租

出租人虽然取得了租金收入,但没有发生房产产权、土地使用权的转让,故不征收土地增值税。

5. 房地产评估增值

这种情况主要指国有企业在清产核资时对房地产进行重新评估而使其升值的情况。在这种情况下房地产虽然有增值,但其既没有发生房地产权属的转移,房产产权人、土地使用权人也没取得收入,所以不属于土地增值税的征税范围。

6. 国家收回国有土地使用权、征收地上建筑物及附着物

国家收回或征收的房地产,虽然发生了权属变更,原房地产所有人也取得了收入,但按照《土地增值税暂行条例》的有关规定,可以免征土地增值税。

7. 房地产的代建房行为

代建房行为,是指房地产开发公司代客户进行房地产的开发,开发完成后向客户收取代建收入的行为。对房地产开发公司而言,虽取得收入,但没有发生房地产权属的转移,其收入属于劳务收入性质,所以不属于土地增值税的征税范围。

8. 房地产的赠与和以继承方式转让房地产

此种情况下只发生房地产产权转让,没有取得相应的收入,属于无偿转让房地产行为,不征收土地增值税。

10. 土地使用者转让、抵押或者置换土地

土地使用者转让、抵押或者置换土地,无论土地使用者是否取得了该土地的使用权属证书,无论其在转让、抵押或置换土地过程中是否与对方当事人办理了土地适用权属证书变更登记手续,只要土地使用者享有占有、使用、收益或处分该土地的权利,且有合同等证据表明其实质转让、抵押或置换了土地并取得了相应的经济利益,土地使用者及其对方当事人即应当依照税法规定缴纳土地增值税等相关税收。

三、土地增值税的税率

土地增值税实行四级超率累进税率:

(1)增值额未超过扣除项目金额50%的部分,税率为30%。

(2)增值额超过扣除项目金额50%、未超过扣除项目金额100%的部分,税率为40%。

(3)增值额超过扣除项目金额100%、未超过扣除项目金额200%的部分,税率为50%。

(4)增值额超过扣除项目金额200%的部分,税率为60%。

第三节 土地增值税应纳税额的计算

一、计税依据

土地增值税是以纳税人转让房地产所取得的增值额为计税依据。

增值额为纳税人转让房地产取得的收入减除规定扣除项目金额之后的余额。其中,纳税人取得的收入包括转让房地产的全部价款和相关经济收益,形式上包括货币收入、实物收入和其他收入。

货币收入,是指纳税人转让土地使用权、房屋产权而向对方收取的货币收入。

实物收入,是指纳税人转让土地使用权、房屋产权而向对方收取的各种实物形态的收入。一般情况下,要求对这些实物形态的财产进行评估作价,折算成货币收入。

其他收入，是纳税人转让土地使用权、房屋产权而向对方收取的无形资产收入或者其他具有财产价值的权利，其价值需要专门评估机构进行评估。

房地产开发企业将开发产品用于职工福利、奖励、对外投资、分配给股东和投资人、抵偿债务和换取其他单位、个人的非货币性资产等，发生所有权转移时应当视同销售房地产。

确定增值额的扣除项目，具体包括：

(1)纳税人为取得土地使用权所支付的地价款和按照国家统一规定交纳的有关费用。

(2)开发土地和新建房及配套设施的成本，包括纳税人房地产开发项目实际发生的土地征用及拆迁补偿费、前期工程费、建筑安装工程费、基础设施费、公共配套设施费和开发间接费用。

(3)开发土地和新建房及配套设施的费用，包括与房地产开发项目有关的销售费用、管理费用和财务费用。此项费用扣除有一定的比例限制，具体比例由各省市、自治区、直辖市人民政府规定。

(4)经过当地税务机关确认的旧房和建筑物的评估价格(指在转让已使用的房屋和建筑物的时候，由政府批准设立的房地产评估机构评定的重置成本价乘以成新度折旧率后的价格)。

(5)与转让房地产有关的税金，包括纳税人在转让房地产的时候缴纳的城市维护建设税和印花税。纳税人转让房地产的时候交纳的教育费附加可以视同税金扣除。

(6)从事房地产开发的纳税人可以按照上述第(1)(2)项金额之和加计20%的扣除额。

土地增值税以纳税人房地产成本核算的最基本的核算项目或者核算对象为单位计算。纳税人成片受让土地使用权后分期分批开发、转让房地产的，其扣除项目金额可以按照转让土地使用权的面积占总面积的比例计算分摊，或者按照建筑面积计算分摊，或者按照税务机关确认的其他方式计算分摊。

如果纳税人转让房地产的成交价格低于房地产评价价格，并且没有正当的理由，或者隐瞒、虚报房地产成交价格，或者提供的扣除项目金额不真实，税务机关可以按照房地产评估价格(指经过当地税务机关确认的、由政府批准设立的房地产评估机关根据相同地段、同类房地产综合评定的价格)计算征税土地增值税。

如果纳税人转让旧房和建筑物，不能取得评估价格，但是能够提供购房发票，经过当地税务机关确认，其为取得土地使用权所支付的金额和购房及配套设施的成本、费用的扣除，可按发票所载金额并从购买年度起至转让年度止，每年加计5%。纳税人购房的时候缴纳的契税可以扣除，但是不作为加计5%的基数。

如果纳税人转让旧房和建筑物，既不能取得评估价格，又不能提供购房发票，税务机关可以依法核定征税。

二、应纳税额的计算

土地增值税的计算公式为:

$$应纳税额 = \sum(增值额 \times 适用税率)$$

在实际工作中,为计算上的便利,一般采用速算扣除系数以简化计算过程,其计算公式为:

$$应纳税额 = 增值额 \times 适用税率 - 扣除项目金额 \times 速算扣除率$$

如表 7-1 所示。

表 7-1 土地增值税四级超率累进税率表

级 数	增值额与扣除项目金额的比率	税率	速算扣除率
1	不超过 50% 的部分	30%	0%
2	超过 50% 至 100% 的部分	40%	5%
3	超过 100% 至 200% 的部分	50%	15%
4	超过 200% 的部分	60%	35%

土地增值税以人民币为计算单位,转让房地产所取得的收入为外国货币的,以取得收入当天或当月 1 日国家公布的市场汇价折合成人民币,据以计算应纳土地增值税税额。

【随堂测验 7-1】

某公司转让土地使用权取得收入 4000 万元。已知该公司为取得土地使用权所支付的土地出让金金额为 1000 万元,开发该土地的成本 400 万元,开发费用为 100 万元,支付有关税金为 200 万元。计算该公司应缴纳的土地增值税税额。

【解析】

扣除项目 = 1000 + 400 + 100 + 200 = 1700(万元)

增值额 = 4000 - 1700 = 2300(万元)

增值额和扣除项目的比率 = 2300 ÷ 1700 = 135.29%

应纳土地增值税 = 增值额 × 50% - 扣除项目金额 × 15%
= 2300 × 50% - 1700 × 15%
= 895(万元)

三、核定征收

根据《国家税务总局关于房地产开发企业土地增值税清算管理有关问题的通知》(国税发〔2006〕187 号)规定,房地产开发企业有下列情形之一的,税务机关可以参照与其开

发规模和收入水平相近的当地企业的土地增值税税负情况,按不低于预征率的征收率核定征收土地增值税:

(1) 依照法律、行政法规的规定应当设置但未设置账簿的;

(2) 擅自销毁账簿或者拒不提供纳税资料的;

(3) 虽设置账簿,但账目混乱或者成本资料、收入凭证、费用凭证残缺不全,难以确定转让收入或扣除项目金额的;

(4) 符合土地增值税清算条件,未按照规定的期限办理清算手续,经税务机关责令限期清算,逾期仍不清算的;

(5) 申报的计税依据明显偏低,又无正当理由的。

第四节 土地增值税的税收优惠

一、免征土地增值税

有下列情形之一的,免征土地增值税:

(1)纳税人建造普通标准住宅出售,增值额未超过扣除项目金额20%的,免征土地增值税;增值额超过扣除项目金额之和20%的,应就其全部增值额按法规计税。

普通标准住宅,是指按所在地一般民用住标准建造的居住用住宅。

对企事业单位、社会团体以及其他组织转让旧房作为改造安置住房房源且增值额未超过扣除项目金额20%的,免征土地增值税。

对企事业单位、社会团体以及其他组织转让旧房作为公租房房源,且增值额未超过扣除项目金额20%的,免征土地增值税。

优惠执行期限为2019年1月1日至2023年12月31日。

(2)由于城市实施规划、国家建设需要依法征收、收回的房地产,免征土地增值税。

(3)由于城市实施规划、国家建设需要而搬迁,由纳税人自行转让的房地产,免征土地增值税。

(4)个人之间互换自有居住用房地产的,免征土地增值税。

(5)个人因工作调动或者改善居住条件而转让原自有住房,经县税务机关申报核准,在原住房居住满5年的,可以免予征收土地增值税;居住满3年未满5年的,可以减半征收土地增值税。

二、企业改制重组暂不征收土地增值税

自2018年1月1日至2023年12月31日,下列四种情况可以暂不征收土地增值税(房地产开发企业除外):

(1) 按照《中华人民共和国公司法》的规定,非公司制企业整体改制为有限责任公司或者股份有限公司,有限责任公司(股份有限公司)整体改制为股份有限公司(有限责任公司),对改制前的企业将国有土地使用权、地上的建筑物及其附着物(以下称房地产)转移、变更到改制后的企业,暂不征收土地增值税。

(2) 按照法律规定或者合同约定,两个或两个以上企业合并为一个企业,且原企业投资主体存续的,对原企业将房地产转移、变更到合并后的企业,暂不征收土地增值税。

(3) 按照法律规定或者合同约定,企业分设为两个或两个以上与原企业投资主体相同的企业,对原企业将房地产转移、变更到分立后的企业,暂不征收土地增值税。

(4) 单位、个人在改制重组时以房地产作价入股进行投资,对其将房地产转移、变更到被投资的企业,暂不征收土地增值税。

第五节 土地增值税的征收管理

一、土地增值税的纳税申报

纳税人应当自转让房地产合同签订之日起7日内向房地产所在地主管税务机关办理纳税申报,并在税务机关核定的期限内缴纳土地增值税。

纳税人在项目全部竣工结算前转让房地产取得的收入,由于涉及成本确定或其他原因,而无法据以计算土地增值税的,可以预征土地增值税,待该项目全部竣工、办理结算后再进行清算,多退少补。具体办法由各省、自治区、直辖市地方税务局根据当地情况制定。

对实行预征办法的地区,除保障性住房外,东部地区省份预征率不得低于2%,中部和东北地区省份不得低于1.5%,西部地区省份不得低于1%,各地要根据不同类型房地产确定适当的预征率。

二、土地增值税的纳税地点

土地增值税的纳税人向房地产所在地主管税务机关办理纳税申报手续,并在税务机关核定的期限内缴纳土地增值税。房地产所在地,是指房地产的坐落地。纳税人转让房地产坐落在两个或两个以上地区的,应按房地产所在地分别申报纳税。

🚩【导学案例解析】

增值额 = 5000 − 2000 = 3000(万元)

增值额和扣除项目的比率 = 3000 ÷ 2000 = 150%

应纳税额 = 3000 × 50% − 2000 × 15% = 1200(万元)

第八章 财产税和行为税法制度

【本章学习目标】
1. 掌握房产税、车船税、印花税、契税的纳税人,征收范围和税率,应纳税额的计算。
2. 理解房产税、车船税、印花税、契税的征收管理,《印花税法》的核心内容。
3. 了解房产税、车船税、印花税、契税的概念和特征。

【导学案例】

某船运公司 2022 年度拥有旧机动船 10 艘,每艘净吨位 1500 吨;当年 8 月新购置机动船 4 艘,每艘净吨位 2000 吨。该公司船舶适用的年税额为:净吨位 201～2000 吨的,每吨 4 元。计算该公司 2022 年度应缴纳的车船税税额。

第一节 房产税法

一、房产税法概述

(一)房产税的概念

房产税是以房屋为征税对象,依照房屋的计税余值或房屋租金向产权所有人征收的一种税。房产税由税务机关负责征收管理,所得收入归地方政府所有,其税源稳定,是地方财政收入的重要来源。

(二)房产税的特征

(1)房产税的征税范围只限于城市、县城、建制镇和工矿区,不涉及农村。

(2)根据不同的房屋经营使用方式确定不同的征税办法。拥有房屋的单位和个人将房屋用于生产经营,按照房产计税余值征收;将房屋用于出租的,按照房屋租金收入计税。

(3)房产税属于财产税中的个别财产税,其征税对象只是房屋,而且是经营性房屋,如个人所有非经营性房屋免征房产税。

(三)征收房产税的意义

开征房产税有利于国家运用经济杠杆,加强对房产的管理,促进城市房产的合理使用,控制固定资产投资规模,搞好城市建设,对房产所有人和房产经营人的收入进行合理调节。

(四) 房产税法的概念

房产税法,是指国家制定的用以调整房产税征收与缴纳之间权利及义务关系的法律规范。1986年9月15日,国务院发布了《中华人民共和国房产税暂行条例》(以下简称《房产税暂行条例》),自同年10月1日起征收房产税。2011年1月8日,国务院对该条例作出修改。各省、自治区、直辖市人民政府根据条例规定,先后制定了实施细则。

二、房产税的征税范围

房产税的征税范围为城市、县城、建制镇和工矿区的房屋。其征税对象是房屋。

城市,是指经国务院批准设立的市,城市的征税范围为市区、郊区和市辖县县城。不包括农村。

县城,是指县人民政府所在地。

建制镇,是指经省、自治区、直辖市人民政府批准设立的建制镇。建制镇的征税范围为镇政府所在地,不包括所辖的行政村。

工矿区,是指工商业比较发达,人口比较集中,符合国务院规定的建制镇标准,但尚未设立镇建制的大中型工矿企业所在地。开征房产税的工矿区须经省、自治区、直辖市人民政府批准。

自2006年1月1日起,凡在房产税征税范围内的具备房屋功能的地下建筑,包括与地上房屋相连的地下建筑以及完全建在地面以下的建筑、地下人防设施等,均应当依照有关规定征收房产税。

三、房产税的纳税人

房产税的纳税人,是指在征税范围内的房屋产权所有人,包括单位和个人。具体包括产权人、经营管理人、承典人、房产代管人或者使用人。

(1)产权属于国家所有的,经营管理单位是纳税人;产权属于集体或个人所有的,集体单位和个人是纳税人。

(2)产权出典的,承典人为纳税人。

(3)产权所有人、承典人不在房屋所在地的,房屋的代管人或者使用人为纳税人。

(4)产权未确定以及租典纠纷未解决的,房屋代管人或者使用人为纳税人。

四、房产税的税率

房产税采用比例税率。房产税的计税依据有从价计征和从租计征两种。房产税的税率有两档：

(1)依照房产计税余值计算纳税的,税率为1.2%；

(2)依照房产租金收入计算缴纳的,税率是12%。

💟 **小贴士**

从2001年1月1日起,对个人居住用房出租仍用于居住的,其应缴纳的房产税暂减按4%的税率征收；从2008年3月1日起,对个人出租住房,不区分实际用途,均按4%的税率征收房产税。对企事业单位、社会团体以及其他组织按市场价格向个人出租用于居住的住房,减按4%的税率征收房产税。

五、房产税应纳税额的计算

房产税的计税依据是房屋的计税价值或者房屋的租金收入,按照房产计税价值征税的,是从价计征；按照房产租金收入计征的,是从租计征。

1. 从价计征

依据房产价值计征房产税的,依照房产原值一次减除10%～30%后的余值计算缴纳,具体减除幅度,由省、自治区、直辖市人民政府规定。没有房产原值作为依据的房屋原值由房产评估机构或房产所在地的税务机关参照同类房产核定。

房产原值,是指纳税人按照会计制度的规定,在账簿"固定资产"科目中记载的房屋原价,应当包括与房屋不可分割的各种附属设备或一般不单独计算价值的配套设施。纳税人对原有房屋进行改建、扩建的,要相应增加房屋的原值。

房屋余值是房屋的原值减去规定比例后的剩余价值。

$$应纳税额 = 应税房产原值 \times (1 - 扣除比例) \times 1.2\%$$

📝 **【随堂测验8-1】**

某企业2021年拥有的房屋原值是600万元,按照当地政府的规定,依照房产原值一次减除30%后的余值纳税。计算缴纳该企业应当缴纳的房产税税额。

【解析】

应纳税额 = 600 × (1 − 30%) × 1.2% = 5.04(万元)

2. 从租计征

房屋出租的,以房屋租金收入为房产税的计税依据。

房产租金收入是房屋所有人出租房产使用权所得的报酬,包括货币收入和实物收入。以劳务或者其他形式为报酬抵付房租收入的,应当根据当地同类房屋的租金水平,确定一个标准租金额,从租计征。

$$应纳税额 = 租金收入 \times (1 - 扣除比例) \times 12\%$$

【随堂测验 8-2】

某企业在 2022 年度因出租房屋取得租金收入为 20 万元，计算该企业应当缴纳多少房产税税额。

【解析】

应纳税额＝200 000×12％＝2.4（万元）

3. 地下建筑

具备房屋功能的地下建筑，应当缴纳房产税。

(1) 工业用途的地下建筑，以建筑物原值的 50％～60％作为应税房产原值；商业和其他用途的地下建筑，以建筑物原值的 70％～80％作为应税房产原值。

$$应纳税额＝应税房产原值×[1－(10％～30％)]×1.2％$$

建筑物原值折算为应税房产原值的具体比例，由各省、自治区、直辖市、计划单列市财政、税务机关在上述规定的幅度以内自行确定。

(2) 与地上房屋相连的地下建筑，如房屋的地下室、地下停车场和商场的地下部分等，应当将地下建筑与地上房屋视为一个整体，按照地上房屋缴纳房产税。

(3) 出租的地下建筑，应当按照出租地上房屋缴纳房产税。

六、房产税的税收优惠

（一）免征房产税情况

(1) 行政单位、军事单位和社会团体自用的房产。具体是指这些单位本身的办公用房和公务用房。这些单位出租房产以及非自身业务使用的生产、营业用房，不属于免征范围。

(2) 由财产部门拨付事业经费的单位自用的房产。以上单位所属的附属工厂、商店、招待所等不属于单位公务、业务用房，不属于免税范围。

(3) 企业所办的学校、托儿所和幼儿园自用的房产。

(4) 非营利性医疗机构、基本控制机构和妇幼保健机构等医疗、卫生机构自用的房产。

(5) 非营利性科研机构自用的房产。

(6) 宗教寺庙、公园和名胜古迹自用的房屋。公园、名胜古迹中附设的营业单位，如影剧院、饮食部、茶社、照相馆等所使用的房产及出租的房产，应征收房产税。

(7) 个人所有非经营用的房产（国务院批准的征税试点城市除外）。

(8) 经过有关部门鉴定停止使用的毁损房屋和危险房屋。

(9) 行政单位、企业、事业单位、社会团体和个人投资兴办的福利性、非营利性老年服务机构自用的房产。

(10) 公益性未成年人校外活动场所自用的房产。

(11) 国家机关、军队、人民团体、财政补助事业单位、居民委员会和村民委员会拥有的体育场馆；经费自理事业单位、体育社会团体、体育基金会和体育类民办非企业单位拥有并运营管理的体育场馆，符合规定条件的，用于体育活动的房产。

(12) 在基建工地建造的为工地服务的各种临时性房屋，在施工期间可以免征房产税。

(13) 房屋大修停用半年以上的，在大修期间可以免征房产税。

(14) 财政部批准使用免征税的其他房产。

(二) 暂免征税、定期免税和减税

(1) 企业、事业单位、社会团体和其他组织按照市场价格向个人出租住房的收入，个人出租住房的收入，可以减按 4% 的税率征收房产税。

(2) 企业用于并运营管理的大型体育场馆用于体育活动的房产，可以减半征收房产税。

(3) 自 2019 年至 2023 年，公租房、高校学生公寓可以免征房产税。

(4) 自 2019 年至 2021 年，增值税小规模纳税人可以按照规定减征房产税。

(5) 自 2019 年至 2023 年，农产品批发市场、农贸市场专门用于经营农产品的房产，可以免征房产税；同时经营其他产品的农产品批发市场、农贸市场使用的房产，可以按照其他产品与农产品交易场地面积的比例确定免征房产税。

(6) 自 2019 年 6 月 1 日至 2025 年 12 月 31 日，为社区提供养老、托育和家政服务的机构自有和通过承租、无偿使用等方式取得并用于提供上述服务的房产，可以免征房产税。

除上述规定之外，纳税人缴纳房产税确有困难的，可以由所在省（自治区、直辖市）人民政府确定，定期减税、免税。

【随堂测验 8-3】

赵某自有一栋楼房，共 16 间，其中用于个人生活居住的 3 间（房屋原值为 6 万元），用于个人开餐馆的 4 间（房屋原值为 10 万元）。2022 年 1 月 1 日，赵某将剩余的 9 间房中的 4 间出典给王某，取得出典价款收入 10 万元；将其余的 5 间房出租给某公司，每月收取租金 5000 元，期限均为 1 年。该地区规定按房产原值一次扣除 20% 后的余值计税。计算赵某 2022 年应缴纳的房产税税额。

【解析】

根据《房产税条例》的规定，个人所有的非营业用的房产免征房产税。房屋产权出典的，承典人为房产税的纳税人。因此，赵某仅应就其个人营业用的房屋和出租的房屋缴纳房产税。

(1) 赵某个人营业用房屋 2022 年应缴纳房产税税额

= 应税房产原值 × (1 − 扣除比例) × 1.2%

= 100 000 × (1 − 20%) × 1.2%

= 960 (元)

(2)赵某出租房屋2022年应缴纳房产税税额

＝租金收入×12%

＝5000×12%＝600(元)

(3)赵某2022年实际应缴纳房产税税额

＝960＋600＝1560(元)

七、房产税的征收管理

(一)房产税的纳税义务发生时间

(1)纳税人将原有房屋用于生产经营,从生产经营之月起缴纳房产税。

(2)纳税人自行新建房屋用于生产经营,从建成的次月起缴纳房产税。

(3)纳税人委托施工企业建设的房屋,从办理验收手续的次月起缴纳房产税。

(4)纳税人购置新建商品房,自房屋交付使用之次月起计征房产税。

(5)纳税人购置存量房,自办理房屋权属转移、变更登记手续,房地产权属登记机关签发房屋权属证书之次月起计征房产税。

(6)纳税人出租、出借房产,自交付出租、出借房产的次月起计征房产税。

纳税人由于房产的实物或者权利状态变化依法终止房产税纳税义务的,其应纳房产税的计算应当截止到房产的实物或者权利状态变化的当月月末。

(二)纳税期限

房产税实行按年计算、分期缴纳的方法。具体的纳税期限由省、自治区、直辖市人民政府规定。

(三)纳税地点

房产税由房产所在地税务机关征收。纳税人应当依照当地税务机关的规定,将现有房屋的坐落地点、数量、价值或租金收入等情况,如实向税务机关纳税申报,并根据规定,在房产所在地纳税。

如果纳税人有多处房产,房产不在一地的,应当按照房产的坐落地点,分别向房产所在地的税务机关缴纳房产税。

(四)纳税申报

房产税的纳税人应当按照有关规定,将现有房屋的坐落地点、结构、面积、原值和出租收入等情况,及时向当地税务机关办理纳税申报,并如实填写《房产纳税申报表》。

第二节 车 船 税 法

一、车船税法概述

（一）车船税的概念

车船税是对在中华人民共和国境内，属于《中华人民共和国车船税法》（以下简称《车船税法》）中《车船税目税额表》所规定的车辆、船舶（以下简称车船）的所有人或者管理人，按照其所有或管理的车船的种类或吨位征收的一种税。

（二）车船税的特征

(1)实行分类、分级（项）征收。

(2)具有财产税的性质。在保有环节征收财产税，将纳税人确定为车辆、船舶的所有人或者管理人。

（三）车船税法的概念

车船税法，是指国家制定的用以调整车船税征收与缴纳之间权利及义务关系的法律规范。

2006年12月29日，国务院公布了《中华人民共和国车船税法实施条例》（以下简称《车船税法实施条例》），内外资企业和个人的车船实行统一的车船税。2011年2月25日，第十一届全国人民代表大会常务委员会第十九次会议通过了《车船税法》，2011年12月5日，国务院修正了《车船税法实施条例》，两者均自2012年1月1日起施行。2019年4月23日，第十三届全国人民代表大会常务委员会第十次会议修改了《车船税法》，2019年3月2日，国务院修改了《车船税法实施条例》。

（四）《车船税法》出台的意义

法律的颁布实施对于统一税制、公平税负、拓宽税基，提高税法的法律级次，增加地方财政收入，加强地方税征管都具有重要的意义。

二、车船税的征税范围

车船税的征税范围是在中华人民共和国境内，属于《车船税法》中《车船税目税额表》所规定的车辆、船舶。车辆、船舶是指：

(1)依法应当在车船管理部门登记的机动车辆和船舶。

(2)依法不需要在车船管理部门登记、在单位内部场所行驶或者作业的机动车辆和船舶。

三、车船税的纳税人

车船税的纳税人是指在中华人民共和国境内,属于《车船税法》中《车船税目税额表》所规定的车辆、船舶的所有人或者管理人。

四、车船税的税率

车船税实行定额幅度税率,对征税的车辆、船舶规定单位上下限税额标准,省、自治区、直辖市人民政府根据《车船税法》所附《车船税税目税额表》确定车辆具体适用税额,应当遵循以下原则:

(1)乘用车依排气量从小到大递增税额。

(2)客车按照核定载客人数20人以下和20人(含)以上两档划分,递增税额。

省、自治区、直辖市人民政府确定的车辆具体适用税额,应当报国务院备案。车辆的具体适用税额由省、自治区、直辖市人民政府依照本法所附《车船税税目税额表》规定的税额幅度和国务院的规定确定。

(3)根据本地区情况变化适时调整。

船舶的具体适用税额由国务院在本法所附《车船税税目税额表》规定的税额幅度内确定。定额幅度税额,如表8-1所示。

表8-1 车船税税目税额表

税 目		计税单位	年基准税额	备 注
乘用车〔按发动机汽缸容量(排气量)分档〕	1.0升(含)以下的	每辆	60元至360元	核定载客人数9人(含)以下
	1.0升以上至1.6升(含)的		300元至540元	
	1.6升以上至2.0升(含)的		360元至660元	
	2.0升以上至2.5升(含)的		660元至1200元	
	2.5升以上至3.0升(含)的		1200元至2400元	
	3.0升以上至4.0升(含)的		2400元至3600元	
	4.0升以上的		3600元至5400元	
商用车	客车	每辆	480元至1440元	核定载客人数9人(包括电车)以上,包括电车
	货车	整备质量每吨	16元至120元	包括半挂牵引车、三轮汽车和低速载货汽车等

续表

税　目		计税单位	年基准税额	备　注
挂车		整备质量每吨	按照货车税额的50%计算	
其他车辆	专用作业车	整备质量每吨	16元至120元	不包括拖拉机
	轮式专用机械车		16元至120元	
摩托车		每辆	36元至180元	
船舶	机动船舶	净吨位每吨	3元至6元	拖船、非机动驳船分别按照机动船舶税额的50%计算；游艇的税额另行规定
	游艇	艇身长度每米	600元至2000元	

五、车船税应纳税额的计算

（一）车船税的计税依据

1. 机动船舶具体适用税额

(1)净吨位不超过200吨的,每吨3元。

(2)净吨位超过200吨但不超过2000吨的,每吨4元。

(3)净吨位超过2000吨但不超过10 000吨的,每吨5元。

(4)净吨位超过10 000吨的,每吨6元。

拖船按照发动机功率每1千瓦折合净吨位0.67吨计算征收车船税。

2. 游艇具体适用税额

(1)艇身长度不超过10米的,每米600元。

(2)艇身长度超过10米但不超过18米的,每米900元。

(3)艇身长度超过18米但不超过30米的,每米1300元。

(4)艇身长度超过30米的,每米2000元。

(5)辅助动力帆艇,每米600元。

（二）车船税的应纳税额的计算

纳税人按照纳税地点所在的省、自治区、直辖市人民政府确定的具体适用税额缴纳车船税。

(1)购置的新车船,购置当年的应纳税额自纳税义务发生的当月起按月计算。计算公式为：

$$应纳税额 = (年应纳税额 \div 12) \times 应纳税月份数$$

【随堂测验 8-4】

赵某运输公司拥有载货汽车 15 辆(每辆货车整备质量为 10 吨);乘人大客车 20 辆;小客车 10 辆。计算该公司应纳车船税税额。(载货汽车每吨年税额 90 元,乘人大客车每辆年税额 1200 元,小客车每辆年税额 800 元)

【解析】

(1)载货汽车应纳税额=90×15×10=13 500(元)

(2)大客车应纳税额=1200×20=24 000(元)

(3)小客车应纳税额=800×10=8000(元)

全年应纳车船税税额=13 500+24 000+8000=45 500(元)

(2)在一个纳税年度内,已完税的车船被盗抢、报废、灭失的,纳税人可以凭有关管理机关出具的证明和完税证明,向纳税所在地的主管税务机关申请退还自被盗抢、报废、灭失月份起至该纳税年度终了期间的税款。

(3)已办理退税的被盗抢车船,失而复得的,纳税人应当在公安机关出具相关证明的当月起计算缴纳车船税。

(4)已缴纳车船税的车船在同一纳税年度内办理转让过户的,不另纳税,也不退税。

【随堂测验 8-5】

某航运公司 2022 年拥有机动船 4 艘,每艘净吨位为 3000 吨;拖船 1 艘,发动机功率为 1800 马力。其所在省车船税计税标准为净吨位 2000 吨以下的,每吨 4 元;2001~10 000 吨的,每吨 5 元。计算该航运公司 2022 年应缴纳车船税税额。

【解析】

拖船和非机动船舶按照机动船舶税额的 50% 计算。拖船按照发动机功率 2 马力折合净吨位 1 吨计算征收车船税。

应纳车船税=3000×4×5+1800×50%×4×50%=61 800(元)。

六、车船税的税收优惠

(一) 免征车船税的优惠

(1)捕捞、养殖渔船;

(2)军队、武装警察部队专用的车船;

(3)警用车船;

(4)悬挂应急救援专用号牌的国家综合性消防救援车辆和国家综合性消防救援专用船舶;

(5)依照法律规定应当予以免税的外国驻华使领馆、国际组织驻华代表机构及其有关人员的车船。

（二）免征、减征车船税的优惠

（1）对节约能源、使用新能源的车船可以减征或者免征车船税；

（2）对受严重自然灾害影响纳税困难以及有其他特殊原因确需减税、免税的，可以减征或者免征车船税。

具体办法由国务院规定，并报全国人民代表大会常务委员会备案。

（3）省、自治区、直辖市人民政府根据当地实际情况，可以对公共交通车船、农村居民拥有并主要在农村地区使用的摩托车、三轮汽车和低速载货汽车定期减征或者免征车船税。

此外，经批准临时入境的外国车船和中国香港、澳门、台湾地区的车船，不征收车船税。

七、车船税的征收管理

（一）车船税的纳税义务发生的时间

车船税的纳税义务发生时间为取得车船所有权或者管理权的当月，以购买车船的发票或者其他证明文件所载日期为准。

扣缴义务人应当及时解缴代收代缴的车船税及其滞纳金，并向税务机关申报。

购置的新车船，购置当年的应纳税额自纳税义务发生的当月起按月计算。应纳税额为年应纳税额除以12再乘以应纳税月份数。

已经缴纳车船税的车船在本纳税年度期间办理转让过户的，不另外缴纳车船税，也不退还已经缴纳的车船税。

已经缴纳车船税的车船，由于质量原因被退回生产企业或者经销商的，纳税人可以向纳税所在地的税务机关申请退还自退货月份起至该纳税年度终了期间的车船税。

（二）车船税的纳税期限

车船税按年申报，分月计算，一次性缴纳，具体申报纳税期限由各省、自治区和直辖市人民政府规定。纳税年度为公历1月1日至12月31日。纳税人没有自行申报缴纳车船税的，车船税的纳税期限为纳税人投保机动车第三者责任强制保险或者办理车船登记、检验的当日。

（三）车船税的纳税地点

车船税由地方税务机关负责征收。

车船税的纳税地点为车船的登记地或者车船税扣缴义务人所在地。依法不需要办理登记的车船，车船税的纳税地点为车船的所有人或者管理人所在地。

（四）车船税的纳税申报

扣缴义务人已代收代缴车船税的，纳税人不再向车辆登记地的主管税务机关申报缴纳车船税。没有扣缴义务人的,纳税人应当向主管税务机关自行申报缴纳车船税。

纳税人缴纳车船税时,应当提供反映排气量、整备质量、核定载客人数、净吨位、千瓦、艇身长度等与纳税相关信息的相应凭证以及税务机关根据实际需要要求提供的其他资料。纳税人以前年度已经提供前款所列资料信息的,可以不再提供。

税务机关可以在车船登记管理部门、车船检验机构的办公场所集中办理车船税征收事宜。公安机关交通管理部门在办理车辆相关登记和定期检验手续时,经核查,对没有提供依法纳税或者免税证明的,不予办理相关手续。

从事机动车第三者责任强制保险业务的保险机构为机动车车船税的扣缴义务人,应当在收取保险费时依法代收车船税,并出具代收税款凭证。

第三节 印花税法

一、印花税法概述

(一) 印花税的概念

印花税是对中华人民共和国境内的经济活动和经济交往中书立、领受、使用的应税经济凭证所征收的一种税。

> 😊 **小贴士**
>
> 印花税是世界各国普遍征收的一个税种,印花税始于1624年的荷兰,是个古老的税种。北洋政府曾颁布过《印花税法》,并于1913年首次开征印花税。1927年国民党政府公布了《印花税暂行条例》。中华人民共和国成立后,中央人民政府政务院于1950年1月发布《全国税政实施要则》,规定印花税为全国统一开征的14个税种之一。1958年简化税制后,印花税被并入工商统一税,很长一段时间未单独征收。
>
> 党的十一届三中全会以来,随着改革开放政策的贯彻实施,国民经济得到迅速发展,经济获得中依法书立各种凭证已经成为普遍现象。国家于1988年10月1日起恢复征收印花税。

(二) 印花税的特征

1. 征税范围广泛

在中华人民共和国境内书立、使用、领受的,具有法律效力的各类合同、产权转移书据、权利许可证照等都应当缴纳印花税。随着市场经济的发展和经济法治的健全,印花税的征收面将更广泛。

2. 税负轻

印花税的税率较低,比例税率一般是万分之几或千分之几;定额税率为每件应税凭证 5 元。

3. 缴纳办法特殊

印花税的缴纳办法是由纳税人依照法律规定自行计算税额、自行购买税票、自行粘贴并画销。而且,多贴印花税票者,不得申请退税或者抵用。

(三)开征印花税的意义

(1)有利于开拓财源,增加财政收入。
(2)有利于加强对税收的征收管理。
(3)有利于提高纳税人自觉纳税的法治观念。
(4)有利于在对外经济交往中维护我国的权益。

(四)印花税法的概念

印花税法,是指国家制定的用以调整印花税征收与缴纳之间的权利及义务关系的法律规范。

1988年8月6日,国务院发布《中华人民共和国印花税暂行条例》(以下简称《印花税暂行条例》),该条例于同年10月1日起实施。2011年1月8日,国务院对该条例进行了修改。1988年9月29日,财政部发布《中华人民共和国印花税暂行条例实施细则》。2021年6月10日第十三届全国人民代表大会常务委员会第二十九次会议通过了《中华人民共和国印花税法》(以下简称《印花税法》),自2022年7月1日起施行,《印花税暂行条例》同时废止。

二、印花税的征税范围

《印花税暂行条例》采用列举的方式规定了缴纳印花税的凭证,列有5大类。

1. 合同或具有合同性质的凭证

合同或具有合同性质的凭证包括购销、加工承揽、建设工程承包、财产租赁、货物运输、仓储保管、借款、财产保险、技术合同或者具有合同性质的凭证。具有合同性质的凭证,是指具有合同效力的协议、契约、合约、单据、确认书及其他各种名称的凭证。

2. 产权转移书据

产权转移书据,是指单位和个人产权的买卖、继承、赠与、交换、分割等所立的书据,包括财产所有权、著作权、商标专用权、专利权、专有技术使用权等转让时所订立的书据。

另外,土地使用权出让合同、土地使用权转让合同、商品房销售合同按照产权转移书据征收印花税。

3. 营业账簿

营业账簿包括单位或者个人记载生产经营活动的财务会计核算账簿。

4. 权利、许可证照

权利、许可证照包括房屋产权证、工商营业执照、商标注册证、专利证和土地使用证等。

5. 经财政部确定征税的其他凭证

以电子形式签订的应税凭证也应当按照规定缴纳印花税。

三、印花税的纳税人

印花税的纳税人,是指在我国境内书立、领受应税凭证的单位和个人,包括国内各类企业、行政单位、事业单位、军事单位、社会团体、其他单位、个体工商户和其他个人。

(1)立合同人,是指合同的当事人。如果一份合同或应税凭证由两方或两方以上当事人共同签订,签订合同或应税凭证的各方都是纳税人,但不包括合同的担保人、证人、鉴定人。

(2)立账簿人,是指开立并使用营业账簿的单位和个人。

(3)立据人,是指书立产权转移书据的单位和个人。

(4)领受人,是指领受并持有权利许可证照的单位和个人。

(5)使用人,在国外书立、领受,但是在国内使用的应税凭证,使用人是纳税人。

(6)各类电子应税凭证的签订人,即以电子形式签订的各类应税凭证的当事人。

四、印花税的税目和税率

印花税采用比例税率和定额税率两种形式。各类合同以及合同性质的凭证、记载资金的账簿和产权转移书据等适用比例税率,其他营业账簿、权利、许可证照等适用定额税率,按件征收,如表 8-2 所示。

表 8-2　印花税税目税率表

税　目	范　围	税　率	纳税人	说　明
1.购销合同	包括供应、预购、采购、购销结合及协作、调剂、补偿、易货等合同	按购销金额 0.3‰ 贴花	立合同人	
2.加工承揽合同	包括加工、定做、修缮、修理、印刷广告、测绘、测试等合同	按加工或承揽收入 0.5‰ 贴花	立合同人	
3.建设工程勘察设计合同	包括勘察、设计合同	按收取费用 0.5‰ 贴花	立合同人	
4.建筑安装工程承包合同	包括建筑、安装工程承包合同	按承包金额 0.3‰ 贴花	立合同人	
5.财产租赁合同	包括租赁房屋、船舶、飞机、机动车辆、机械、器具、设备等合同	按租赁金额 1‰ 贴花。税额不足 1 元,按 1 元贴花	立合同人	

续表

税　目	范　围	税　率	纳税人	说　明
6.货物运输合同	包括民用航空运输、铁路运输、海上运输、内河运输和联运合同	按运输收取的费用 0.5‰贴花	立合同人	单据作为合同使用的,按合同贴花
7.仓储保管合同	包括仓储、保管合同	按仓储收取的保管费用1‰贴花	立合同人	仓单或栈单作为合同使用的,按合同贴花
8.借款合同	银行及其他金融组织和借款人(不包括银行同业拆借)所签订的借款合同	按借款金额0.05‰贴花	立合同人	单据作为合同使用的,按合同贴花
9.财产保险合同	包括财产、责任、保证、信用等保险合同	按支付(收取)的保险费1‰贴花	立合同人	单据作为合同使用的,按合同贴花
10.技术合同	包括技术开发、转让、咨询、服务等合同	按所记载金额 0.3‰贴花	立合同人	
11.产权转移书据	包括财产所有权和版权、商标专用权、专利权、专有技术使用权等转移书据,土地使用权出让、转让合同和商品房销售合同	按所记载金额0.5‰贴花	立据人	
12.营业账簿	生产、经营用账册	记载资金的账簿,按实收资本和资本公积的合计金额0.5‰贴花。目前减半征税;其他账簿免税	立账簿人	
13.权利、许可证照	包括政府部门发给的房屋产权证、工商营业执照、商标注册证、专利证、土地使用证	按件贴花,每件5元	领受人	
14.股票交易	股份制企业向社会公开发行的股票,因买卖、继承和赠与书立的股权转让书据	按书据书立时证券市场当日实际成交价格计算的金额和1‰的税率计算应纳税额	出让方	

五、印花税应纳税额的计算

根据不同的征税项目,印花税分别采用从价计征和从量计征等方式。从价计征,一般适用于合同或者具有合同性质的凭证及记载资金的账簿。从量计征是以应税凭证件数为计税依据,一般适用于营业账簿中除记载资金的账簿以外的其他账簿、权利许可证照。

(1)适用比例税率计算应纳税额的,计算公式是:

$$应纳税额 = 应纳税凭证记载的金额(费用/收入额) \times 适用比例税率$$

(2)适用定额税率计算应纳税额的,计算公式是:

$$应纳税额 = 应纳税凭证的件数 \times 适用定额税率$$

印花税票的票面金额以人民币计算。应纳税凭证所载金额为其他货币的,应当先按照凭证书立当日的汇价折算成人民币,然后计算缴纳印花税。

印花税应纳税额不足1角的,免税。应纳税额在1角以上的,其尾数不满5分得不计,满5分得按照1角计算缴纳。

同一凭证,因载有两个或者两个以上经济事项而适用不同税目税率,如分别记载金额的,应分别计算应纳税额,相加后按合计税额贴花;如未分别记载金额的,按税率高的计税贴花。

已经缴纳印花税的凭证,修改以后所载金额增加的,其增加的部分应当补贴印花税票。

【随堂测验 8-6】

甲公司和乙公司签订了两份运输保管合同:第一份合同载明的金额合计 50 万元(运费和保管费并未分别记载);第二份合同中注明运费 30 万元、保管费 10 万元。分别计算甲公司第一份、第二份合同应缴纳的印花税税额。

【解析】

(1)第一份合同应缴纳印花税税额 = 500 000 × 1‰ = 500(元)

(2)第二份合同应缴纳印花税税额 = 300 000 × 0.5‰ + 100 000 × 1‰ = 250(元)

六、印花税的税收优惠

1. 法定免征印花税优惠

下列凭证,免征印花税:

(1)已缴纳印花税的凭证的副本或者抄本,但是视同正本使用者除外。

(2)财产所有人将财产赠给政府和扶养孤老、伤残人员的社会福利单位、学校所立的书据。

(3)政府指定的收购不满与村民委员会、农民个人书立的农副产品收购合同。

(4)无息、贴息贷款合同。

(5)外国政府、国际金融组织向中国政府、国家金融机构提供优惠贷款所书立的合同。

(6)企业因改制而签订的产权转移书据。

(7)农民专业合作社与本社成员签订的农业产品和农业生产资料购销合同。

(8)因农村集体经济组织和代行集体经济组织职能的村民委员会、村民小组清产核资收回集体资产而签订的产权转移书据。

(9)个人出租、承租住房签订的租赁合同涉及的印花税,经济适用住房经营管理单位与经济适用住房相关的印花税,经济适用住房购买人涉及的印花税。

开发商在商品住房项目中配套建造经济适用住房,能够提供相关材料的,可以按照经济适用住房建筑面积占总建筑面积的比例,免征开发商应当缴纳的印花税。

2. 暂时免征印花税的优惠

(1)农林作物、牧业畜类保险合同。

(2)书、报、刊发行单位之间,发行单位与订阅单位、个人之间书立的凭证。

(3)对铁路、公路、航运、水路承运快件行李、包裹开具的托运单据,暂免贴花。

(4)投资者买卖证券投资基金单位。

(5)经国务院和省级人民政府决定或者批准进行政企脱钩、对企业(集团)进行改组和改变管理体制、变更企业隶属关系、国有企业改制、盘活国有企业资产,发生的国有股权无偿划转行为。

(6)个人销售、购买住房。

3. 自2018年至2023年,金融机构与小型、微型企业签订的借款合同可以免征印花税

4. 自2019年至2023年,公租房经营管理单位,可以免征建设、管理公租房涉及的印花税。 在其他住房项目中配套建设公租房,可以按照公租房建筑面积占总建筑面积的比例免征建设、管理公租房涉及的印花税。公租房经营管理单位购买住房作为公租房,可以免征印花税;公租房租赁双方,可以免征签订租赁协议涉及的印花税。

七、印花税的征收管理

(一)纳税义务发生时间

印花税应当在书立或领受时贴花。如果合同是在国外签订,并且不便在国外贴花的,应在将合同带入境时办理贴花纳税手续。

(二)纳税地点

印花税一般实行就地纳税。

(三) 纳税期限

印花税的纳税方法与其他税种不同,其特点之一就是由纳税人根据税法规定,自行计算应纳税额,并自行购买印花税票,自行完成纳税义务。同时,对特殊情况采取特定的纳税贴花方法。税法规定,印花税应税凭证应在书立、领受时即行贴花完税,不得延至凭证生效日期贴花。同一种类应纳印花税凭证若需要频繁贴花的,纳税人可向当地税务机关申请近期汇总缴纳印花税,经税务机关核准发给许可证后,按税务机关确定的限期(最长不超过1个月)汇总计算纳税。

(四) 缴纳方法

根据税额大小,应税项目纳税次数多少以及税源控管的需要,印花税分别采用自行贴花、汇贴或汇缴和委托代征三种缴纳方法。

一份凭证应纳税额超过500元的,纳税人应向当地税务机关申请填写缴款书或完税证,将其中一联粘贴在凭证上;或者税务机关在凭证上加注完税标记代替贴花。

八、《印花税法》的核心内容

(一) 纳税人

在中华人民共和国境内书立应税凭证、进行证券交易的单位和个人,为印花税的纳税人,应当依照《印花税法》的规定缴纳印花税。

在中华人民共和国境外书立在境内使用的应税凭证的单位和个人,应当依照《印花税法》的规定缴纳印花税。

应税凭证,是指《印花税法》所附《印花税税目税率表》列明的合同、产权转移书据和营业账簿。证券交易,是指转让在依法设立的证券交易所、国务院批准的其他全国性证券交易场所交易的股票和以股票为基础的存托凭证。

证券交易印花税对证券交易的出让方征收,不对受让方征收。

(二) 印花税的税目、税率与计税依据

印花税的税目、税率,依照《印花税法》所附《印花税税目税率表》执行(如表8-3所示)。

印花税的计税依据如下:

(1) 应税合同的计税依据,为合同所列的金额,不包括列明的增值税税款。

(2) 应税产权转移书据的计税依据,为产权转移书据所列的金额,不包括列明的增值税税款。

(3) 应税营业账簿的计税依据,为账簿记载的实收资本(股本)、资本公积合计金额。

(4) 证券交易的计税依据,为成交金额。

应税合同、产权转移书据未列明金额的,印花税的计税依据按照实际结算的金额确定。

计税依据按照前款规定仍不能确定的,按照书立合同、产权转移书据时的市场价格确定;依法应当执行政府定价或者政府指导价的,按照国家有关规定确定。

证券交易无转让价格的,按照办理过户登记手续时该证券前一个交易日收盘价计算确定计税依据;无收盘价的,按照证券面值计算确定计税依据。

表8-3　印花税税目税率表

税　目		税　率	备　注
合同(指书面合同)	借款合同	借款金额的万分之零点五	指银行业金融机构、经国务院银行业监督管理机构批准设立的其他金融机构与借款人(不包括同业拆借)的借款合同
	融资租赁合同	租金的万分之零点五	
	买卖合同	价款的万分之三	指动产买卖合同(不包括个人书立的动产买卖合同)
	承揽合同	报酬的万分之三	
	建设工程合同	价款的万分之三	
	运输合同	运输费用的万分之三	指货运合同和多式联运合同(不包括管道运输合同)
	技术合同	价款、报酬或者使用费的万分之三	不包括专利权、专有技术使用权转让书据
	租赁合同	租金的千分之一	
	保管合同	保管费的千分之一	
	仓储合同	仓储费的千分之一	
	财产保险合同	保险费的千分之一	不包括再保险合同
产权转移书据	土地使用权出让书据	价款的万分之五	转让包括买卖(出售)、继承、赠与、互换和分割
	土地使用权、房屋等建筑物和构筑物所有权转让书据(不包括土地承包经营权和土地经营权转移)	价款的万分之五	
	股权转让书据(不包括应缴纳证券交易印花税的)	价款的万分之五	
	商标专用权、著作权、专利权、专有技术使用权转让书据	价款的万分之三	
营业账簿		实收资本(股本)、资本公积合计全额的万分之二点五	
证券交易		成交金额的千分之一	

(三) 应纳税额的计算

印花税的应纳税额按照计税依据乘以适用税率计算。

同一应税凭证载有两个以上税目事项并分别列明金额的，按照各自适用的税目税率分别计算应纳税额；未分别列明金额的，从高适用税率。

同一应税凭证由两方以上当事人书立的，按照各自涉及的金额分别计算应纳税额。

已缴纳印花税的营业账簿，以后年度记载的实收资本（股本）、资本公积合计金额比已缴纳印花税的实收资本（股本）、资本公积合计金额增加的，按照增加部分计算应纳税额。

(四) 印花税的税收优惠

下列凭证免征印花税：

(1) 应税凭证的副本或者抄本。

(2) 依照法律规定应当予以免税的外国驻华使馆、领事馆和国际组织驻华代表机构为获得馆舍书立的应税凭证。

(3) 中国人民解放军、中国人民武装警察部队书立的应税凭证。

(4) 农民、家庭农场、农民专业合作社、农村集体经济组织、村民委员会购买农业生产资料或者销售农产品书立的买卖合同和农业保险合同。

(5) 无息或者贴息借款合同、国际金融组织向中国提供优惠贷款书立的借款合同。

(6) 财产所有权人将财产赠与政府、学校、社会福利机构、慈善组织书立的产权转移书据。

(7) 非营利性医疗卫生机构采购药品或者卫生材料书立的买卖合同。

(8) 个人与电子商务经营者订立的电子订单。

根据国民经济和社会发展的需要，国务院对居民住房需求保障、企业改制重组、破产、支持小型微型企业发展等情形可以规定减征或者免征印花税，报全国人民代表大会常务委员会备案。

(五) 印花税的税收征收管理

(1) 纳税人为单位的，应当向其机构所在地的主管税务机关申报缴纳印花税；纳税人为个人的，应当向应税凭证书立地或者纳税人居住地的主管税务机关申报缴纳印花税。

(2) 不动产权属发生转移的，纳税人应当向不动产所在地的主管税务机关申报缴纳印花税。

(3) 纳税人为境外单位或者个人，在境内有代理人的，以其境内代理人为扣缴义务人；在境内没有代理人的，由纳税人自行申报缴纳印花税，具体办法由国务院税务主管部门规定。

(4)证券登记结算机构为证券交易印花税的扣缴义务人,应当向其机构所在地的主管税务机关申报解缴税款以及银行结算的利息。

(5)印花税的纳税义务发生时间为纳税人书立应税凭证或者完成证券交易的当日。

证券交易印花税扣缴义务发生时间为证券交易完成的当日。

(6)印花税按季、按年或者按次计征。实行按季、按年计征的,纳税人应当自季度、年度终了之日起 15 日内申报缴纳税款;实行按次计征的,纳税人应当自纳税义务发生之日起 15 日内申报缴纳税款。

证券交易印花税按周解缴。证券交易印花税扣缴义务人应当自每周终了之日起 5 日内申报解缴税款以及银行结算的利息。

(7)印花税可以采用粘贴印花税票或者由税务机关依法开具其他完税凭证的方式缴纳。印花税票粘贴在应税凭证上的,由纳税人在每枚税票的骑缝处盖戳注销或者画销。

第四节 契 税 法

一、契税法概述

(一)契税的概念

契税是对在中华人民共和国境内办理土地、房屋所有权转移登记时,向产权承受人征收的一种税。

(二)契税的特征

(1)契税是对所有权发生转移变动的不动产征收的一种税。

(2)契税由承受该不动产者缴纳。契税属于土地、房屋产权发生交易过程中的财产税,由承受人纳税,即买方纳税。

(3)契税在转让环节征收。对买方征税的目的,在于承认不动产转移生效,承受人纳税以后,便可拥有转移过来的不动产产权或使用权,法律保护纳税人的合法权益。

(4)契税是按次征收。

(三)契税法的概念

契税法,是指国家制定的用以调整契税征收与缴纳之间的权利及义务关系的法律规范。

契税的主要法律依据包括:1997 年 7 月 7 日,国务院发布的《契税暂行条例》,1997 年 10 月 1 日起开始实施于 2019 年由国务院修订。1997 年 10 月 28 日,财政部发布《中华人民共和国契税暂行条例细则》。2020 年 8 月 11 日,第十三届全国人民代表大会常务委员会第二十一次会议通过了《中华人民共和国契税法》(以下简称《契税法》),自 2021

年 9 月 1 日起施行。

二、契税的征税范围

（一）国有土地使用权出让

国有土地使用权出让是指土地使用者向国家交付土地使用权出让费用，国家将国有土地使用权在一定年限内让与土地使用者的行为。

（二）土地使用权转让

土地使用权转让是指土地使用者以出售、赠与、交换或者其他方式将土地使用权转移给其他单位和个人的行为。但是不包括农村集体土地承包经营权的转移。

（三）房屋买卖

即以货币为媒介，出卖者向购买者过渡房产所有权的交易行为。

（四）房屋赠与

房屋赠与，是指房屋产权所有人将房屋无偿转让给他人所有。房屋的受赠人原则上要按规定缴纳契税。以获奖方式取得房屋产权，实质上是接受赠与房产的行为，也应缴纳契税。

（五）房屋交换

房屋互换是指房屋所有者之间互相交换房屋的行为。

三、契税的纳税人

契税的纳税人，是在我国境内承受土地、房屋权属的单位和个人。单位，是指企业、行政单位、事业单位、军事单位和社会团体、其他单位、个体工商户和其他个人。

四、契税的税率

契税实行 3‰～5‰ 的幅度比例税率。契税的具体适用税率，由省、自治区、直辖市人民政府在规定的幅度内，按照本地区的实际情况确定，报同级人民代表大会常务委员会决定，并报全国人民代表大会常务委员会和国务院备案。

自 2010 年 10 月 1 日起，对个人购买 90 平方米以下且属家庭唯一住房的普通商品住房，减按 1‰ 的税率征收契税。

五、契税应纳税额的计算

契税实行从价计征，其计税依据是不动产的价格。

(一) 契税应纳税额的计算公式

$$契税应纳税额 = 计税依据 \times 税率$$

(二) 契税的计税依据

(1) 土地使用权出让、出售，房屋买卖，为土地、房屋权属转移合同确定的成交价格，包括应交付的货币以及实物、其他经济利益对应的价款。

(2) 土地使用权互换、房屋互换，为所互换的土地使用权、房屋价格的差额。

(3) 土地使用权赠与、房屋赠与以及其他没有价格的转移土地、房屋权属行为，为税务机关参照土地使用权出售、房屋买卖的市场价格依法核定的价格。

纳税人申报的成交价格、互换价格差额明显偏低且无正当理由的，由税务机关依法核定契税的计税依据不包括增值税。

(4) 以划拨方式取得土地使用权的，在经过批准转让房地产时，由房地产转让者补缴契税。计税依据为房地产转让者补缴的土地使用权出让价款或者土地收益。

【随堂测验 8-7】

2022年2月，某企业以900万元购买一块土地的使用权，该企业所在地人民政府确定的契税税率是5%。计算该企业应当缴纳的契税税额。

【解析】

契税应纳税额 = 900 × 5% = 45(万元)

六、契税的税收优惠

(一) 免征契税的税收优惠

有下列情形之一的，免征契税：

(1) 国家机关、事业单位、社会团体、军事单位承受土地、房屋权属用于办公、教学、医疗、科研、军事设施。

(2) 非营利性的学校、医疗机构、社会福利机构承受土地、房屋权属用于办公、教学、医疗、科研、养老、救助。

(3) 承受荒山、荒地、荒滩土地使用权用于农、林、牧、渔业生产。

(4) 婚姻关系存续期间夫妻之间变更土地、房屋权属。

(5) 法定继承人通过继承承受土地、房屋权属。

(6) 依照法律规定应当予以免税的外国驻华使馆、领事馆和国际组织驻华代表机构承受土地、房屋权属。

(7) 2021年1月1日至2023年12月31日，饮水工程运营管理单位为建设饮水工程而承受土地使用权。

(8)2019年6月1日至2025年12月31日,为社区提供养老、托育、家政等服务的机构,承受房屋、土地用于提供社区养老、托育、家政服务。

根据国民经济和社会发展的需要,国务院对居民住房需求保障、企业改制重组、灾后重建等情形可以规定免征或者减征契税,报全国人民代表大会常务委员会备案。

(二) 省、自治区、直辖市可以决定免征或者减征契税的情形

省、自治区、直辖市可以决定对下列情形免征或者减征契税:

(1)因土地、房屋被县级以上人民政府征收、征用,重新承受土地、房屋权属。

(2)因不可抗力灭失住房,重新承受住房权属。

(3)土地、房屋被县级以上人民政府征用、占用后,重新承受土地、房屋权属的,由省、自治区、直辖市人民政府确定是否减征或者免征契税。

(4)纳税人承受荒山、荒沟、荒丘、荒滩土地使用权,用于农、林、牧、渔业生产的,免征契税。

(5)外国驻华使馆、领事馆、联合国驻华机构及其外交代表、领事官员和其他外交人员承受土地、房屋权属的,经外交部确认,可以免征契税。

上述规定的免征或者减征契税的具体办法,由省、自治区、直辖市人民政府提出,报同级人民代表大会常务委员会决定,并报全国人民代表大会常务委员会和国务院备案。

纳税人改变有关土地、房屋的用途,或者有其他不再属于法律规定的免征、减征契税情形的,应当缴纳已经免征、减征的税款。

下列情况下,国家免征契税:

(1)国家机关、事业单位、社会团体、军事单位承受土地、房屋用于办公、教学、医疗、科研和军事设施的,免征契税。

(2)城镇职工按规定第一次购买公有住房的,免征契税。

(3)因不可抗力灭失住房而重新购买住房的,酌情准予减征或者免征契税。不可抗力,是指自然灾害、战争等不能预见、不能避免、并不能克服的客观情况。

七、契税的征收管理

(一) 纳税义务发生的时间

(1)契税的纳税义务发生时间为纳税人签订土地、房屋权属转移合同的当天,或者纳税人取得其他具有土地、房屋权属转移合同性质凭证的当天。

(2)纳税人因改变土地、房屋用途应当补缴已经减征、免征契税的,其纳税义务发生时间为改变有关土地、房屋用途的当天。

(二) 契税的纳税期限

纳税人应当自纳税义务发生之日起10日内,向土地、房屋所在地的契税征收机关办

理纳税申报,并在契税征收机关核定的期限内缴纳税款。

纳税人办理纳税事宜后,契税征收机关应当向纳税人开具契税完税凭证。纳税人应当持契税完税凭证和其他规定的文件材料,依法向土地管理部门、房产管理部门办理有关土地、房屋的权属变更登记手续。纳税人未出具契税完税凭证的,土地管理部门、房产管理部门不予办理有关土地、房屋的权属变更登记手续。

购买新建商品房的纳税人在办理契税纳税申报时,由于销售新建商品房的房地产开发企业已办理注销税务登记或者被税务机关列为非正常户等原因,致使纳税人不能取得销售不动产发票的,税务机关在核实有关情况后应予受理。

(三) 契税的纳税地点

契税在土地、房屋所在地的税务征收机关缴纳。

【导学案例解析】

应缴纳的车船税税额 $= 1500 \times 10 \times 4 + 2000 \times 4 \times 4 \times 5/12$
$= 73\,333.33(元)$

第九章　资源税、环境保护税和城镇土地使用税法

【本章学习目标】
1. 掌握资源税、环境保护税和城镇土地使用税的纳税人，征收范围和税率，应纳税额的计算。
2. 理解资源税、环境保护税和城镇土地使用税的征收管理。
3. 了解资源税、环境保护税和城镇土地使用税的概念和特征。

【导学案例】
某企业实际占用的土地面积为1万平方米，当地政府规定的城镇土地使用税适用税率为每平方米每年20元，计算该企业占用上述土地全年应纳城镇土地使用税税额。

第一节　资源税法

一、资源税法概述

（一）资源税的概念

资源税是国家对在我国境内从事开采或生产应税产品的单位和个人，就其资源生成和开发条件的差异而形成的差级收入征收的一种税。我国对矿产品或生产盐征收资源税。

（二）资源税的特征

（1）征税范围小，只对特定的资源征税。
（2）主要目的是调节差级收入。由于资源条件的不同，开采矿产资源的企业的利润水平有很大差异，通过征收资源税，可以合理地调整企业开发利用资源的收入水平，促进各企业的公平竞争。
（3）采用差别税额，实行从价和从量定额征收，计算简便。

（三）开征资源税意义

（1）为鼓励节约开采和合理利用资源、保护环境，增加资源地区特别是中西部地区的财力，统筹区域协调发展。

(2) 提高部分资源税负水平。
(3) 扩大征税范围。
(4) 统一油气资源税费制度。

(四) 资源税法的概念

资源税法,是指国家制定的用以调整资源税征收与缴纳相关权利及义务关系的法律规范。

资源税的法律依据是2019年8月26日第十三届全国人民代表大会常务委员会第十二次会议制定的《中华人民共和国资源税法》(以下简称《资源税法》),该法自2020年9月1日起施行。

二、资源税的征税范围

应税资源的具体范围,由《资源税法》所附《资源税税目税率表》(以下称《税目税率表》)确定。

从理论上讲,资源的范围很广,包括矿产资源以及其他自然资源。目前,我国资源税的征税范围并不包括所有开发利用的国有资源,只对《资源税暂行条例》规定的矿产品和盐征税。

征收资源税的资源有:

(1) 原油,是指开采的天然原油,不包括人造石油。
(2) 天然气,是指专门开采或者与原油同时开采的天然气。
(3) 煤炭,是指原煤,不包括洗煤、选煤及其他煤炭制品。
(4) 其他非金属矿原矿,是指上列产品和井矿盐以外的非金属矿原矿。
(5) 固体盐,是指海盐原盐、湖盐原盐和井矿盐。液体盐,是指卤水。

三、资源税的纳税人

在中华人民共和国领域和中华人民共和国管辖的其他海域开发应税资源的单位和个人,为资源税的纳税人。

作为资源税纳税义务人的单位,是指国有企业、集体企业、私营企业、股份制企业、其他企业和行政单位、事业单位、军事单位、社会团体及其他单位。个人,是指个体经营者和其他个人。其他单位和其他个人包括外商投资企业、外国企业及外籍人员。

资源税规定仅对在中国境内开采或生产应税产品的单位和个人征收,因此,进口的矿产品和盐不征收资源税。单位和个人以应税产品投资、分配、抵债、赠与、以物易物等,视同销售,应按规定计算缴纳资源税。

开采海洋或陆上油气资源的中外合作油气田,在2011年11月1日前已签订的合同继续缴纳矿区使用费,不缴纳资源税;合同期满后,依法缴纳资源税。

四、资源税的税目和税率

《税目税率表》中规定实行幅度税率的,其具体适用税率由省、自治区、直辖市人民政府统筹考虑该应税资源的品位、开采条件以及对生态环境的影响等情况,在《税目税率表》规定的税率幅度内提出,报同级人民代表大会常务委员会决定,并报全国人民代表大会常务委员会和国务院备案。《税目税率表》中规定征税对象为原矿或者选矿的,应当分别确定具体适用税率。

(一) 资源税税目

资源税税目包括5大类,在5个税目下又设有若干个子目。《资源税法》所列的税目有164个,涵盖了所有已经发现的矿种和盐。分别如下:

1. 能源矿产

(1)原油,是指开采的天然原油,不包括人造石油。

(2)天然气、页岩气、天然气水合物。

(3)煤炭,包括原煤和以未税原煤加工的洗选煤。

(4)煤成(层)气。

(5)铀、钍。

(6)油页岩、油砂、天然沥青、石煤。

(7)地热。

2. 金属矿产

(1)黑色金属。

(2)有色金属。

3. 非金属矿产

(1)矿物类。

(2)岩石类。

(3)宝石类。

4. 水气矿产

(1)二氧化碳气、硫化氢气、氦气、氡气。

(2)矿泉水。

5. 盐

(1)钠盐、钾盐、镁盐、锂盐。

(2)天然卤水。

(3)海盐。

具体税目,以表9-1资源税税目税率表为准。

上述各税目征税时有的对原矿征税,有的对选矿征税,具体适用的征税对象按照《税目税率表》的规定执行，主要包括三类：

(1) 按原矿征税。

(2) 按选矿征税。

(3) 按原矿或者选矿征税。

（二）税率

资源税按照《税目税率表》实行从价计征或者从量计征。

实行从价计征的，应纳税额按照应税资源产品（以下称应税产品）的销售额乘以具体适用税率计算。实行从量计征的，应纳税额按照应税产品的销售数量乘以具体适用税率计算。实行"级差调节"的原则。级差调节是指运用资源税对因资源贮存状况、开采条件、资源优劣、地理位置等客观存在的差别而产生的资源级差收入，通过实施差别税率或差别税额进行调节。

资源税税目税率如表9-1所示。（2020年9月1日起执行）

表9-1 资源税税目税率表

税　目			征群对象	税　率
能源矿产	原油		原矿	6%
	天然气、页岩气、天然气水合物		原矿	6%
	煤		原矿或者选矿	2%～10%
	煤成(层)气		原矿	1%～2%
	铀、钍		原矿	4%
	油页岩、油砂、天然沥青、石煤		原矿或者选矿	1%～4%
	地热		原矿	1%～20%或者每立方米1～30元
金属矿产	黑色金属	铁、锰、铬、钒、钛	原矿或者选矿	1%～9%
	有色金属	铜、铅、锌、锡、镍、锑、镁、钴、铋、汞	原矿或者选矿	2%～10%
		铝土矿	原矿或者选矿	2%～9%
		钨	选矿	6.5%
		钼	选矿	8%
		金、银	原矿或者选矿	2%～6%
		铂、钯、钌、铑、铱、锇	原矿或者选矿	5%～10%
		轻稀土	选矿	7%～12%
		中重稀土	选矿	20%
		铍、锂、锆、锶、铯、铌、钽、锗、镓、铟、铊、铪、铼、硒、碲	原矿或者选矿	2%～10%

续表

		税 目	征税对象	税 率
非金属矿产	矿物类	高岭土	原矿或者选矿	1%~6%
		石灰岩	原矿或者选矿	1%~6%或者每吨（或者每立方米）1~10元
		磷	原矿或者选矿	3%~8%
		石墨	原矿或者选矿	3%~12%
		萤石、硫铁矿、自然硫	原矿或者选矿	1%~8%
		天然石英砂、脉石英、粉石英、水晶、工业用金刚石、冰洲石、蓝晶石、硅线石（矽线石）、长石、滑石、刚玉、菱镁矿、颜料矿物、天然碱、芒硝、钠硝石、明矾石、砷、硼、碘、溴、膨润土、硅藻土、陶瓷土、耐火黏土、铁矾土、凹凸棒石黏土、海泡石黏土、伊利石黏土、累托石黏土	原矿或者选矿	1%~12%
		叶蜡石、硅灰石、透辉石、珍珠岩、云母、沸石、重晶石、毒重石、方解石、蛭石、透闪石、工业用电气石、白垩、石棉、蓝石棉、红柱石、石榴子石、石膏	原矿或者选矿	2%~12%
		其他黏土（铸型用黏土、砖瓦用黏土、陶粒用黏土、水泥配料用黏土、水泥配料用黄土、水泥配料用泥岩、保温材料用黏土）	原矿或者选矿	1%~5%或者每吨（或者每立方米）0.1~5元
	岩石类	大理岩、花岗岩、白云岩、石英岩、砂岩、辉绿岩、安山岩、闪长岩、板岩、玄武岩、片麻岩、角闪岩、页岩、浮石、凝灰岩、黑曜岩、霞石正长岩、蛇纹岩、麦饭石、泥灰岩、含钾岩石、含钾砂页岩、天然油石、橄榄岩、松脂岩、粗面岩、辉长岩、辉石岩、正长岩、火山灰、火山渣、泥炭	原矿或者选矿	1%~10%
		砂石	原矿或者选矿	1%~5%或者每吨（或者每立方米）0.1~5元
	宝玉石类	宝石、玉石、宝石级金刚石、玛瑙、黄玉、碧玺	原矿或者选矿	4%~20%

续表

税　目		征群对象	税　率
水气矿产	二氧化碳气、硫化氢气、氦气、氡气	原矿	2%～5%
	矿泉水	原矿	1%～20%或者每立方米1～30元
盐	钠盐、钾盐、镁盐、锂盐	选矿	3%～15%
	天然卤水	原矿	3%～15%或者每吨（或者每立方米）1～10元
	海盐		2%～5%

《税目税率表》中规定可以选择实行从价计征或者从量计征的，具体计征方式由省、自治区、直辖市人民政府提出，报同级人民代表大会常务委员会决定，并报全国人民代表大会常务委员会和国务院备案。

纳税人开采或者生产不同税目应税产品的，应当分别核算不同税目应税产品的销售额或者销售数量；未分别核算或者不能准确提供不同税目应税产品的销售额或者销售数量的，从高适用税率。

五、资源税应纳税额的计算

资源税的应纳税额，按照从价定率或者从量定额的办法，分别以应税产品的销售额乘以纳税人具体适用的比例税率或者以应税产品的销售数量乘以纳税人具体适用的定额税率计算。

（一）从价定率方式应纳税额的计算

$$应纳税额＝销售额×适用税率$$

1. 销售额为纳税人销售应税产品向购买方收取的全部价款和价外费用，但不包括收取的增值税销项税额

其中，价外费用，包括价外向购买方收取的手续费、补贴、基金、集资费、返还利润、奖励费、违约金、滞纳金、延期付款利息、赔偿金、代收款项、代垫款项、包装费、包装物租金、储备费、优质费以及其他各种性质的价外收费。但下列项目不包括在内：

（1）同时符合以下条件的代垫运输费用：
①承运部门的运输费用发票开具给购买方的；
②纳税人将该项发票转交给购买方的。

（2）同时符合以下条件代为收取的政府性基金或者行政事业性收费：
①由国务院或者财政部批准设立的政府性基金，由国务院或者省级人民政府及其财政、价格、价格主管部门批准设立的行政事业性收费；

②收取时开具省级以上财政部门印制的财政票据；

③所收款项全额上缴财政。

2. 纳税人以人民币以外的货币结算销售额的，应当折合成人民币计算

其销售额的人民币折合率可以选择销售额发生的当天或者当月1日的人民币汇率中间价。纳税人应在事先确定采用何种折合率计算方法，确定后1年内不得变更。

3. 纳税人申报的应税产品销售额明显偏低并且无正当理由的、有视同销售应税产品行为而无销售价格的，税务机关可以按下列方法和顺序确定其应税产品计税价格

(1) 按纳税人最近时期同类产品的平均销售价格确定。

(2) 按其他纳税人最近时期同类产品的平均销售价格确定。

(3) 按应税产品组成计税价格确定。组成计税价格为：

$$组成计税价格 = 成本 \times (1 + 成本利润率) \div (1 - 资源税税率)$$

公式中的成本，是指应税产品的实际生产成本。公式中的成本利润率由省、自治区、直辖市税务机关确定。

【随堂测验9-1】

某油田2022年4月销售原油20 000吨，开具增值税专用发票取得销售额10 000万元、增值税税额1700万元，按《资源税税目税率幅度表》的规定，其适用的税率为8%。计算该油田4月应缴纳的资源税税额。

【解析】

销售原油应纳税额 = 10 000 × 8% = 800（万元）

（二）从量定额方式应纳税额的计算

$$应纳税额 = 课税数量 \times 单位税额$$

【随堂测验9-2】

某砂石开采企业2022年3月销售砂石3000立方米，资源税税率为2元/立方米。计算该企业3月应纳资源税税额。

【解析】

销售砂石应纳税额 = 课税数量 × 单位税额 = 3000 × 2 = 6000（元）

六、资源税的税收优惠

（一）免征资源税的情形

有下列情形之一的，免征资源税：

(1) 开采原油以及在油田范围内运输原油过程中用于加热的原油、天然气；

(2)煤炭开采企业因安全生产需要抽采的煤成(层)气。

(二)减征资源税的情形

有下列情形之一的,减征资源税:

(1)从低丰度油气田开采的原油、天然气,减征20%资源税。

(2)高含硫天然气、三次采油和从深水油气田开采的原油、天然气,减征30%资源税。

(3)稠油、高凝油减征40%资源税。

(4)自2014年12月1日至2023年8月31日,充填开采置换出来的煤炭,减征50%。

根据国民经济和社会发展需要,国务院对有利于促进资源节约集约利用、保护环境等情形可以规定免征或者减征资源税,报全国人民代表大会常务委员会备案。

(三)省、自治区、直辖市可以决定免征或者减征资源税的情形

有下列情形之一的,省、自治区、直辖市可以决定免征或者减征资源税:

(1)纳税人开采或者生产应税产品过程中,因意外事故或者自然灾害等原因遭受重大损失。

(2)纳税人开采共伴生矿、低品位矿、尾矿。

上述两项的免征或者减征资源税的具体办法,由省、自治区、直辖市人民政府提出,报同级人民代表大会常务委员会决定,并报全国人民代表大会常务委员会和国务院备案。

(四)其他减税、免税的情形

为促进页岩气开发利用,有效增加天然气供给,经国务院同意,自2018年4月1日至2021年3月31日,对页岩气资源税(按6%的规定税率)减征30%。

纳税人的免税、减税项目,应当单独核算销售额或者销售数量;未单独核算或者不能准确提供销售额或者销售数量的,不予免税或者减税。

自2019年1月1日至2021年12月31日,省、自治区、直辖市人民政府根据本地区实际情况,以及宏观调控需要确定,对增值税小规模纳税人可以在50%的税额幅度内减征资源税。增值税一般纳税人按规定转登记为小规模纳税人的,自成为小规模纳税人的当月起适用减征优惠。

【随堂测验9-3】

某矿泉水生产企业2022年8月开发生产矿泉水6900立方米,本月销售6000立方米,该企业所在省政府规定,矿泉水实行定额征收资源税,资源税税率为5元/立方米。计算该企业本月应纳资源税税额。

【解析】

当月应缴纳的资源税=6000×5=30 000(元)

七、资源税的征收管理

(一) 资源税的纳税时间

1. 纳税人销售应税产品,纳税义务发生时间如下

(1) 纳税人采取分期收款结算方式的,其纳税义务发生时间,为销售合同规定的收款日期的当天。

(2) 纳税人采取预收货款结算方式的,其纳税义务发生时间,为发出应税产品的当天。

(3) 纳税人采取其他结算方式的,其纳税义务发生时间,为收讫销售款或者取得索取销售款凭据的当天。

2. 纳税人自产自用应税产品的纳税义务发生时间,为移送使用应税产品的当天

3. 扣缴义务人代扣代缴税款的纳税义务发生时间,为支付首笔货款或首次开具支付货款凭据的当天

(二) 纳税期限

纳税人按月或者按季申报缴纳;不能按固定期限计算缴纳的,可以按次申报缴纳。应当自纳税义务发生之日起 15 日内,向税务机关办理纳税申报,并缴纳税款。

纳税人按月或者按季申报缴纳的,应当自月度或者季度终了之日起 15 日内,向税务机关办理纳税申报,并缴纳税款。

(三) 纳税环节和纳税地点

1. 纳税环节

(1) 资源税在应税产品的销售或自用环节计算缴纳。纳税人以自采原矿加工精矿产品的,在原矿移送使用时不缴纳资源税,在精矿销售或自用时缴纳资源税。

(2) 纳税人以自采原矿直接加工为非应税产品或者以自采原矿加工的精矿连续生产非应税产品的,在原矿或者精矿移送环节计算缴纳资源税。

(3) 以应税产品投资、分配、抵债、赠与、以物易物等,在应税产品所有权转移时计算缴纳资源税。

(4) 纳税人以自采原矿加工金锭的,在金锭销售或自用时缴纳资源税。纳税人销售自采原矿或者自采原矿加工的金精矿、粗金,在原矿或者金精矿、粗金销售时缴纳资源税,在移送使用时不缴纳资源税。

资源税实行一次课征制度,纳税人用已纳资源税的应税产品进一步加工应税产品销售的,原则上不再缴纳资源税。

2. 纳税地点

纳税人应纳的资源税,应当向应税产品的开采地或者生产地税务机关申报缴纳。

八、水资源税改革试点实施办法

为全面贯彻落实党的十九大精神,按照党中央、国务院决策部署,加强水资源管理和保护,促进水资源节约与合理开发利用,2017年财政部、税务总局、水利部发布了《扩大水资源税改革试点实施办法》(以下简称《办法》)。自2017年12月1日起在北京、天津、山西、内蒙古、山东、河南、四川、陕西、宁夏等9个省(自治区、直辖市)扩大水资源税改革试点。

(一)纳税义务人

除《办法》规定的情形外,水资源税的纳税人为直接取用地表水、地下水的单位和个人。

下列情形,不缴纳水资源税:

(1)农村集体经济组织及其成员从本集体经济组织的水塘、水库中取用水的。
(2)家庭生活和零星散养、圈养畜禽饮用等少量取用水的。
(3)水利工程管理单位为配置或者调度水资源取水的。
(4)为保障矿井等地下工程施工安全和生产安全必须进行临时应急取用(排)水的。
(5)为消除对公共安全或者公共利益的危害临时应急取水的。
(6)为农业抗旱和维护生态与环境必须临时应急取水的。

(二)税率

除中央直属和跨省(区、市)水力发电取用水外,由试点省份省级人民政府统筹考虑本地区水资源状况、经济社会发展水平和水资源节约保护要求,在本办法所附《试点省份水资源税最低平均税额表》规定的最低平均税额基础上,分类确定具体适用税额。

水资源税的征税对象为地表水和地下水。

地表水是陆地表面上动态水和静态水的总称,包括江、河、湖泊(含水库)等水资源。

地下水是埋藏在地表以下各种形式的水资源。

(三)应纳税额的计算

水资源税实行从量计征。对一般取用水按照实际取用水量征税,应纳税额的计算公式为:

$$应纳税额 = 实际取用水量 \times 适用税额$$

城镇公共供水企业实际取用水量应当考虑合理损耗因素。

疏干排水的实际取用水量按照排水量确定。疏干排水,是指在采矿和工程建设过程中破坏地下水层、发生地下涌水的活动。

水力发电和火力发电贯流式(不含循环式)冷却取用水应纳税额的计算公式为:

$$应纳税额 = 实际发电量 \times 适用税额$$

火力发电贯流式冷却取用水,是指火力发电企业从江河、湖泊(含水库)等水源取水,并对机组冷却后将水直接排入水源的取用水方式。火力发电循环式冷却取用水,是指火力发电企业从江河、湖泊(含水库)、地下等水源取水并引入自建冷却水塔,对机组冷却后返回冷却水塔循环利用的取用水方式。

(四)税收优惠

下列情形,予以免征或者减征水资源税:

(1)规定限额内的农业生产取用水,免征水资源税。

(2)取用污水处理再生水,免征水资源税。

(3)除接入城镇公共供水管网以外,军队、武警部队通过其他方式取用水的,免征水资源税。

(4)抽水蓄能发电取用水,免征水资源税。

(5)采油排水经分离净化后在封闭管道回注的,免征水资源税。

(6)财政部、税务总局规定的其他免征或者减征水资源税情形。

(五)征税管理

水资源税的纳税义务发生时间为纳税人取用水资源的当日。除农业生产取用水外,水资源税按季或者按月征收,由主管税务机关根据实际情况确定。对超过规定限额的农业生产取用水水资源税可按年征收。不能按固定期限计算纳税的,可以按次申报纳税。

纳税人应当自纳税期满或者纳税义务发生之日起15日内申报纳税。

水资源由生产经营所在地的主管税务机关征收管理,跨省(区、市)调度的水资源,由调入区域所在地的税务机关征收水资源税。在试点省份内取用水,其纳税地点需要调整的,由省级财政、税务部门决定。

第二节 环境保护税法

一、环境保护税法概述

(一)环境保护税法的概念

环境保护税法,是指国家制定的调整环境保护税征收与缴纳相关权利及义务关系的法律规范。

为了保护和改善环境,减少污染物排放,推进生态文明建设,2016年12月25日,第十二届全国人民代表大会常务委员会第二十五次会议通过了《中华人民共和国环境保护税法》(以下简称《环境保护税法》),根据2018年10月26日第十三届全国人民代表大会常务委员会第六次会议《关于修改〈中华人民共和国野生动物保护法〉等十五部法律的决定》修正，自2018年1月1日起施行。2017年12月30日，国务院发布了《中华人民共和国环境保护税法实施条例》(以下简称《环境保护税法实施条例》)，自2018年1月1日起与新修正的《环境保护税法》同步施行。

(二) 环境保护税的概念和特征

1. 环境保护税的概念

环境保护税是对在我国领域以及管辖的其他海域直接向环境排放应税污染物的企事业单位和其他生产经营者征收的一种税。

2. 环境保护税的特征

(1) 环境保护税属于调节型税种。环境保护税的首要功能是减少污染排放，而不是增加财政收入。

(2) 环境保护税的来源是排污收费制度。十八届三中全会明确要求"推动环境保护费改税"，环境保护税基本平移了原排污费制度框架，环境保护税于2018年1月1日起正式实施，排污费同时停征。

(3) 环境保护税的征税项目为四类重点污染源。环境保护税是对大气污染物、水污染物、固体废物、噪声四类重点污染物征税，与对单一污染物征收的税种不同，属于综合型环境税。同时对机动车、铁路机车、非道路移动机械、船舶和航空器等流动污染源暂免征税。

(4) 环境保护税的纳税人主要是企事业单位和其他经营者。政府机关、家庭和个人即便有排放污染物的行为，也不属于环境保护税的纳税人；环境保护税同时对农业生产(不包括规模化养殖)暂免征税。

(5) 直接排放应税污染物是缴纳环境保护税的必要条件。如果企业事业单位和其他生产经营者向依法设立的污水集中处理、生活垃圾集中处理场所排放应税污染物，或者在符合国家和地方环境保护标准的设施、场所贮存或者处置固体废物的，还有依法对禽畜养殖废弃物进行综合利用和无害化处理的，不属于直接向环境排放污染物。

(6) 环境保护税的税额为统一定额税和浮动定额税结合。对大气污染物、水污染物规定了幅度定额税率。环境保护税对大气污染物、水污染物规定了幅度比例税率。

(7) 税收收入纳入一般预算收入，环境保护税收入全部作为地方收入，用于地方治理环境污染。

二、纳税义务人

环境保护税纳税义务人是在中华人民共和国领域和管辖的其他海域，直接向环境排放应税污染物的企业事业单位和其他生产经营者。

应税污染物，是指《环境保护法》所附《环境保护税税目税额表》《应税污染物和当量值表》规定的大气污染物、水污染物、固体废物和噪声。

有下列情形之一的,不属于直接向环境排放污染物,不缴纳相应污染物的环境保护税:

(1)企业事业单位和其他生产经营者向依法设立的污水集中处理、生活垃圾集中处理场所排放应税污染物的;

(2)企业事业单位和其他生产经营者在符合国家和地方环境保护标准的设施、场所贮存或者处置固体废物的。

三、税目及税率

(一) 税目

环境保护税税目包括大气污染物、水污染物、固体废物和噪声。

燃烧产生废气中的颗粒物,按照烟尘征收环保税(大气污染物)。

固体废物包括煤矸石、尾矿、危险废物、冶炼渣、粉煤灰、炉渣、其他固体废物。

目前我国只对工业企业厂界噪声超标的情况征收环保税。

工业噪声:

(1)一个单位边界上有多处噪声超标,根据最高一处超标声级计算应纳税额;当沿边界长度超过100米有二处以上噪声超标,按照两个单位计算应纳税额。

(2)一个单位有不同地点作业场所,应当分别计算应纳税额,合并计征。

(3)昼、夜均超标的环境噪声,昼、夜分别计算应纳税额,累计计征。

(4)声源1个月内超标不足15天的,减半计算应纳税额。

(5)夜间频繁突发和夜间偶然突发厂界超标噪声,按等效声级和峰值噪声两种指标中超标分贝值高的一项计算应纳税额。

(二) 税率

环境保护税的税目、税额,依照《环境保护法》所附《环境保护税税目税额表》执行。环境保护税采用定额税率,其中,对应税大气污染物和水污染物规定了幅度定额税率。应税大气污染物和水污染物的具体适用税额的确定和调整,由省、自治区、直辖市人民政府统筹考虑本地区环境承载能力、污染物排放现状和经济社会生态发展目标要求,在《环境保护法》所附《环境保护税税目税额表》规定的税额幅度内提出,报同级人民代表大会常务委员会决定,并报全国人民代表大会常务委员会和国务院备案。

《环境保护税税目税率》如表9-2所示。

表9-2 环境保护税税目税率表

税 目	计税单位	税 额	备 注
大气污染物	每污染当量	1.2元至12元	
水污染物	每污染当量	1.4元至14元	

续表

税目		计税单位	税额	备注
固体废物	煤矸石	每吨	5元	
	尾矿	每吨	15元	
	危险废物	每吨	1000元	
	冶炼渣、粉煤灰、炉渣、其他固体废物（含半固态、液态废物）	每吨	25元	
噪声	工业噪声	超标1~3分贝	每月350元	1.一个单位边界上有多处噪声超标，根据最高一处超标声级计算应纳税额；当沿边界长度超过100米有两处以上噪声超标，按照两个单位计算应纳税额 2.一个单位有不同地点作业场所的，应当分别计算应纳税额，合并计征 3.昼、夜均超标的环境噪声，昼、夜分别计算应纳税额，累计计征 4.声源一个月内超标不足15天的，减半计算应纳税额 5.夜间频繁突发如夜间偶然突发厂界超标噪声，按等效声级和峰值噪声两种指标中超标分贝值高的一项计算应纳税额
		超标4~6分贝	每月700元	
		超标7~9分贝	每月1400元	
		超标10~12分贝	每月2800元	
		超标13~15分贝	每月5600元	
		超标16分贝以上	每月11 200元	

四、计税依据

（一）计税依据确定的基本方法

应税大气污染物、水污染物的计税依据，按照污染物排放量折合的污染当量数确定。

应税污染物的计税依据，按照下列方法确定：(1)应税大气污染物按照污染物排放量折合的污染当量数确定；(2)应税水污染物按照污染物排放量折合的污染当量数确定；(3)应税固体废物按照固体废物的排放量确定；(4)应税噪声按照超过国家规定标准的分贝数确定。

应税大气污染物、水污染物的污染当量数，以该污染物的排放量除以该污染物的污染当量值计算。每种应税大气污染物、水污染物的具体污染当量值，依照《应税污染物和当量值表》执行。

每一排放口或者没有排放口的应税大气污染物，按照污染当量数从大到小排序，对前三项污染物征收环境保护税。

每一排放口的应税水污染物，按照《应税污染物和当量值表》(表9-3所示)，区分第一类水污染物和其他类水污染物，按照污染当量数从大到小排序，对第一类水污染物按照前五项征收环境保护税，对其他类水污染物按照前三项征收环境保护税。

省、自治区、直辖市人民政府根据本地区污染物减排的特殊需要，可以增加同一排放口征收环境保护税的应税污染物项目数，报同级人民代表大会常务委员会决定，并报全国人民代表大会常务委员会和国务院备案。

表9-3 应税污染物和当量值表

一、大气污染物污染当量值

污染物	污染当量值(千克)
1. 二氧化硫	0.95
2. 氮氧化物	0.95
3. 一氧化碳	16.7
4. 氯气	0.34
5. 氯化氢	10.75
6. 氟化物	0.87
7. 氰化氢	0.005
8. 硫酸雾	0.6
9. 铬酸雾	0.0007
10. 汞及其化合物	0.0001
11. 一般性粉尘	4
12. 石棉尘	0.53
13. 玻璃棉尘	2.13
14. 炭黑尘	0.59
15. 铅及其化合物	0.02
16. 镉及其化合物	0.03
17. 铍及其化合物	0.0004
18. 镍及其化合物	0.13
19. 锡及其化合物	0.27
20. 烟尘	2.18
21. 苯	0.05
22. 甲苯	0.18
23. 二甲苯	0.27
24. 苯并(a)芘	0.000 002

续表

污染物	污染当量值(千克)
25. 甲醛	0.09
26. 乙醛	0.45
27. 丙烯醛	0.06
28. 甲醇	0.67
29. 酚类	0.35
30. 沥青烟	0.19
31. 苯胺类	0.21
32. 氯苯类	0.72
33. 硝基苯	0.17
34. 丙烯腈	0.22
35. 氯乙烯	0.55
36. 光气	0.04
37. 硫化氢	0.29
38. 氨	9.09
39. 三甲胺	0.32
40. 甲硫醇	0.04
41. 甲硫醚	0.28
42. 二甲二硫	0.28
43. 苯乙烯	25
44. 二硫化碳	20

二、第一类水污染物污染当量值

污染物	污染当量值(千克)
1. 总汞	0.0005
2. 总镉	0.005
3. 总铬	0.04
4. 六价铬	0.02
5. 总砷	0.02
6. 总铅	0.025
7. 总镍	0.025
8. 苯并(a)芘	0.000 000 3
9. 总铍	0.01
10. 总银	0.02

三、第二类水污染物污染当量值

污染物	污染当量值（千克）
11. 悬浮物（SS）	4
12. 生化需氧量（BOD5）	0.5
13. 化学需氧量（COD）	1
14. 总有机碳（TOC）	0.49
15. 石油类	0.1
16. 动植物油	0.16
17. 挥发酚	0.08
18. 总氰化物	0.05
19. 硫化物	0.125
20. 氨氮	0.8
21. 氟化物	0.5
22. 甲醛	0.125
23. 苯胺类	0.2
24. 硝基苯类	0.2
25. 阴离子表面活性剂（LAS）	0.2
26. 总铜	0.1
27. 总锌	0.2
28. 总锰	0.2
29. 彩色显影剂（CD-2）	0.2
30. 总磷	0.25
31. 元素磷（以P计）	0.05
32. 有机磷农药（以P计）	0.05
33. 乐果	0.05
34. 甲基对硫磷	0.05
35. 马拉硫磷	0.05
36. 对硫磷	0.05
37. 五氯酚及五氯酚钠（以五氯酚计）	0.25
38. 三氯甲烷	0.04
39. 可吸附有机卤化物（AOX）（以Cl计）	0.25
40. 四氯化碳	0.04
41. 三氯乙烯	0.04
42. 四氯乙烯	0.04
43. 苯	0.02
44. 甲苯	0.02
45. 乙苯	0.02
46. 邻-二甲苯	0.02
47. 对-二甲苯	0.02

续表

污染物	污染当量值(千克)
48.间-二甲苯	0.02
49.氯苯	0.02
50.邻二氯苯	0.02
51.对二氯苯	0.02
52.对硝基氯苯	0.02
53.2,4-二硝基氯苯	0.02
54.苯酚	0.02
55.间-甲酚	0.02
56.2,4-二氯酚	0.02
57.2,4,6-三氯酚	0.02
58.邻苯二甲酸二丁脂	0.02
59.邻苯二甲酸二辛脂	0.02
60.丙烯腈	0.125
61.总硒	0.02

注：1.第一、二类污染物的分类依据为《污水综合排放标准》(GB8978—1996)。2.同一排放口中的化学需氧量(COD)、生化需氧量(BOD5)和总有机碳(TOC)，只征收一项。

四、pH值、色度、大肠菌群数、余氯量污染当量值

污染物		污染当量值
1.pH值	1.0-1,13-14	0.06吨污水
	2.1-2,12-13	0.125吨污水
	3.2-3,11-12	0.25吨污水
	4.3-4,10-11	0.5吨污水
	5.4-5,9-10	1吨污水
	6.5-6,	5吨污水
2.色度		5吨水·倍
3.大肠菌群数(超标)		3.3吨污水
4.余氯量(用氯消毒的医院废水)		3.3吨污水

注：1.大肠菌群数和总余氯只征收一项。2.pH5-6指大于等于5,小于6；pH9—10指大于9,小于等于10,其余类推。

五、禽畜养殖业、小型企业和第三产业污染当量值

类型		污染当量值
禽畜养殖场	1.牛	0.1头
	2.猪	1头
	3.鸡、鸭等家禽	30羽
4.小型企业		1.8吨污水

续表

类型		污染当量值
5.饮食娱乐服务业		0.5吨污水
6.医院	消毒	0.14床
		2.8吨污水
	不消毒	0.07床
		1.4吨污水

注:1.本表仅适用于计算无法进行实际监测或物料衡算的禽畜养殖业、小型企业和第三产业等小型排污者的污染当量数。2.仅对存栏规模大于50头牛,500头猪,5000羽鸡、鸭等的禽畜养殖场征收。3.医院病床数大于20张的按本表计算污染当量。

纳税人有下列情形之一的,以其当期应税固体废物的产生量作为固体废物的排放量。

(1)非法倾倒应税固体废物。

(2)进行虚假纳税申报。

纳税人有下列情形之一的,以其当期应税大气污染物、水污染物的产生量作为污染物的排放量:

(1)未依法安装使用污染物自动监测设备或者未将污染物自动监测设备与环境保护主管部门的监控设备联网。

(2)损毁或者擅自移动、改变污染物自动监测设备。

(3)篡改、伪造污染物监测数据。

(4)通过暗管、渗井、渗坑、灌注或者稀释排放以及不正常运行防治污染设施等方式违法排放应税污染物。

(5)进行虚假纳税申报。

从两个以上排放口排放应税污染物的,对每一排放口排放的应税污染物分别计算征收环境保护税;纳税人持有排污许可证的,其污染物排放口按照排污许可证载明的污染物排放口确定。

五、应纳税额的计算

环境保护税应纳税额按照下列方法计算。

(一)大气污染物应纳税额的计算

应税大气污染物的应纳税额为污染当量数乘以具体适用税额。计算公式为:

$$大气污染物的应纳税额 = 污染当量数 \times 适用税额$$

$$污染当量数 = 污染物的排放量 \div 该污染物的污染当量值$$

(二)水污染物应纳税额的计算

应税水污染物的应纳税额为污染当量数乘以具体适用税额。计算公式为:

水污染物的应纳税额＝污染当量数×适用税额

【随堂测验 9-4】

甲化工厂是环境保护税纳税人,该厂仅有 1 个污水排放口且直接向河流排放污水,已安装使用符合国家规定和监测规范的污染物自动监测设备。检测数据显示,该排放口 2022 年 2 月共排放污水 6 万吨(折合 6 万立方米),应税污染物为六价铬,浓度为六价铬 0.5mg/L。计算该化工厂 2 月份应缴纳的环境保护税税额,该厂所在省的水污染物税率为 2.8 元/污染当量,六价铬的污染当量值为 0.02,1 立方米＝1000 升 1mg＝0.000 001kg(毫克到千克)。

【解析】

(1)计算污染当量数：

六价铬污染当量数＝排放总量×浓度值÷当量值
　　　　　　　　＝60 000 000×0.5÷1 000 000÷0.02＝1500

(2)应纳税额＝1500×2.8＝4200(元)

(三) 固体废物应纳税额的计算

应税固体废物的应纳税额为固体废物排放量乘以具体适用税额。

固体废物的应纳税额＝(当期固体废物的产生量－当期固体废物的综合利用量－
　　　　　　　　　当期固体废物的储存量－当期固体废物的处置量)×适用税额

【随堂测验 9-5】

某企业 2022 年 5 月产生尾矿 1000 吨,其中综合利用的尾矿 300 吨(符合国家相关规定),在符合国家和地方环境保护标准的设施中贮存 300 吨。依据《环境保护税税目税率表》,尾矿每吨税额 15 元。计算该企业当月尾矿应缴纳的环境保护税税额。

【解析】

环境保护税应纳税额＝(1000－300－300)×15＝6000(元)

(四) 应税噪声的应纳税额为超过国家规定标准的分贝数对应的具体适用税额

【随堂测验 9-6】

某企业只有一个生产场所,只在昼间生产,边界处声环境功能区类型为 1 类,生产时产生噪声为 60 分贝,《工业企业厂界环境噪声排放标准》规定 1 类功能区昼间的噪声排放限值为 55 分贝,当月超标天数为 18 天。计算该企业当月噪声污染应缴纳的环境保护税税额。

【解析】

超标分贝数:60－55＝5(分贝)

根据《环境保护税税目税率表》,可得出该企业当月噪声污染应缴纳环境保护税税额为 700 元。

六、税收减免

（一）暂免征税项目

下列情形，暂予免征环境保护税：

(1)农业生产(不包括规模化养殖)排放应税污染物的。

(2)机动车、铁路机车、非道路移动机械、船舶和航空器等流动污染源排放应税污染物的。

(3)依法设立的城乡污水集中处理、生活垃圾集中处理场所排放相应应税污染物，不超过国家和地方规定的排放标准的。

(4)纳税人综合利用的固体废物，符合国家和地方环境保护标准的。

(5)国务院批准免税的其他情形。

（二）减征税额项目

(1)纳税人排放应税大气污染物或者水污染物的浓度值低于国家和地方规定的污染物排放标准30%的，减按75%征收环境保护税。

(2)纳税人排放应税大气污染物或者水污染物的浓度值低于国家和地方规定的污染物排放标准50%的，减按50%征收环境保护税。

七、征收管理

（一）征管方式

环境保护税采用"企业申报、税务征收、环保协同、信息共享"的征管方式。

纳税人应当依法如实办理纳税申报，对申报的真实性和完整性承担责任。纳税人申报缴纳时，应当向税务机关报送所排放应税污染物的种类、数量，大气污染物、水污染物的浓度值，以及税务机关根据实际需要要求纳税人报送的其他纳税资料。

生态环境主管部门依照《环境保护税法》和有关环境保护法律法规的规定负责对污染物的监测管理。县级以上地方人民政府应当建立税务机关、生态环境主管部门和其他相关单位分工协作工作机制，加强环境保护税征收管理，保障税款及时足额入库。

生态环境主管部门和税务机关应当建立涉税信息共享平台和工作配合机制。

（二）数据传递和比对

生态环境主管部门应当将排污单位的排污许可、污染物排放数据、环境违法和受行政处罚情况等环境保护相关信息，定期交送税务机关。

税务机关应当将纳税人的纳税申报、税款入库、减免税额、欠缴税款以及风险疑点等环境保护税涉税信息,定期交送生态环境主管部门。

税务机关应当将纳税人的纳税申报数据资料与生态环境主管部门交送的相关数据资料进行比对。

(三)复核

税务机关发现纳税人的纳税申报数据资料异常或者纳税人未按照规定期限办理纳税申报的,可以提请生态环境主管部门进行复核,生态环境主管部门应当自收到税务机关的数据资料之日起15日内向税务机关出具复核意见。税务机关应当按照生态环境主管部门复核的数据资料调整纳税人的应纳税额。

(四)纳税时间

纳税义务发生时间为纳税人排放应税污染物的当日。环境保护税按月计算,按季申报缴纳。不能按固定期限计算缴纳的,可以按次申报缴纳。

纳税人按季申报缴纳的,应当自季度终了之日起15日内,向税务机关办理纳税申报并缴纳税款。纳税人按次申报缴纳的,应当自纳税义务发生之日起15日内,向税务机关办理纳税申报并缴纳税款。

(五)纳税地点

纳税人应当向应税污染物排放地的税务机关申报缴纳环境保护税。

应税污染物排放地是指:应税大气污染物、水污染物排放口所在地;应税固体废物产生地;应税噪声产生地。

纳税人跨区域排放应税污染物,税务机关对税收征收管辖有争议的,由争议各方按照有利于征收管理的原则协商解决;不能协商一致的,报请共同的上级税务机关决定。

纳税人从事海洋工程向中华人民共和国管辖海域排放应税大气污染物、水污染物或者固体废物,申报缴纳环境保护税的具体办法,由国务院税务主管部门会同国务院生态环境主管部门规定。

第三节 城镇土地使用税法

一、城镇土地使用税法概述

(一)城镇土地使用税的概念

城镇土地使用税是对在城市、县城、建制镇、工矿区范围内使用土地的单位和个人,依据其实际占用土地面积,实行从量定额征收的一种税。

(二)城镇土地使用税的特征

(1)实行差别幅度税额。

(2)征税对象是国家和集体所有的土地。

(三)开征城镇土地使用税的意义

城镇土地使用税的征收对于合理利用城镇土地,调节土地级差收入,提高土地使用效益,加强土地管理有重要意义。

(四)城镇土地使用税法的概念

城镇土地使用税法是指国家制定的用以调整城镇土地使用税征收与缴纳权利及义务关系的法律规范。

1988年,国务院颁布《中华人民共和国城镇土地使用税暂行条例》(以下简称《城镇土地使用税暂行条例》),该条例于同年11月1日起施行。2019年3月2日,国务院第四次修改该条例。该条例的实施办法由各省、自治区和直辖市人民政府自行制定。

二、城镇土地使用税的征税范围

城镇土地使用税的征税范围是在城市、县城、建制镇、工矿区范围内使用的土地,即国家或集体所有的土地。

城市,是指经国务院批准设立的市。

县城,是指县人民政府所在地。

建制镇,是指经省、自治区、直辖市人民政府批准设立的建制镇。

工矿区,是指工商业比较发达,人口比较集中,符合国务院规定的建制镇标准,但尚未设立镇建制的大中型工矿企业所在地。工矿区须经省、自治区、直辖市人民政府批准。

建立在城市、县城、建制镇和工矿区以外的工矿企业不需要缴纳城镇土地使用税。

三、城镇土地使用税的纳税人

城镇土地使用税的纳税人是在城市、县城、建制镇、工矿区范围内使用土地的单位和个人。单位,包括国有企业、集体企业、私营企业、股份制企业、外商投资企业、外国企业以及其他企业和事业单位、社会团体、国家机关、军队以及其他单位;个人,包括个体工商户以及其他个人。

四、城镇土地使用税的税率、计税依据

(一)税率

城镇土地使用税采取定额税率,即采用有幅度的差别税额,按大、中、小城市和县城、建制镇、工矿区分别规定每平方米城镇土地使用税年应纳税额。

具体标准如下:

(1)大城市1.5~30元;

(2)中等城市 1.2～24 元；

(3)小城市 0.9～18 元；

(4)县城、建制镇、工矿区 0.6～12 元。

大、中、小城市以公安部门登记在册的非农业正式户口人数为依据。按照国务院颁布的《城市规划条例》中规定的标准划分。人口在 50 万人以上者为大城市；人口在 20 万～50 万人之间者为中等城市；人口在 20 万以下者为小城市。

（二）计税依据

城镇土地使用税以纳税人实际占用的土地面积为计税依据。以实际占用的土地面积为计税依据。

(1)凡有由省、自治区、直辖市人民政府确定的单位组织测定土地面积的，以测定的面积为准。

(2)尚未组织测量，但纳税人持有政府部门核发的土地使用证书的，以证书确认的土地面积为准。

(3)尚未核发出土地使用证书的，应由纳税人申报土地面积，据以纳税，待核发土地使用证以后再作调整。

(4)对在城镇土地使用税征税范围内单独建造的地下建筑用地，按规定征收城镇土地使用税。其中，已取得地下土地使用权证的，按土地使用权证确认的土地面积计算应征税款；未取得地下土地使用权证或地下土地使用权证上未标明土地面积的，按地下建筑垂直投影面积计算应征税款。对上述地下建筑用地暂按应征税款的 50% 征收城镇土地使用税。

五、城镇土地使用税应纳税额的计算

城镇土地使用税根据纳税人实际使用的土地面积，按照规定的单位税额和纳税人实际占用的土地面积计算。

城镇土地使用税计算公式是：

$$全年应纳税额 = 实际占用应税土地面积（平方米）\times 适用税额$$

【随堂测验 9-7】

某商场实行统一核算，土地使用证上载明，该企业实际占用土地情况为：总店占地面积为 10 000 平方米，一分店占地 6000 平方米，二分店占地 5000 平方米，企业仓库占地 8000 平方米，企业自办幼儿园占地 500 平方米。计算该商场应纳城镇土地使用税税额。

【解析】

经税务机关确认，该商场所占用土地分别适用市政府确定的以下税额：总店位于一等地段，每平方米年税额 7 元；一分店和幼儿园位于二等地段，每平方米年税额 5 元；二分店位于三等地段，每平方米年税额 4 元；仓库位于五等地段，每平方米年税额 1 元。另

外,该市政府规定,企业自办托儿所、幼儿园、学校用地免征城镇土地使用税。某商场年应纳城镇土地使用税税额的计算如下:

(1)总店占地应纳税额=10 000×7=70 000(元)

(2)一分店占地应纳税额=6000×5=30 000(元)

(3)二分店占地应纳税额=5000×4=20 000(元)

(4)仓库占地应纳税额=8000×1=8000(元)

(5)幼儿园占地免税。

某商场全年应纳城镇土地使用税=70 000+30 000+20 000+8000=128 000(元)

六、城镇土地使用税的税收优惠

(一)法定免征城镇土地使用税的优惠

下列土地,免征土地使用税:

(1)国家机关、人民团体、军队自用的土地。

(2)由国家财政部门拨付事业经费的单位自用的土地。

(3)宗教寺庙、公园、名胜古迹自用的土地。

(4)市政街道、广场、绿化地带等公共用地。

(5)直接用于农、林、牧、渔业的生产用地。

(6)经批准开山填海整治的土地和改造的废弃土地,从使用的月份起免缴土地使用税5~10年。

(7)由财政部另行规定免税的能源、交通、水利设施用地和其他用地。

除以上规定情形外,纳税人缴纳土地使用税确有困难需要定期减免的,由省、自治区、直辖市税务机关审核后,报国家税务局批准。

(二)省、自治区、直辖市税务局确定的城镇土地使用税减免优惠

(1)个人所有的居住房屋及院落用地。

(2)房产管理部门在房租调整改革前征租的居民住房用地。

(3)免税单位职工家属的宿舍用地。

(4)集体和个人举办的各类学校、医院、托儿所、幼儿园用地。

自2019年6月1日至2025年12月31日,为社区提供养老、托育和家政服务的机构自有和通过、无偿使用等方式取得并用于提供上述服务的土地,可以免征城镇土地使用税。

【随堂测验9-8】

某城市的一家公司,实际占地23 000平方米。由于经营规模扩大,年初该公司又受让了一尚未办理土地使用证的土地3000平方米,公司按其当年开发使用的2000平方米

土地面积进行申报纳税,以上土地均适用每平方米 2 元的城镇土地使用税税率。计算该公司当年应缴纳城镇土地使用税税额。

【解析】

尚未核发出土地使用证书的,应由纳税人申报土地面积,据以纳税,待核发土地使用证以后再作调整。

该公司当年应缴纳的城镇土地使用税＝(23 000＋2000)×2＝50 000(元)。

七、城镇土地使用税的征收管理

(一) 纳税期限

城镇土地使用税实行按年计算,分期缴纳。具体缴纳期限由省、自治区、直辖市人民政府确定。

(二) 纳税义务发生时间

(1)纳税人购置新建商品房,自房屋交付使用之次月起,缴纳城镇土地使用税。

(2)纳税人购置存量房,自办理房屋权属转移、变更登记手续,房地产权属登记机关签发房屋权属证书之次月起,缴纳城镇土地使用税。

(3)纳税人出租、出借房产,自交付出租、出借房产之次月起,缴纳城镇土地使用税。

(4)以出让或者转让方式有偿取得土地使用权的,应由受让方从合同约定交付土地时间的次月起缴纳城镇土地使用税;合同未约定交付土地时间的,由受让方从合同签订的次月起缴纳城镇土地使用税。

(5)纳税人新征用的耕地,自批准征用之日起满 1 年时,开始缴纳城镇土地使用税。

(6)纳税人新征用的非耕地,自批准征用次月起,缴纳城镇土地使用税。

(二) 城镇土地使用税的纳税地点

城镇土地使用税由土地所在地的税务机关征收。土地管理机关应当向土地所在地的税务机关提供土地使用权属资料。

纳税人使用的土地不属于同一省(自治区、直辖市)管辖范围的,应由纳税人分别向土地所在地的税务机关缴纳土地使用税。在同一省(自治区、直辖市)管辖范围内,纳税人跨地区使用的土地,如何确定纳税地点,由各省、自治区、直辖市税务局确定。

【导学案例解析】

城镇土地使用税应纳税额＝10 000×20＝20(万元)

第十章　特定目的税法制度

【本章学习目标】
1. 掌握城市维护建设税、车辆购置税、耕地占用税、船舶吨税、烟叶税的纳税人的确定方法，征收范围和税率，应纳税额的计算方法。
2. 理解城市维护建设税、车辆购置税、耕地占用税、船舶吨税、烟叶税的征收管理。
3. 了解城市维护建设税、车辆购置税、耕地占用税、船舶吨税、烟叶税的概念和特征。

【导学案例】
某企业购买1辆价格为20万元的轿车和1辆价格为30万元的货车（上述价格均为不含增值税的价格），计算该企业购买上述车辆应纳车辆购置税税额。

第一节　城市维护建设税法

一、城市维护建设税法概述

（一）城市维护建设税的概念

城市维护建设税是国家对缴纳增值税、消费税的单位和个人征收的一种税。城市维护建设税的税收收入应当保证用于城市的公用事业和公共设施的维护建设。

（二）城市维护建设税的特征

（1）税款专款专用，用于城市的公共事业和公共设施的维护与建设。
（2）属于附加税，以增值税、消费税的实际缴纳之和为计税依据，随两税征收而征收。因为增值税、消费税在我国现行税制中属于主体税种，征收范围广泛，所以，作为附加税的城市维护建设税征税范围也相应较广。
（3）税率根据城镇规模设计。一般来说，城镇规模越大，所需要的建设与维护资金越多，与之相适应，城市维护建设税的税率越高，反之越低。

（三）城市维护建设税法的概念

城市维护建设税法，是指国家制定的用以调整城市维护建设税征收与缴纳之间权利及义务关系的法律规范。

1985年2月8日,国务院发布《中华人民共和国城市维护建设税暂行条例》(以下简称《城市维护建设税暂行条例》),该条例于同年1月1日起实施。2016年5月1日,全国推开营改增试点方案,营业税退出历史舞台,城市维护建设税的计税依据由增值税、消费税和营业税调整为增值税、消费税。2020年8月11日第十三届全国人民代表大会常务委员会第二十一次会议通过了《城市维护建设税法》,自2021年9月1日起施行。

二、城市维护建设税的纳税人

城市维护建设税的纳税人是缴纳增值税、消费税的单位和个人。外商投资企业和外国企业暂不缴纳城市维护建设税。

三、城市维护建设税的征税范围

城市维护建设税的征税范围包括城市市区、县城、建制镇,以及税法规定征收增值税、消费税的其他地区。城市、县城、建制镇的范围,应以行政区划为标准,不能随意扩大或缩小各自行政区域的管辖范围。

海关对进口产品代征增值税、消费税的,不征收城市维护建设税。

四、城市维护建设税的税率

城市维护建设税采用地区差别比例税率,依据纳税人所在地的不同,城市维护建设税税率如下:

(1)纳税人所在地在市区的,税率为7%;
(2)纳税人所在地在县城、镇的,税率为5%;
(3)纳税人所在地不在市区、县城或者镇的,税率为1%。

纳税人所在地,是指纳税人住所地或者与纳税人生产经营活动相关的其他地点,具体地点由省、自治区、直辖市确定。

五、计税依据

城市维护建设税以纳税人依法实际缴纳的增值税、消费税税额为计税依据。

城市维护建设税以两税为计税依据,指的是两税实际缴纳税额,不包括加收的滞纳金和罚款。

中外合作油气田开采的原油、天然气,按规定缴纳增值税后,以合作油气田缴纳的增值税税额为依据,缴纳城市维护建设税。

城市维护建设税的计税依据应当按照规定扣除期末留抵退税退还的增值税税额。为保证增值税期末留抵退税政策有效落实,对实行增值税期末留抵退税的纳税人,其退还的增值税期末留抵税额应在计税依据中扣除。

城市维护建设税计税依据的具体确定办法，由国务院依据本法和有关税收法律、行政法规规定，报全国人民代表大会常务委员会备案。

六、城市维护建设税应纳税额的计算

城市维护建设税的计税依据是纳税人实际缴纳的增值税、消费税税额。

城市维护建设税的应纳税额的计算公式如下：

应纳税额＝（实际缴纳的增值税额＋实际缴纳的消费税额）×适用税率

【随堂测验 10-1】

某国有企业位于 A 市市区，适用 7% 的城市维护建设税税率，2022 年 2 月，实际缴纳增值税 20 万元、消费税 40 万元。计算该企业应缴纳多少城市维护建设税税额。

【解析】

应纳税额＝(20＋40)×7%＝4.2（万元）。

七、城市维护建设税的税收优惠

根据国民经济和社会发展的需要，国务院对重大公共基础设施建设、特殊产业和群体以及重大突发事件应对等情形可以规定减征或者免征城市维护建设税，报全国人民代表大会常务委员会备案。

(1)城市维护建设税按照减免后实际缴纳的增值税、消费税税额计征，随着增值税、消费税的减免而减免。

(2)因减免税而对增值税、消费税进行退库的，可同时对已征收的城市维护建设税实施退库。

(3)对由海关代征的进口产品增值税和消费税不征收城市维护建设税。

(4)对国家重大水利工程建设基金免征城市维护建设税。

(5)自 2019 年 1 月 1 日至 2025 年 12 月 31 日，实施支持和促进重点群体创业就业城市维护建设税减征。

【随堂测验 10-2】

位于 B 市市区的甲企业，适用 7% 的城市维护建设税税率，2022 年 8 月需要缴纳增值税 100 万元，上月申请并取得增值税留抵退税 10 万元，计算其应缴纳城市维护建设税税额。

【解析】

应纳税额＝(100－10)×7%＝6.3（万元）。

八、城市维护建设税的征收管理

（一）城市维护建设税的纳税环节

城市维护建设税的纳税环节，就是纳税人缴纳增值税、消费税的环节。城市维护建设税与增值税、消费税同时征收。

（二）城市维护建设税的纳税地点

纳税人缴纳增值税、消费税的地点，就是该纳税人缴纳城市维护建设税的地点。

（三）城市维护建设税的纳税期限

城市维护建设税与增值税、消费税同时征收。所以城市维护建设税的纳税期限分别与增值税、消费税的期限一致。根据增值税法和消费税法的规定，增值税、消费税的纳税期限分别为1日、3日、5日、10日、15日或者1个月。增值税、消费税的纳税人的具体纳税期限由主管税务机关根据纳税人应纳税额大小分别核定；不能按照固定期限纳税的，可以按次纳税。

第二节　车辆购置税法

一、车辆购置税法概述

（一）车辆购置税的概念

车辆购置税是对在中华人民共和国境内购置应税车辆的单位和个人征收的一种税。购置行为包括购买、进口、自产、受赠、获奖或者以其他方式取得并自用应税车辆的行为。

（二）车辆购置税的特征

(1)征收的范围单一，只对在中华人民共和国境内购置的特定车辆为课税，是一种特种财产税。

(2)属于价外税，不转嫁税负。征收车辆购置税的计税价格中不含车辆购置税税额，车辆购置税是附加在价格之外的。

(3)实行一次征收制度，只在消费领域的特定环节一次征收。购置已征车辆购置税的车辆，不再征收车辆购置税。

(4)征税目的特定。车辆购置税是中央税，它取之于应税车辆，用之于交通建设，其征税具有专门用途。

（三）车辆购置税法的概念

车辆购置税法，是指国家制定的用以调整车辆购置税征收与缴纳之间权利及义务关系的法律规范。

车辆购置税的法律依据,是 2018 年 12 月 29 日第十三届全国人民代表大会常务委员会第七次会议通过的《中华人民共和国车辆购置税法》(以下简称《车辆购置税法》),于 2019 年 7 月 1 日起施行。

二、车辆购置税的纳税人

车辆购置税的纳税人是在中华人民共和国境内购置汽车、有轨电车、汽车挂车、排气量超过 150 毫升的摩托车的单位和个人。

单位包括企业、行政单位、事业单位、军事单位、社会团体和其他单位。

个人包括个体工商户和自然人。

三、车辆购置税征税范围

车辆购置税的征收对象包括汽车、有轨电车、汽车挂车、排气量超过 150 毫升的摩托车。地铁、轻轨等城市轨道交通车辆、装载机、平地机、挖掘机、推土机等轮式专用机械车,以及起重机(吊车)、叉车、电动摩托车,不属于应税车辆。

纳税人进口自用应税车辆是指纳税人直接从境外进口或者委托代理进口自用的应税车辆,不包括在境内购买的进口车辆。

车辆购置税征收范围的调整,由国务院决定并公布。

小贴士

所谓"购置",包括购买、进口、自产、受赠、获奖或者以其他方式取得并自用应税车辆的行为。

四、车辆购置税的税率

车辆购置税实行统一的比例税率,税率为 10%。

五、车辆购置税应纳税额的计算

车辆购置税的应纳税额按照应税车辆的计税价格乘以税率计算。

(一)车辆购置税应纳税额的计算公式

$$应纳税额 = 计税价格 \times 10\%$$

(二)车辆购置税的计税价格

车辆购置税实行从价定率的办法计算应纳税额。其计税价格根据不同情况,按照下列规定确定:

1. 购买自用应税车辆的计税价格的确定

纳税人购买自用的应税车辆的计税价格,为纳税人实际支付给销售者的全部价款,不包括增值税税款。

$$计税价格＝全部价款÷(1＋增值税税率或征收率)$$

【随堂测验 10-3】

李某于 2022 年 12 月 4 日从 4S 店(增值税一般纳税人)购买一辆轿车自用,取得《机动车销售统一发票》,注明含增值税车价款 113 000 元。另支付车辆装饰费 3000 元,取得增值税普通发票。增值税税率为 13%。计算车辆购置税应纳税额。

【解析】

计税价格＝(113 000＋3000)÷(1＋13%)＝102 654.87(元)

应纳税额＝102 654.87×10%＝10 265.49(元)

2. 进口自用的应税车辆的计税价格的确定

纳税人进口自用应税车辆的计税价格,为关税完税价格加上关税和消费税。计算公式为:

$$计税价格＝关税完税价格＋关税＋消费税$$

公式中,关税完税价格是指海关核定的此类车型关税计税价格;关税是指由海关课征的进口车辆的关税。计算公式为:

$$应纳关税＝关税完税价格×关税税率$$

公式中,消费税是指进口车辆应由海关代征的消费税。计算公式为:

$$应纳消费税＝组成计税价格×消费税税率$$

$$组成计税价格＝(关税完税价格＋关税)÷(1－消费税税率)$$

【随堂测验 10-4】

某公司经批准进口小轿车 1 辆,该辆车关税完税价格为人民币 143 000 元,缴纳关税 41 000 元。已知该小轿车适用的消费税税率为 9%,车辆购置税税率为 10%。计算该辆进口小轿车应缴纳的车辆购置税税额。

【解析】

进口的小汽车属于车辆购置税征税范围。

组成计税价格＝(143 000＋41 000)÷(1－9%)＝202 197.80 (万元)

应纳车辆购置税＝202 197.80×10%＝202 19.78(万元)

(三)自产自用、受赠、获奖或者其他方式取得并自用应税车辆计税价格的确定

1. 纳税人自产自用应税车辆的计税价格

纳税人自产自用应税车辆的计税价格,按照纳税人生产的同类应税车辆的销售价格确定,不包括增值税税款;没有同类应税车辆销售价格的,按照组成计税价格确定。组成计税价格计算公式如下:

$$组成计税价格 = 成本 \times (1 + 成本利润率)$$

属于应征消费税的应税车辆,其组成计税价格中应加计消费税税额。

2. 纳税人以受赠、获奖或者其他方式取得自用应税车辆的计税价格

纳税人以受赠、获奖或者其他方式取得自用应税车辆的计税价格,按照购置应税车辆时相关凭证载明的价格确定,不包括增值税税款。

纳税人申报的应税车辆计税价格明显偏低,又无正当理由的,由税务机关依照《税收征收管理法》的规定核定其应纳税额。

六、车辆购置税的税收优惠

(1)外国驻华使馆、领事馆和国际组织驻华机构及其外交人员自用的车辆,免税。

(2)中国人民解放军和中国人民武装警察部队列入军队武器装备订货计划的车辆,免税。

(3)设有固定装置的非运输专用作业车辆,免税。

(4)城市公交企业购置的公共汽电车辆免税。

(5)回国服务的在外留学人员用现汇购买1辆个人自用国产小汽车和长期来华定居专家进口1辆自用小汽车免征车辆购置税。

(6)防汛、森林消防部门用于指挥、检查、调度、报汛(警)和联络,由指定厂家生产的设有固定装置的指定型号的车辆。

(7)对购置日期在2023年1月1日至2023年期间内的新能源汽车,免征车辆购置税。

免税、减税车辆因转让、改变用途等原因不再属于免税、减税范围的,应当在办理车辆过户手续前或者办理变更车辆登记注册手续前缴纳车辆购置税。

$$应纳税额 = 初次办理纳税申报时确定的计税价格 \times (1 - 使用年限 \times 10\%) \times 10\% - 已纳税额$$

应纳税额不得为负数。

使用年限的计算方法是,自纳税人初次办理纳税申报之日起,至不再属于免税、减税范围的情形发生之日止。使用年限取整计算,不满一年的不计算在内。

【随堂测验10-5】

某公司进口的一部免税车辆因改变用途需依法缴纳车辆购置税,已知该车辆价格为10万元,同类新车最低计税价格为15万元,该车已使用2年,规定使用年限为15年,车辆购置税率为10%,计算该公司应缴纳的车辆购置税税额。

【解析】

根据《车辆购置税法》的规定,免税、减税车辆因转让、改变用途等原因不再属于免税、减税范围的,需要依法缴纳车辆购置税。

计税价格 = $15 \times (1 - 2 \div 15) \times 100\% = 13$(万元);

车辆购置税税额 = $13 \times 10\% = 1.3$(万元)。

七、车辆购置税的征收管理

（一）车辆购置税的申报纳税期限

（1）购买自用应税车辆的，应当自购买之日起60日内申报纳税。

（2）进口自用应税车辆的，应当自进口之日起60日内申报纳税。

（3）自产、受赠、获奖或者以其他方式取得并自用应税车辆的，应当自取得之日起60日内申报纳税。

（4）车辆购置税税款应当一次缴清。

（二）车辆购置税的缴纳

（1）纳税人购置应税车辆，应当向车辆登记注册地的主管税务机关申报纳税。

（2）购置不需要办理车辆登记注册手续的应税车辆，应当向纳税人所在地的主管税务机关申报纳税。

纳税人应当在向公安机关车辆管理机构办理车辆登记注册前，缴纳车辆购置税。

纳税人持主管税务机关出具的完税证明或者免税证明，向公安机关车辆管理机构办理车辆登记注册手续；没有完税证明或者免税证明的，公安机关车辆管理机构不得办理车辆登记注册手续。

税务机关应当及时向公安机关车辆管理机构通报纳税人缴纳车辆购置税的情况。公安机关车辆管理机构应当定期向税务机关通报车辆登记注册的情况。税务机关发现纳税人未按照规定缴纳车辆购置税的，有权责令其补缴；纳税人拒绝缴纳的，税务机关可以通知公安机关车辆管理机构暂扣纳税人的车辆牌照。

第三节 耕地占用税法

一、耕地占用税概述

（一）耕地占用税的概念

耕地占用税是对在中华人民共和国境内占用耕地建设建筑物、构筑物或者从事非农业建设的单位和个人，以其实际占用的耕地面积为计税依据所征收的一种税。

（二）耕地占用税的特征

1. 兼具资源税与特定目的税的性质

耕地占用税针对占用农用耕地建房或从事其他农用建设的行为征税，以约束占用耕地的行为，促进土地资源的合理运用为目的，除具有资源占用税的属性外，还具有明显的特定目的税的特点。

2. 采用地区差别税率

根据不同地区的具体情况，耕地占用税分别制定差别税额，以适应我国地域辽阔、各地区之间耕地质量差别较大、人均占有耕地面积相差悬殊的具体情况，具有因地制宜的特点。

3. 在占用耕地环节一次性课征

耕地占用税在纳税人获准占用耕地的环节征收，具有一次性征收的特点。

（三）耕地占用税法概述

耕地占用税法，是指国家制定的用以调整耕地占用税征收与缴纳之间的权利及义务关系的法律规范。

2018年12月29日，第十三届全国人民代表大会常务委员会第七次会议通过了《中华人民共和国耕地占用税法》（以下简称《耕地占用税法》），旨在合理利用土地资源，加强土地管理和保护耕地，自2019年9月1日起施行。2019年8月29日，财政部、税务总局、自然资源部、农业农村部、生态环境部发布了《中华人民共和国耕地占用税法实施办法》（以下简称《耕地占用税实施办法》），自2019年9月1日起施行。

二、纳税义务人和征税范围

（一）纳税义务人

在中华人民共和国境内占用耕地建设建筑物、构筑物或者从事非农业建设的单位和个人，为耕地占用税的纳税人，应当依照法律规定缴纳耕地占用税。

经批准占用耕地的，纳税义务人为农用地转用审批文件中标明的建设用地人；农用地转用审批文件中未标明建设用地人的，纳税义务人为用地申请人。其中，用地申请人为各级人民政府的，由同级土地储备中心、自然资源主管部门或政府委托的其他部门、单位履行耕地占用税申报纳税义务。未经批准占用耕地的，纳税义务人为实际用地人。

（二）征税范围

耕地占用税的征税范围为中华人民共和国境内被占用的耕地。耕地，是指用于种植农作物的土地。

下列占地行为应缴纳耕地占用税：

(1)纳税人因建设项目施工或者地质勘查临时占用耕地的。

(2)占用园地、林地、草地、农田水利用地、养殖水面、渔业水域滩涂以及其他农用地建设建筑物、构筑物或者从事非农业建设的。

此外，纳税人因挖损、采矿塌陷、压占、污染等损毁耕地，属于上述所称占用耕地从事非农业建设的情形，同样需要缴纳耕地占用税。

下列占地行为不征收耕地占用税：

(1)占用耕地建设农田水利设施的,不缴纳耕地占用税。

(2)直接为农业生产服务的生产设施占用园地、林地、牧草地、农田水利用地、养殖水面以及渔业水域滩涂等其他农用地的,不征收耕地占用税。

(3)农村居民翻建住房或搬迁住房、原宅基地恢复耕种的,凡新建住宅占地面积不超过原宅基地面积的,不征收耕地占用税。

三、应纳税额的计算

（一）计税依据

耕地占用税以纳税人实际占用的耕地面积为计税依据,以平方米为计量单位。

（二）单位税额

耕地占用税的税额如下:

(1)人均耕地不超过1亩的地区(以县、自治县、不设区的市、市辖区为单位,下同),每平方米为10元至50元。

(2)人均耕地超过1亩但不超过2亩的地区,每平方米为8元至40元。

(3)人均耕地超过2亩但不超过3亩的地区,每平方米为6元至30元。

(4)人均耕地超过3亩以上的地区,每平方米为5元至25元。

各地区耕地占用税的适用税额,由省、自治区、直辖市人民政府根据人均耕地面积和经济发展等情况,在上述规定的税额幅度内提出,报同级人民代表大会常务委员会决定,并报全国人民代表大会常务委员会和国务院备案。各省、自治区、直辖市耕地占用税适用税额的平均水平,不得低于法律所附《各省、自治区、直辖市耕地占用税平均税额表》规定的平均税额。

在人均耕地低于0.5亩的地区,省、自治区、直辖市可以根据当地经济发展情况,适当提高耕地占用税的适用税额,但提高的部分不得超过《耕地占用税法》第4条第2款确定的适用税额的50%。

占用基本农田的,应当按照《耕地占用税法》第4条第2款或者第5条确定的当地适用税额,加按150%征收。

基本农田,是指依照《基本农田保护条例》划定的基本农田保护区范围内的耕地。

（三）税额计算

耕地占用税以纳税人实际占用的耕地面积为计税依据,按应税土地当地适用税额计税,实行一次性征收,其计算公式为:

$$应纳税额 = 应税土地面积（平方米） \times 适用税额$$

加按150%征收耕地占用税的计算公式为:

$$应纳税额 = 应税土地面积（平方米） \times 适用税额 \times 150\%$$

【随堂测验 10-6】

某市一家企业新占用 64 500 平方米耕地用于工业建设,所占耕地适用的定额税率为 18 元/平方米,计算该企业应纳耕地占用税税额。

【解析】

应纳税额 = 64 500 × 18 = 1 161 000(元)。

四、税收优惠

(一)免征耕地占用税

(1)军事设施占用耕地,免征耕地占用税。

(2)学校、幼儿园、社会福利机构、医疗机构占用耕地,免征耕地占用税。

(3)农村烈士遗属、因公牺牲军人遗属、残疾军人以及符合农村最低生活保障条件的农村居民,在规定用地标准以内新建自用住宅,免征耕地占用税。

(二)减征耕地占用税

(1)铁路线路、公路线路、飞机场跑道、停机坪、港口、航道、水利工程占用耕地,减按每平方米 2 元的税额征收耕地占用税。

(2)农村居民在规定用地标准以内占用耕地新建自用住宅,按照当地适用税额减半征收耕地占用税;其中农村居民经批准搬迁,新建自用住宅占用耕地不超过原宅基地面积的部分,免征耕地占用税。

根据国民经济和社会发展的需要,国务院可以规定免征或者减征耕地占用税的其他情形,报全国人民代表大会常务委员会备案。

五、征收管理

(一)征收单位

耕地占用税由税务机关负责征收。

(二)纳税义务发生时间

耕地占用税的纳税义务发生时间为纳税人收到自然资源主管部门办理占用耕地手续的书面通知的当日。自然资源主管部门凭耕地占用税完税凭证或者免税凭证和其他有关文件发放建设用地批准书。

(1)未经批准占用耕地的,其纳税义务发生时间为自然资源主管部门认定的纳税人实际占用耕地的当日。

(2)因挖损、采矿塌陷、压占和污染等损毁耕地的,纳税义务发生时间为自然资源、农业农村等相关部门认定损毁耕地的当日。

(3)依照《耕地占用税法》的规定,免征或者减征耕地占用税后,纳税人改变原占地用途,需要补缴耕地占用税的,其纳税义务发生时间为改变用途当日。

(三)纳税申报

(1)纳税人占用耕地,应当在耕地所在地申报纳税。

(2)纳税人应当自纳税义务发生之日起30日内申报缴纳耕地占用税。

税务机关发现纳税人的纳税申报数据资料异常或者纳税人未按照规定期限申报纳税的,可以提请相关部门进行复核,相关部门应当自收到税务机关复核申请之日起30日内向税务机关出具复核意见。

(四)退税管理

纳税人因建设项目施工或者地质勘查临时占用耕地,应当依照法律的规定缴纳耕地占用税。纳税人在批准临时占用耕地期满之日起1年内依法复垦,恢复种植条件的,全额退还已经缴纳的耕地占用税。

法律规定,税务机关应当与相关部门建立耕地占用税涉税信息共享机制和工作配合机制。县级以上地方人民政府自然资源、农业农村、水利等相关部门应当定期向税务机关提供农用地转用、临时占地等信息,协助税务机关加强耕地占用税征收管理。

第四节 船舶吨税法

一、船舶吨税概述

(一)船舶吨税的概念

船舶吨税亦称"吨税",是指海关对航行进出本国港口的外国籍船舶,按船舶净吨位征收的一种税。我国现行征收船舶吨税的法律依据是2017年12月27日第十二届全国人民代表大会常务委员会第三十一次会议通过的《中华人民共和国船舶吨税法》(以下简称《船舶吨税法》),该法自2018年7月1日起施行。

(二)船舶吨税的特征

(1)船舶吨税是对进出中国港口的国际航行船舶征收的一种税。

(2)船舶吨税以船舶的净吨位为计税依据,实行从量定额征收。

(3)船舶吨税对不同的船舶分别适用普通税率或优惠税率。

(4)船舶吨税是一国船舶使用了另一国家的助航设施而向该国缴纳的一种税费,专项用于海上航标的维护、建设和管理。

二、纳税义务人和征税范围

(一)纳税义务人

船舶吨税的纳税义务人为拥有或租有进出中国港口的国际航行船舶的单位和个人。

(二)征税范围

自中华人民共和国境外港口进入境内港口的船舶(以下称应税船舶),应当依照法律规定缴纳船舶吨税(以下简称吨税)。船舶吨税的税目、税率依照《船舶吨税税目税率表》执行。

三、应纳税额的计算

(一)税率

船舶吨税设置优惠税率和普通税率。中华人民共和国籍的应税船舶,船籍国(地区)与中华人民共和国签订含有相互给予船舶税费最惠国待遇条款的条约或者协定的应税船舶,适用优惠税率。其他应税船舶,适用普通税率。

(二)税额计算

船舶吨税按照船舶净吨位和吨税执照期限征收。船舶吨税的应纳税额按照船舶净吨位乘以适用税率计算。计算公式为:

$$应纳税额 = 船舶净吨位 \times 定额税率$$

应税船舶负责人在每次申报纳税时,可以按照《船舶吨税税目税率表》(如表 10-1 所示)选申领一种期限的《船舶吨税执照》。

表 10-1 船舶吨税税目税率表

税目 (按船舶净吨位划分)	税率(元/净吨)						备注
	普通税率 (按执照期限划分)			优惠税率 (按执照期限划分)			
	1年	90日	30日	1年	90日	30日	
不超过 2000 净吨	12.6	4.2	2.1	9.0	3.0	1.5	1.拖船按照发动机功率每千瓦折合净吨位 0.67 吨 2.无法提供净吨位证明文件的游艇,按照发动机功率每千瓦折合净吨位 0.05 吨 3.拖船和非机动驳船分别按相同净吨位船舶税率的 50% 计征税款
超过 2000 净吨,但不超过 10 000 净吨	24.0	8.0	4.0	17.4	5.8	2.9	
超过 10 000 净吨,但不超过 50 000 净吨	27.6	9.2	4.6	19.8	6.6	3.3	
超过 50 000 净吨	31.8	10.6	5.3	22.8	7.6	3.8	

应税船舶在进入港口办理入境手续时,应当向海关申报纳税领取《船舶吨税执照》,或者交验《船舶吨税执照》。应税船舶在离开港口办理出境手续时,应当交验《船舶吨税执照》。

应税船舶负责人申领《船舶吨税执照》时,应当向海关提供下列文件:

(1)船舶国籍证书或者海事部门签发的船舶国籍证书收存证明;

(2)船舶吨位证明。

【随堂测验10-7】

2022年11月10日,A国某运输公司一艘货轮驶入我国某港口,净吨位为10万吨,货轮负责人已向我国该海关领取了《吨税执照》,在港口停留期限为90日,A国已与我国签订有相互给予船舶税费最惠国待遇条款。计算该货轮负责人应向我国海关缴纳的船舶吨税税额。

【解析】

适用税额标准为7.6元。

应纳税额=100 000×7.6=76(万元)。

四、税收优惠

(一)免税优惠

下列船舶免征船舶吨税:

(1)应纳税额在人民币50元以下的船舶。

(2)自境外以购买、受赠、继承等方式取得船舶所有权的初次进口到港的空载船舶。

(3)吨税执照期满后24小时内不上下客货的船舶。

(4)非机动船舶(不包括非机动驳船)。

(5)捕捞、养殖渔船。

(6)避难、防疫隔离、修理、改造、终止运营或者拆解,并不上下客货的船舶。

(7)军队、武装警察部队专用或者征用的船舶。

(8)警用船舶。

(9)依照法律规定应当予以免税的外国驻华使领馆、国际组织驻华代表机构及其有关人员的船舶。

(10)国务院规定的其他船舶。由国务院报全国人民代表大会常务委员会备案。

符合第(1)项至第(9)项规定的船舶,应当提供海事部门、渔业船舶管理部门等部门、机构出具的具有法律效力的证明文件或者使用关系证明文件,申明免税或者延长船舶吨税执照期限的依据和理由。

(二)延期优惠

在船舶吨税执照期限内,应税船舶发生下列情形之一的,海关按照实际发生的天数

批注延长船舶吨税执照期限:

(1)避难、防疫隔离、修理、改造,并不上下客货。

(2)军队、武装警察部队征用。

上述规定的船舶,应当提供海事部门、渔业船舶管理部门等部门、机构出具的具有法律效力的证明文件或者使用关系证明文件,申明免税或者延长船舶吨税执照期限的依据和理由。

五、征收管理

(一)纳税义务发生时间及纳税期限

(1)船舶吨税纳税义务发生时间为应税船舶进入港口的当日。

(2)船舶吨税由海关负责征收,海关征收船舶吨税应当制发缴款凭证。

(3)应税船舶在《船舶吨税执照》期满后尚未离开港口的,应当申领新的《船舶吨税执照》,自上一次执照期满的次日起续缴船舶吨税。

(4)应税船舶负责人应当自海关填发吨税缴款凭证之日起 15 日内缴清税款。未按期缴清税款的,自滞纳税款之日起至缴清税款之日止,按日加收滞纳税款 0.5‰ 的税款滞纳金。

(二)纳税担保

应税船舶到达港口前,经海关核准先行申报并办结出入境手续的,应税船舶负责人应当向海关提供与其依法履行吨税缴纳义务相适应的担保;应税船舶到达港口后,依照《船舶吨税法》规定向海关申报纳税。下列财产、权利可以用于担保:

(1)人民币、可自由兑换货币。

(2)汇票、本票、支票、债券、存单。

(3)银行、非银行金融机构的保函。

(4)海关依法认可的其他财产、权利。

(三)其他管理

(1)应税船舶在吨税执照期限内,因修理、改造导致净吨位变化的,吨税执照继续有效。应税船舶办理出入境手续时,应当提供船舶经过修理、改造的证明文件。

应税船舶在吨税执照期限内,因税目税率调整或者船籍改变而导致适用税率变化的,吨税执照继续有效。

因船籍改变而导致适用税率变化的,应税船舶在办理出入境手续时,应当提供船籍改变的证明文件。

(2)吨税执照在期满前毁损或者遗失的,应当向原发照海关书面申请核发吨税执照副本,不再补税。

(3)海关发现少征或者漏征税款的,应当自应税船舶应当缴纳税款之日起 1 年内,补征税款。但因应税船舶违反规定造成少征或者漏征税款的,海关可以自应当缴纳税款之日起 3 年内追征税款,并自应当缴纳税款之日起按日加征少征或者漏征税款 0.5‰的税款滞纳金。

海关发现多征税款的,应当在 24 小时内通知应税船舶办理退还手续,并加算银行同期活期存款利息。

应税船舶发现多缴税款的,可以自缴纳税款之日起 3 年内以书面形式要求海关退还多缴的税款并加算银行同期活期存款利息;海关应当自受理退税申请之日起 30 日内查实并通知应税船舶办理退还手续。

应税船舶应当自收到前述第(2)款、第(3)款规定的通知之日起 3 个月内办理有关退还手续。

(4)应税船舶有下列行为之一的,由海关责令限期改正,处 2000 元以上 30 000 元以下的罚款;不缴或者少缴应纳税款的,处不缴或者少缴税款 50%以上 5 倍以下的罚款,但罚款不得低于 2000 元:

①未按照规定申报纳税、领取吨税执照。

②未按照规定交验吨税执照(或者申请核验吨税执照电子信息)以及提供其他证明文件。

(5)吨税税款、税款滞纳金、罚款以人民币计算。

第五节 烟 叶 税 法

一、烟叶税概述

烟叶税是以纳税人收购烟叶的收购金额为计税依据征收的一种税。依照法律规定,烟叶,是指烤烟叶、晾晒烟叶。

二、烟叶税法概述

烟叶税法,是指国家制定的用以调整烟叶税征收与缴纳之间的权利及义务关系的法律规范。

《中华人民共和国烟叶税法》(以下简称《烟叶税法》)由中华人民共和国第十二届全国人民代表大会常务委员会第三十一次会议于 2017 年 12 月 27 日通过,自 2018 年 7 月 1 日起施行。

☺ **小贴士**

中国对烟草征税始于明朝末年。1958 年,我国颁布实施《中华人民共和国农业税条例》(以下简称《农业税条例》)。1983年,国务院以《农业税条例》为依据,选择特定农业产品征收农林特产农业税。当时农业特产农业税征收范围不包括烟叶,对烟叶另外征收产品税和工商统一税。

1994年我国进行了财政体制和税制改革,国务院决定取消原产品税和工商统一税,将原农林特产农业税与原产品税和工商统一税中的农林牧水产品税目合并,改为统一征收农业特产农业税,并于同年1月30日发布《国务院关于对农业特产收入征收农业税的规定》(国务院令143号)。其中规定对烟叶在收购环节征收,税率为31%。1999年,将烟叶特产农业税的税率下调为20%。2004年6月,根据《中共中央国务院关于促进农民增加收入若干政策的意见》(中发〔2004〕1号),财政部、国家税务总局下发《关于取消除烟叶外的农业特产农业税有关问题的通知》,规定从2004年起,除对烟叶暂保留征收农业特产农业税外,取消对其他农业特产品征收的农业特产农业税。

2005年12月29日,十届全国人大常委会第十九次会议决定,《农业税条例》自2006年1月1日起废止。至此,对烟叶征收农业特产农业税失去了法律依据。2006年4月28日,国务院公布了《中华人民共和国烟叶税暂行条例》,并自公布之日起施行。

三、纳税人

在中华人民共和国境内,依照《中华人民共和国烟草专卖法》(以下简称《烟草专卖法》)的规定收购烟叶的单位为烟叶税的纳税人。纳税人应当依照法律规定缴纳烟叶税。烟叶的生产销售方不是烟叶税的纳税人,烟叶的收购方是烟叶税的纳税人。

收购烟叶的单位,是指依照《烟草专卖法》的规定有权收购烟叶的烟草公司或者受其委托收购烟叶的单位。依照查处没收的违法收购的烟叶,由收购罚没烟叶的单位按照购买金额计算缴纳烟叶税。

三、征税对象

烟叶税的征税对象是烟叶,包括烤烟叶、晾晒烟叶。

四、税率

烟叶税实行比例税率,税率为20%。

五、计税依据

烟叶税的计税依据为纳税人收购烟叶实际支付的价款总额。

实际支付的价款总额,包括纳税人支付给烟叶生产销售单位和个人的烟叶收购价款和价外补贴。按照简化手续、方便征收的原则,对价外补贴统一按烟叶收购价款的10%计算。

收购金额计算公式如下:
$$实际支付的价款总额 = 收购价款 \times (1 + 10\%)$$

六、应纳税额的计算

烟叶税的应纳税额按照纳税人收购烟叶实际支付的价款总额乘以税率计算。
$$应纳税额 = 实际支付的价款总额 \times 税率$$
应纳税额以人民币计算。

【随堂测验 10-8】

2022年5月,某烟草公司向烟农收购一批烟叶,收购价款为200万元(不含价外补贴),另外支付的价外补贴为烟叶收购价款的10%,烟叶税税率为20%,计算该烟草公司应缴纳的烟叶税税额。

【解析】

应纳税额 = 200 × (1 + 10%) × 20% = 44(万元)。

七、征收管理

纳税人收购烟叶,应当向烟叶收购地的主管税务机关申报缴纳烟叶税。

烟叶税的纳税义务发生时间为纳税人收购烟叶的当日。收购烟叶的当日,是指纳税人向烟叶销售者付讫收购烟叶款项或者开具收购烟叶凭据的当天。

烟叶税按月计征,纳税人应当于纳税义务发生月终了之日起15日内申报并缴纳税款。

【导学案例解析】

应纳税额 = (20 + 30) × 10% = 5(万元)。

第十一章　税收征收管理法

【本章学习目标】
1. 掌握税款征收制度、税收保全措施和强制执行措施的区别。
2. 理解账簿、凭证管理，税务检查的形式和方法，税务登记的种类。
3. 了解税务检查的职责，发票管理的内容。

【案例导学】

2022年初，税务部门曝光了涉税违法案件，江西省九江市税务部门与公安部门联合依法查处一起虚开骗税案件，抓获犯罪嫌疑人23名，捣毁犯罪窝点16个。

经查，该犯罪团伙通过注册多家企业，购置废旧二手设备营造虚假生产的假象，以虚开发票、低值高报、伪造合同、买卖外汇等方式骗取出口退税，虚开增值税专用发票33 230份，价税合计金额51.41亿元，骗取出口退税1.31亿元。

第一节　税收征收管理法概述

一、税收征收管理概述

税收征收管理是一种执行性管理，是指税务机关对纳税人或扣缴义务人依法征税活动的管理。征收管理是实现税收分配目标、完成税收任务的保证。税收征收管理是税收管理体系的中心内容，它具体包括以下几方面。

1. 税务管理

税务管理是为了保证税款的顺利征收所做的一些基础性工作，是税款征收的前提。税务管理主要包括税务登记管理、账簿和凭证管理及纳税申报管理。

2. 税款征收

税款征收，是指税款入库的过程。从税务机关的角度来看，它是税务机关依照法律、法规的规定征收税款的过程；从纳税人的角度来看，它是纳税人或扣缴义务人按照法律、法规的规定缴纳税款的过程。

3. 发票管理

发票管理，是指税务机关依照法律、行政法规的规定对发票的印制、领购、开具、取得、使用、保管和缴销等方面所进行的管理。

4. 税务检查

税务检查,是指税务机关为了减少税款流失,根据税收法律、法规及相关的财务会计制度的规定,对纳税人履行纳税义务、扣缴义务人履行扣缴义务的情况所进行的检查和监督。

5. 法律责任

法律责任,是指纳税人、扣缴义务人不能正确履行义务、发生违法行为时所应承担的法律后果。

6. 税收争议的解决

税收争议的解决,是指作为征管方的税务机关,对其与纳税人、扣缴义务人、纳税担保人等相对人在税款征收过程中发生的一些争议予以解决的方式。针对不同情形,可采取税务行政复议或税务行政诉讼的方式解决上述争议。

7. 税务代理

税务代理,是指有税务代理资格的税务代理人在国家法律、行政法规规定的范围内,接受纳税人、扣缴义务人的委托,代为办理有关税务事宜的活动。包括代委托人办理税务登记、建账建制、纳税申报、缴纳税款、减免税申请、税务行政复议或行政诉讼等有关税收事宜,同时还包括办理与纳税有关的财务、会计事项等。

二、税收征收管理法概述

(一)立法目的

为了加强税收征收管理,规范税收征收和缴纳行为,保障国家税收收入,保护纳税人的合法权益,促进经济和社会发展,国家制定了税收征管法。税收征收管理法是调整、规范税收征收管理的法律规范的总称。包括税收征收管理法及税收征收管理的有关法律、法规和规章。

1992年9月4日第七届全国人民代表大会常务委员会第二十七次会议通过了《中华人民共和国税收征管法》(以下简称《税收征管法》),后于1995年、2001年和2015年三次修正。

2002年9月7日,《中华人民共和国税收征收管理法实施细则》(以下简称《税收征收管理法实施细则》)通过并实施,后于2012年、2013年和2016年三次修改。

(二)法律适用范围

凡依法由税务机关征收的各种税收的征收管理,均适用《税收征管法》。我国税收的征收机关有税务机关和海关部门,税务机关征收各种工商税收,海关征收关税。《税收征管法》只适用于由税务机关征收的各种税收的管理。海关征收的关税及代征的增值税、消费税,适用其他法律、法规的规定。

(三)法律适用主体

1. 税务行政主体——税务机关

税务机关,是指各级税务局、税务分局、税务所和按照国务院规定设立的并向社会公告的税务机构。《税收征管法》明确规定,国务院税务主管部门主管全国税收征收管理工作。各地国家税务局和地方税务局应当按照国务院规定的税收征收管理范围分别进行征收管理。地方各级人民政府应当依法加强对本行政区域内税收征收管理工作的领导或者协调,支持税务机关依法执行职务,依照法定税率计算税额,依法征收税款。各有关部门和单位应当支持、协助税务机关依法执行职务。

税务机关依法执行职务,任何单位和个人不得阻挠。

法律明确了税收征收管理的行政主体(执法主体),也明确了《税收征管法》的管理相对人。

2. 税务行政管理相对人——纳税人、扣缴义务人和其他有关单位

《税收征管法》规定,法律、行政法规规定负有纳税义务的单位和个人为纳税人。法律、行政法规规定负有代扣代缴、代收代缴税款义务的单位和个人为扣缴义务人。纳税人、扣缴义务人必须依照法律、行政法规的规定缴纳税款、代扣代缴、代收代缴税款。纳税人、扣缴义务人和其他有关单位应当按照国家有关规定如实向税务机关提供与纳税和代扣代缴、代收代缴税款有关的信息。

纳税人、扣缴义务人和其他有关单位是税务行政管理相对人,是《税收征管法》的遵守主体,必须按照法律规定接受税务管理,享受合法的税收权益。

第二节 税务管理

税务管理是税务机关在税收征收管理中对征纳过程实施的基础性的管理制度和管理行为,税务管理是整个税收征管工作的基础环节,是做好税款征收和税务检查的前提工作。税务管理主要包括税务登记,账簿、凭证管理,纳税申报,发票的使用和管理等内容。

一、税务登记管理

税务登记亦称纳税登记,是税务机关对纳税人的生产经营活动、行为实行法定登记的一项管理制度,也是纳税人履行纳税义务的法律手续。税务登记是税收征管过程的首要环节,是征纳双方法律关系成立的书面依据。

(一)税务登记

企业、企业在外地设立的分支机构和从事生产、经营的场所,个体工商户和从事生产、经营的事业单位,均应当按照《税收征管法》及《实施细则》和《税务登记管理办法》的规定办理税务登记。上述规定以外的纳税人,除国家机关、个人和无固定生产、经营场所的流动性农村小商贩外,也应当按照《税收征管法》及《税收征收管理法实施细则》和《税务登记管理办法》的规定办理税务登记。根据税收法律、行政法规的规定负有扣缴税款义务的扣缴义务人(国家机关除外),应当按照《税收征管法》及《税收征收管理法实施细则》和《税务登记管理办法》的规定办理扣缴税款登记。

县以上(含本级,下同)税务局(分局)是税务登记的主管税务机关,负责税务登记的设立登记、变更登记、注销登记和税务登记证验证、换证以及非正常户处理、报验登记等有关事项。

税务登记证件包括税务登记证及其副本、临时税务登记证及其副本。扣缴税款登记证件包括扣缴税款登记证及其副本。

县以上税务局(分局)按照国务院规定的税收征收管理范围,实施属地管理。有条件的城市,可以按照"各区分散受理、全市集中处理"的原则办理税务登记。

税务局(分局)执行统一纳税人识别号。纳税人识别号由省、自治区、直辖市和计划单列市税务局按照纳税人识别号代码行业标准联合编制,统一下发各地执行。已领取组织机构代码的纳税人,其纳税人识别号共15位,由纳税人登记所在地6位行政区划码+9位组织机构代码组成。以业主身份证件为有效身份证明的组织,即未取得组织机构代码证书的个体工商户以及持回乡证、通行证、护照办理税务登记的纳税人,其纳税人识别号由身份证件号码+2位顺序码组成。纳税人识别号具有唯一性。

纳税人办理下列事项时,必须提供税务登记证件:(1)开立银行账户;(2)领购发票。纳税人办理其他税务事项时,应当出示税务登记证件,经税务机关核准相关信息后办理手续。

税务登记分为设立税务登记,变更税务登记,停业、复业税务登记,注销税务登记等。

1. 设立税务登记

企业、企业在外地设立的分支机构和从事生产、经营的场所,个体工商户和从事生产、经营的事业单位(以下统称从事生产、经营的纳税人),向生产、经营所在地税务机关申报办理税务登记:

(1)从事生产、经营的纳税人领取工商营业执照的,应当自领取工商营业执照之日起30日内申报办理税务登记,税务机关发放税务登记证及副本。

(2)从事生产、经营的纳税人未办理工商营业执照但经有关部门批准设立的,应当自有关部门批准设立之日起30日内申报办理税务登记,税务机关发放税务登记证及副本。

(3)从事生产、经营的纳税人未办理工商营业执照也未经有关部门批准设立的,应当自纳税义务发生之日起30日内申报办理税务登记,税务机关发放临时税务登记证及副本。

(4)有独立的生产经营权、在财务上独立核算并定期向发包人或者出租人上交承包费或租金的承包承租人,应当自承包承租合同签订之日起 30 日内,向其承包承租业务发生地税务机关申报办理税务登记,税务机关发放临时税务登记证及副本。

(5)境外企业在中国境内承包建筑、安装、装配、勘探工程和提供劳务的,应当自项目合同或协议签订之日起 30 日内,向项目所在地税务机关申报办理税务登记,税务机关发放临时税务登记证及副本。

法律规定以外的其他纳税人,除国家机关、个人和无固定生产、经营场所的流动性农村小商贩外,均应当自纳税义务发生之日起 30 日内,向纳税义务发生地税务机关申报办理税务登记,税务机关发放税务登记证及副本。

税务机关对纳税人税务登记地点发生争议的,由其共同的上级税务机关指定管辖。

小贴士

纳税人在申报办理税务登记时,应当根据不同情况向税务机关如实提供以下证件和资料:(1)工商营业执照或其他核准执业证件;(2)有关合同、章程、协议书;(3)组织机构统一代码证书;(4)法定代表人或负责人或业主的居民身份证、护照或者其他合法证件。其他需要提供的有关证件、资料,由省、自治区、直辖市税务机关确定。

纳税人在申报办理税务登记时,应当如实填写税务登记表。税务登记表的主要内容包括:(1)单位名称、法定代表人或者业主姓名及其居民身份证、护照或者其他合法证件的号码;(2)住所、经营地点;(3)登记类型;(4)核算方式;(5)生产经营方式;(6)生产经营范围;(7)注册资金(资本)、投资总额;(8)生产经营期限;(9)财务负责人、联系电话;(10)国家税务总局确定的其他有关事项。

纳税人提交的证件和资料齐全且税务登记表的填写内容符合规定的,税务机关应当日办理并发放税务登记证件。纳税人提交的证件和资料不齐全或税务登记表的填写内容不符合规定的,税务机关应当场通知其补正或重新填报。

小贴士

税务登记证件的主要内容包括:纳税人名称、税务登记代码、法定代表人或负责人、生产经营地址、登记类型、核算方式、生产经营范围(主营、兼营)、发证日期、证件有效期等。

已办理税务登记的扣缴义务人应当自扣缴义务发生之日起 30 日内,向税务登记地税务机关申报办理扣缴税款登记。税务机关在其税务登记证件上登记扣缴税款事项,税务机关不再发放扣缴税款登记证件。根据税收法律、行政法规的规定可不办理税务登记的扣缴义务人,应当自扣缴义务发生之日起 30 日内,向机构所在地税务机关申报办理扣缴税款登记。税务机关发放扣缴税款登记证件。

(二) 变更税务登记

纳税人税务登记内容发生变化的,应当向原税务登记机关申报办理变更税务登记。

纳税人已在工商行政管理机关办理变更登记的,应当自工商行政管理机关变更登记之日起30日内,向原税务登记机关如实提供下列证件、资料,申报办理变更税务登记:(1)工商登记变更表;(2)纳税人变更登记内容的有关证明文件;(3)税务机关发放的原税务登记证件(登记证正、副本和登记表等);(4)其他有关资料。

纳税人按照规定不需要在工商行政管理机关办理变更登记,或者其变更登记的内容与工商登记内容无关的,应当自税务登记内容实际发生变化之日起30日内,或者自有关机关批准或者宣布变更之日起30日内,持下列证件到原税务登记机关申报办理变更税务登记:(1)纳税人变更登记内容的有关证明文件;(2)税务机关发放的原税务登记证件(登记证正、副本和税务登记表等);(3)其他有关资料。

纳税人提交的有关变更登记的证件、资料齐全的,应如实填写税务登记变更表,符合规定的,税务机关应当日办理;不符合规定的,税务机关应通知其补正。

税务机关应当于受理当日办理变更税务登记。纳税人税务登记表和税务登记证中的内容都发生变更的,税务机关按变更后的内容重新发放税务登记证件;纳税人税务登记表的内容发生变更而税务登记证中的内容未发生变更的,税务机关不重新发放税务登记证件。

(三)停业、复业税务登记

(1)实行定期定额征收方式的个体工商户需要停业的,应当在停业前向税务机关申报办理停业登记。纳税人的停业期限不得超过1年。

(2)纳税人在申报办理停业登记时,应如实填写停业复业报告书,说明停业理由、停业期限、停业前的纳税情况和发票的领、用、存情况,并结清应纳税款、滞纳金、罚款。税务机关应收存其税务登记证件及副本、发票领购簿、未使用完的发票和其他税务证件。

(3)纳税人在停业期间发生纳税义务的,应当按照税收法律、行政法规的规定申报缴纳税款。

(4)纳税人应当于恢复生产经营之前,向税务机关申报办理复业登记,如实填写《停业复业报告书》,领回并启用税务登记证件、发票领购簿及其停业前领购的发票。

(5)纳税人停业期满不能及时恢复生产经营的,应当在停业期满前到税务机关办理延长停业登记,并如实填写《停业复业报告书》。

(四)注销登记

(1)纳税人发生解散、破产、撤销以及其他情形,依法终止纳税义务的,应当在向工商行政管理机关或者其他机关办理注销登记前,持有关证件和资料向原税务登记机关申报办理注销税务登记;按规定不需要在工商行政管理机关或者其他机关办理注册登记的,应当自有关机关批准或者宣告终止之日起15日内,持有关证件和资料向原税务登记机关申报办理注销税务登记。纳税人被工商行政管理机关吊销营业执照或者被其他机关予以撤销登记的,应当自营业执照被吊销或者被撤销登记之日起15日内,向原税务登记机关申报办理注销税务登记。

(2)纳税人因住所、经营地点变动,涉及改变税务登记机关的,应当在向工商行政管理机关或者其他机关申请办理变更、注销登记前,或者住所、经营地点变动前,持有关证件和资料,向原税务登记机关申报办理注销税务登记,并自注销税务登记之日起30日内向迁达地税务机关申报办理税务登记。

(3)境外企业在中国境内承包建筑、安装、装配、勘探工程和提供劳务的,应当在项目完工、离开中国前15日内,持有关证件和资料,向原税务登记机关申报办理注销税务登记。

(4)纳税人办理注销税务登记前,应当向税务机关提交相关证明文件和资料,结清应纳税款、多退(免)税款、滞纳金和罚款,缴销发票、税务登记证件和其他税务证件,经税务机关核准后,办理注销税务登记手续。

(五)外出经营报验登记

(1)纳税人到外县(市)临时从事生产经营活动的,应当在外出生产经营以前,持税务登记证到主管税务机关开具《外出经营活动税收管理证明》(以下简称《外管证》)。

(2)税务机关按照一地一证的原则,发放《外管证》,《外管证》的有效期限一般为30日,最长不得超过180天。

小贴士

纳税人应当在《外管证》注明地进行生产经营前向当地税务机关报验登记,并提交下列证件、资料:(1)税务登记证件副本;(2)《外管证》。纳税人在《外管证》注明地销售货物的,除提交以上证件、资料外,应如实填写《外出经营货物报验单》,申报查验货物。

(3)纳税人外出经营活动结束,应当向经营地税务机关填报《外出经营活动情况申报表》,并结清税款、缴销发票。

(4)纳税人应当在《外管证》有效期届满后10日内,持《外管证》回原税务登记地税务机关办理《外管证》缴销手续。

(六)证照管理

税务机关应当加强税务登记证件的管理,采取实地调查、上门验证等方法进行税务登记证件的管理。

税务登记证式样改变,需统一换发税务登记证的,由国家税务总局确定。

纳税人、扣缴义务人遗失税务登记证件的,应当自遗失税务登记证件之日起15日内,书面报告主管税务机关,如实填写《税务登记证件遗失报告表》,并将纳税人的名称、税务登记证件名称、税务登记证件号码、税务登记证件有效期、发证机关名称在税务机关认可的报刊上作遗失声明,凭报刊上刊登的遗失声明到主管税务机关补办税务登记证件。

二、账簿、凭证管理

账簿、凭证管理是税收管理程序中一项重要的基础性工作,它是征纳双方依法治税的重要基础。

(一)账簿管理

1. 对账簿、凭证设置的管理

纳税人、扣缴义务人按照有关法律、行政法规和国务院财政、税务主管部门的规定设置账簿,根据合法、有效凭证记账,进行核算。

从事生产、经营的纳税人应当自领取营业执照或者发生纳税义务之日起15日内,按照国家有关规定设置账簿。

账簿,是指总账、明细账、日记账以及其他辅助性账簿。总账、日记账应当采用订本式。

扣缴义务人应当自税收法律、行政法规规定的扣缴义务发生之日起10日内,按照所代扣、代收的税种,分别设置代扣代缴、代收代缴税款账簿。

生产、经营规模小又确无建账能力的纳税人,可以聘请经批准从事会计代理记账业务的专业机构或者经税务机关认可的财会人员代为建账和办理账务;聘请上述机构或者人员有实际困难的,经县以上税务机关批准,可以按照税务机关的规定,建立收支凭证粘贴簿、进货销货登记簿或者使用税控装置。

对会计核算的要求如下:

(1)从事生产、经营的纳税人的财务、会计制度或者财务、会计处理办法和会计核算软件,应当报送税务机关备案。

(2)纳税人使用计算机记账的,应当在使用前将会计电算化系统的会计核算软件、使用说明书及有关资料报送主管税务机关备案。

(3)纳税人建立的会计电算化系统应当符合国家有关规定,并能正确、完整核算其收入或者所得。

(4)纳税人、扣缴义务人会计制度健全,能够通过计算机正确、完整计算其收入和所得或者代扣代缴、代收代缴税款情况的,其计算机输出的完整的书面会计记录,可视同会计账簿。纳税人、扣缴义务人会计制度不健全,不能通过计算机正确、完整计算其收入和所得或者代扣代缴、代收代缴税款情况的,应当建立总账及与纳税或者代扣代缴、代收代缴税款有关的其他账簿。

(5)账簿、会计凭证和报表,应当使用中文。民族自治地方可以同时使用当地通用的一种民族文字。外商投资企业和外国企业可以同时使用一种外国文字。

(6)纳税人应当按照税务机关的要求安装、使用税控装置,并按照税务机关的规定报送有关数据和资料。税控装置推广应用的管理办法由国家税务总局另行制定,报国务院批准后实施。

2. 对财务会计制度的管理

从事生产、经营的纳税人应当自领取税务登记证件之日起15日内,将其财务、会计制度或者财务、会计处理办法报送主管税务机关备案。

纳税人、扣缴义务人的财务、会计制度或者财务、会计处理办法与国务院或者国务院财政、税务主管部门有关税收的规定抵触的,依照国务院或者国务院财政、税务主管部门有关税收的规定计算应纳税款、代扣代缴和代收代缴税款。

3. 账簿、凭证的保管

账簿、记账凭证、报表、完税凭证、发票、出口凭证以及其他有关涉税资料应当合法、真实、完整。

从事生产、经营的纳税人、扣缴义务人必须按照国务院财政、税务主管部门规定的保管期限保管账簿、记账凭证、完税凭证及其他有关资料。账簿、记账凭证、完税凭证及其他有关资料不得伪造、变造或者擅自损毁。

账簿、记账凭证、报表、完税凭证、发票、出口凭证以及其他有关涉税资料应当保存10年;但是,法律、行政法规另有规定的除外。

(二) 发票管理

发票,是指在购销商品、提供劳务服务以及从事其他经营活动过程中,向对方开出的收款或付款凭证。发票既是会计核算的原始凭证,又是税务稽查的重要依据。

发票管理,是指税务机关依法对发票印制、领购、开具、取得和保管、缴销的全过程进行组织、协调、监督等一系列管理工作。加强发票管理工作,对于提高我国税收征管水平,保证国家税收收入及时、足额入库,防止侵蚀税基以及税款的流失具有重大的现实意义。

我国的发票管理工作由国务院税务主管部门负责,发票的种类、联次、内容和使用范围都由国务院税务主管部门规定。

(1) 税务机关是发票的主管机关,负责发票印制、领购、开具、取得、保管、缴销的管理和监督。单位、个人在购销商品、提供或者接受经营服务以及从事其他经营活动中,应当按照规定开具、使用、取得发票。发票的管理办法由国务院规定。

(2) 增值税专用发票由国务院税务主管部门指定的企业印制;其他发票,按照国务院税务主管部门的规定,分别由省、自治区、直辖市国家税务局、地方税务局指定企业印制。

未经上述规定的税务机关指定,不得印制发票。

(3) 国家根据税收征收管理的需要,积极推广使用税控装置。纳税人应当按照规定安装、使用税控装置,不得损毁或者擅自改动税控装置。

小贴士

税务总局、工业和信息化部、公安部共同制定了《机动车发票使用办法》(以下简称《办法》),自2021年5月1日起试行,7月1日起正式施行。《办法》适用于单位和个人销售机动车(不包括二手车,下同)开具增值税专用发票或者机动车销售统一发票的情形。

机动车发票是指单位和个人销售机动车时通过增值税发票管理系统开票软件中机动车发票开具模块所开具的增值税专用发票和机动车销售统一发票。此外还需注意,销售不属于机动车的其他商品不应开具机动车发票,不适用本办法规定。

为了切实维护机动车购销双方的合法权益,在发票开具和使用方面要遵循以下几点要求:第一,机动车销售方按照"一车一票"原则开具机动车销售统一发票。例如,销售方向消费者销售单价为200万元的机动车时,销售一辆机动车开具发票时仅能开具一张总价款为200万元的机动车销售统一发票,而不能分拆价款开具两张及两张以上机动车销售统一发票。第二,销售方应当按照销售符合国家机动车管理部门车辆参数、安全等技术指标规定的车辆所取得的全部价款如实开具机动车发票。这里所说的国家机动车管理部门车辆参数、安全等技术指标通常是指工信部门发布的《道路机动车辆生产企业及产品公告》中列明的符合出厂技术条件的车辆参数、安全等指标。第三,销售方根据不同情形,使用不同种类的机动车发票。购买方购进机动车自用的,销售方应当开具机动车销售统一发票;购买方购进机动车用于销售的,销售方应当开具增值税专用发票。例如:某汽车4S店将库存车辆销售给消费者,应当开具机动车销售统一发票,而该4S店将库存车辆调配至集团公司下属的其他4S店用于其对外销售的,则应当开具增值税专用发票。

使用增值税发票管理系统机动车发票开具模块开具增值税专用发票,要注意以下几点:第一,正确选择机动车类商品和服务税收分类编码。销售材料、配件、维修、保养、装饰等非机动车整车销售业务,均不通过该模块开具发票。第二,增值税专用发票"规格型号"栏应填写机动车车辆识别代号/车架号,"单位"栏应选择"辆"。若汇总开具增值税专用发票,则应通过增值税发票系统开票软件开具《销售货物或应税劳务、服务清单》。第三,销售机动车需开具红字增值税专用发票的,如果仅涉及销售折扣、销售折让的,《开具红字增值税专用发票信息表》中"规格型号"栏不填写车辆识别代号/车架号。

1. 发票领购和使用管理

(1)发票领购。

依法办理税务登记的各类单位和个人,在领取税务登记证件以后,可以向主管税务机关申请领购发票。具体程序为:

①需要领购发票的单位和个人,应当持税务登记证件、经办人身份证明、按照国务院税务主管部门规定式样制作的发票专用章的印模,向主管税务机关办理发票领购手续。主管税务机关根据领购单位和个人的经营范围和规模,确认领购发票的种类、数量以及领购方式,在5个工作日内发给发票领购簿。

②需要临时使用发票的单位和个人,可以凭购销商品、提供或者接受服务以及从事其他经营活动的书面证明、经办人身份证明,直接向经营地税务机关申请代开发票。

③临时到本省、自治区、直辖市以外从事经营活动的单位或者个人,应当凭所在地税务机关的证明,向经营地税务机关领购经营地的发票。

税务机关对外省、自治区、直辖市来本辖区从事临时经营活动的单位和个人领购发票的,可以要求其提供保证人或者根据所领购发票的票面限额以及数量交纳不超过1万元的保证金,并限期缴销发票。

(2)发票的开具。

①销售商品、提供服务以及从事其他经营活动的单位和个人,对外发生经营业务收取款项,收款方应当向付款方开具发票;特殊情况下,由付款方向收款方开具发票。

②所有单位和从事生产、经营活动的个人在购买商品、接受服务以及从事其他经营活动支付款项,应当向收款方取得发票。取得发票时,不得要求变更品名和金额。

③不符合规定的发票,不得作为财务报销凭证,任何单位和个人有权拒收。

④开具发票应当按照规定的时限、顺序、栏目,全部联次一次性如实开具,并加盖发票专用章。

⑤任何单位和个人不得有下列虚开发票行为:为他人、为自己开具与实际经营业务情况不符的发票;让他人为自己开具与实际经营业务情况不符的发票;介绍他人开具与实际经营业务情况不符的发票。

⑥安装税控装置的单位和个人,应当按照规定使用税控装置开具发票,并按期向主管税务机关报送开具发票的数据。

使用非税控电子器具开具发票的,应当将非税控电子器具使用的软件程序说明资料报主管税务机关备案,并按照规定保存、报送开具发票的数据。

(3)发票使用。

任何单位和个人应当按照发票管理规定使用发票,不得有下列行为:转借、转让、介绍他人转让发票、发票监制章和发票防伪专用品;知道或者应当知道是私自印制、伪造、变造、非法取得或者废止的发票而受让、开具、存放、携带、邮寄、运输;拆本使用发票;扩大发票使用范围;以其他凭证代替发票使用。

2. 发票的保管管理

开具发票的单位和个人应当建立发票使用登记制度,设置发票登记簿,并定期向主管税务机关报告发票使用情况。发票的存放和保管应当按照税务机关的规定办理,不得擅自丢失和损毁。如果丢失发票,应在当天报告主管税务机关,并通过报刊等传播媒介公告作废,已经开具的发票存根联和发票登记簿应当保存5年;保存期满,报经国税机关查验后可以销毁。

3. 发票检查

发票检查,是指税务机关在发票管理中可以检查企业领购、开具、取得和保管发票的情况,调出发票查验、查阅并可复制与发票有关的凭证、资料,向当事各方询问与发票有关的问题和情况。发票检查是税务检查中的一项重要工作。它可以从源头上有效地控制税款的流失,特别是对于整顿发票管理秩序,提高税收征管水平具有十分重要的现实意义。

4. 增值税电子普通发票的推广与应用

根据国家税务总局《关于推行通过增值税电子发票系统开具的增值税电子普通发票有关问题的公告》(国家税务总局公告 2015 年第 84 号)的规定,国家推行通过增值税电子发票系统开具的增值税电子普通发票。

(1)增值税电子普通发票的开票方和受票方需要纸质发票的,可以自行打印增值税电子普通发票的版式文件,其法律效力、基本用途、基本使用规定等与税务机关监制的增值税普通发票相同。

(2)增值税电子普通发票的发票代码为 12 位,编码规则:第 1 位为 0,第 2~5 位代表省、自治区、直辖市和计划单列市,第 6~7 位代表年度,第 8~10 位代表批次,第 11~12 位代表票种(11 代表增值税电子普通发票)。发票号码为 8 位,按年度、分批次编制。

(3)除北京市、上海市、浙江省、深圳市外,其他地区已使用电子发票的增值税纳税人,应于 2015 年 12 月 31 日前完成相关系统对接技术改造,2016 年 1 月 1 日起使用增值税电子发票系统开具增值税电子普通发票,其他开具电子发票的系统同时停止使用。

5. 网络发票管理

根据国务院《网络发票管理办法》的规定,网络发票,是指符合国家税务总局统一标准并通过国家税务总局及省、自治区、直辖市国家税务局、地方税务局公布的网络发票管理系统开具的发票。国家积极推广使用网络发票管理系统开具发票。

(1)税务机关应根据开具发票的单位和个人的经营情况,核定其在线开具网络发票的种类、行业类别、开票限额等内容。开具发票的单位和个人需要变更网络发票核定内容的,可向税务机关提出书面申请,经税务机关确认,予以变更。

(2)开具发票的单位和个人开具网络发票应登录网络发票管理系统,如实完整填写发票的相关内容及数据,确认保存后打印发票。开具发票的单位和个人在线开具的网络发票,经系统自动保存数据后即完成开票信息的确认、查验。

(3)单位和个人取得网络发票时,应及时查询验证网络发票信息的真实性、完整性,对不符合规定的发票,不得作为财务报销凭证,任何单位和个人有权拒收。

(4)开具发票的单位和个人需要开具红字发票的,必须收回原网络发票全部联次或取得受票方出具的有效证明,通过网络发票管理系统开具金额为负数的红字网络发票。开具发票的单位和个人作废开具的网络发票,应收回原网络发票全部联次,注明"作废",并在网络发票管理系统中进行发票作废处理。开具发票的单位和个人应当在办理变更或者注销税务登记的同时,办理网络发票管理系统的用户变更、注销手续并缴销空白发票。

(5) 税务机关根据发票管理的需要,可以按照国家税务总局的规定委托其他单位通过网络发票管理系统代开网络发票。税务机关应当与受托代开发票的单位签订协议,明确代开发票的种类、对象、内容和相关责任等内容。

(6) 开具发票的单位和个人必须如实在线开具网络发票,不得利用网络发票进行转借、转让、虚开发票及其他违法活动。开具发票的单位和个人在网络出现故障,无法在线开具发票时,可离线开具发票。开具发票后,不得改动开票信息,并于48小时内上传开票信息。

(7) 省以上税务机关在确保网络发票电子信息正确生成、可靠存储、查询验证、安全唯一等条件的情况下,可以试行电子发票。

(三) 税控管理

《税收征管法》第23条规定,国家根据税收征收管理的需要,积极推广使用税控装置。纳税人应当按照规定安装、使用税控装置,不得损毁或者擅自改动税控装置。相比修法之前,现行《税收征管法》第60条中增加一项规定,纳税人未按照规定安装、使用税控装置,或者损毁或者擅自改动税控装置的,由税务机关责令限期改正,可以处2000元以下的罚款;情节严重的,处2000元以上10 000元以下的罚款。

三、纳税申报管理

(一) 纳税申报的概念

纳税申报是指纳税人按照税法规定的期限和内容向税务机关提交有关纳税事项书面报告的法律行为,是纳税人履行纳税义务、承担法律责任的主要依据,是税务机关税收管理信息的主要来源和税务管理的一项重要制度。

(二) 纳税申报的对象

纳税人或者扣缴义务人、代征人应当按期向主管国家税务机关办理纳税申报或者代扣代缴、代收代缴税款报告、委托代征税款报告。

纳税人必须依照法律、行政法规规定或者税务机关依照法律、行政法规的规定确定的申报期限、申报内容如实办理纳税申报,报送纳税申报表、财务会计报表以及税务机关根据实际需要要求纳税人报送的其他纳税资料。扣缴义务人必须依照法律、行政法规规定或者税务机关依照法律、行政法规的规定确定的申报期限、申报内容如实报送代扣代缴、代收代缴税款报告表以及税务机关根据实际需要要求扣缴义务人报送的其他有关资料。

💟 **小贴士**

纳税人办理纳税申报时,应当如实填写纳税申报表,并根据不同的情况相应报送下列有关证件、资料:

(1)财务会计报表及其说明材料。

(2)与纳税有关的合同、协议书及凭证。

(3)税控装置的电子报税资料。

(4)外出经营活动税收管理证明和异地完税凭证。

(5)境内或者境外公证机构出具的有关证明文件。

(6)纳税人、扣缴义务人的纳税申报或者代扣代缴、代收代缴税款报告表的主要内容包括:税种、税目,应纳税项目或者应代扣代缴、代收代缴税款项目,计税依据,扣除项目及标准,适用税率或者单位税额,应退税项目及税额、应减免税项目及税额,应纳税额或者应代扣代缴、代收代缴税额,税款所属期限、延期缴纳税款、欠税、滞纳金等。

(7)扣缴义务人办理代扣代缴、代收代缴税款报告时,应当如实填写代扣代缴、代收代缴税款报告表,并报送代扣代缴、代收代缴税款的合法凭证以及税务机关规定的其他有关证件、资料。

(8)税务机关规定应当报送的其他有关证件、资料。

(三)纳税申报的期限

《税收征管法》规定纳税人和扣缴义务人必须按照法定的期限办理纳税申报。申报期限有两种:(1)法律、行政法规明确规定的;(2)税务机关按照法律、行政法规的原则规定,结合纳税人生产经营的实际情况及其所应缴纳的税种等予以确定的。两种期限具有同等法律效力。

> **小贴士**
>
> 纳税人、扣缴义务人申报期限的最后一日,如遇国家法定的公休假日,可以顺延。公休假日指元旦、春节、"五一"国际劳动节、国庆节及双休日。

(四)纳税申报的方式

纳税申报方式是指纳税人向税务机关申报纳税时所采用的方法。《税收征管法》第26条规定,纳税人、扣缴义务人可以直接到税务机关办理纳税申报或者报送代扣代缴、代收代缴税款报告表,也可以按照规定采取邮寄、数据电文或者其他方式办理上述申报、报送事项。目前,纳税申报的形式主要有三种。

1. 直接申报

直接申报,是指由纳税人自行到税务机关办理纳税申报。直接申报是纳税申报最主要的方式,也是我国目前普遍采用的一种方式。

2. 邮寄申报

邮寄申报,是指纳税人在规定的纳税申报期内,将各类填好的纳税表格和资料通过邮寄的方式向当地主管税务机关纳税申报。邮寄申报是国际上通行的一种做法,在一定程度上方便了纳税人,提高了税务机关的工作效率。

3. 数据电文

数据电文,是指经税务机关确定的电话语音、电子数据交换和网络传输等电子方式。目前纳税人的网上申报,就是数据电文申报方式的一种形式。电子申报方便、快捷的特点,决定了电子申报将成为未来的主要申报方式之一。

除上述形式外,实行定期定额缴纳税款的纳税人,可以实行简易申报、简并征期等申报纳税方式。

(五)延期申报管理

延期申报纳税,是指纳税人、扣缴义务人因不可抗力影响造成的困难而难以按期进行纳税申报的,经税务机关核准,允许延期申报纳税。

《税收征管法》第27条规定,纳税人、扣缴义务人不能按期办理纳税申报或者报送代扣代缴、代收代缴税款报告表的,经税务机关核准,可以延期申报。经核准延期办理上述规定的申报、报送事项的,应当在纳税期内按照上期实际缴纳的税额或者税务机关核定的税额预缴税款,并在核准的延期内办理税款结算。

根据《税收征管法实施细则》的规定,纳税人、扣缴义务人按照规定的期限办理纳税申报或者报送代扣代缴、代收代缴税款报告表确有困难,需要延期的,应当在规定的期限内向税务机关提出书面延期申请,经税务机关核准,在核准的期限内办理。

纳税人、扣缴义务人因不可抗力,不能按期办理纳税申报或者报送代扣代缴、代收代缴税款报告表的,可以延期办理;但是,应当在不可抗力情形消除后立即向税务机关报告。税务机关应当查明事实,予以核准。

第三节 税款征收

税款征收是整个税收征管过程的核心环节,它不仅关系到税收收入能否满足政府的财政支出需要,而且直接影响税收政策在宏观经济调控中的作用力度。

一、税款征收法律关系

(一)税款征收概念

税款征收,是指国家税务机关依照税收法律、法规,将纳税人应税款项组织入库的执法过程总称。各级税务机关应当按照法律、法规规定的征收管理范围和预算级次征收税款并上缴国库,不得违反法律、法规的规定开征、停征、多征、少征、提前征收、延缓征收或者摊派税款。

税务机关应当加强对税款征收的管理,建立、健全责任制度。税务机关根据保证国家税款及时足额入库、方便纳税人、降低税收成本的原则,确定税款征收的方式。

税务机关应当加强对纳税人出口退税的管理,具体管理办法由国家税务总局会同国务院有关部门制定。

(二)税款征收法律关系

在税款征纳法律关系的双方当事人中,必定有一方是税务机关。税务机关是税款征收的主体。《税收征管法》第29条规定,除税务机关、税务人员以及经税务机关依照法律、行政法规委托的单位和人员外,任何单位和个人不得进行税款征收活动。

在税款征纳法律关系中,征纳双方的法律地位平等,但双方的权利与义务不对等。具体表现为以下几点。

(1)虽然税收法律、法规的制定必须经过一定的民主程序,但只要一经颁布,就为纳税人设定了依法纳税的义务,在具体征税中无须征求纳税人的同意。

(2)为了保证税款及时、足额入库,税务机关可以依法对纳税人采取强制措施。

(3)税务机关在征税过程中,享有行政优先权,如在税务行政复议或诉讼期间,可以继续执行征税的决定。

(4)税务机关有处理税收法律关系争议的行政司法权,如有权对税款缴纳中的争议进行单方面的行政复议。

二、税款征收方式

税款征收方式,是指税务机关根据税收法律、法规和纳税人生产经营、财务管理状况,本着保证国家税收、便于税务人员征收的原则所采取的具体组织税款入库的方式。具体表现为以下方式。

(一)查账征收

查账征收,是指税务机关对会计核算制度比较健全的纳税人,依据其提供的账表所反映的经营情况,依照适用税率计算缴纳税款的方式。

(二)查定征收

查定征收,是指税务机关对账册不够健全,但能控制原材料、产量或进销货物的纳税单位,根据纳税人正常条件下的生产能力,对其生产的应税产品确定产量、销售额并据以核算税款的一种征收方式。

(三)查验征收

查验征收,是指税务机关对纳税人的应税商品、产品,通过查验数量,按市场一般销售单价计算其销售收入,并据以计算应纳税款的一种征收方式。这种方式适用于经营品种比较单一,经营地点、时间和商品来源不固定的纳税单位。

(四) 定期定额征收

定期定额征收,是指对某些营业额、利润额不能准确计算的小型纳税单位,由税务机关通过典型调查,逐户确定营业额和所得额并据以征税的方式。

(五) 委托代征税款

委托代征,是指受委托的有关单位按照税务机关核发的代征证书要求,以税务机关的名义向纳税人征收一些零散税款的方式。这种方式适用于小额、零散税源的征收。

(六) 邮寄纳税

邮寄纳税是一种新的纳税方式。这种方式适用于那些有能力按期纳税,但采用其他方式纳税又不方便的纳税人。

(七) 代扣代缴和代收代缴

代扣代缴,是指按照税法规定,负有扣缴税款义务的单位和个人,负责对纳税人应纳的税款进行代扣代缴的一种方式。即由支付人在向纳税人支付款项时,从所支付的款项中依法直接扣收税款代为缴纳。其目的是对零星分散、不易控制的税源实行源泉控制。

《税收征管法》规定,扣缴义务人依照法律、行政法规的规定履行代扣、代收税款的义务。对法律、行政法规没有规定负有代扣、代收税款义务的单位和个人,税务机关不得要求其履行代扣、代收税款义务。

扣缴义务人依法履行代扣、代收税款义务时,纳税人不得拒绝。纳税人拒绝的,扣缴义务人应当及时报告税务机关处理。

税务机关按照规定付给扣缴义务人代扣、代收手续费。

代收代缴,是指由国家税法规定的代收代缴义务人,依法代收代缴纳税人应纳税款的一种征收方法。例如,消费税中的委托加工就由受托方代收加工产品的税款。

(八) 其他方式

如利用网络申报、用 IC 卡纳税等方式。

> **小贴士**
>
> 代扣代缴和代收代缴的区别在于,代扣代缴义务人是从纳税人的收入中直接扣除纳税人的应纳税款;而代收代缴义务人是在与纳税人的经济往来中收取纳税人的应纳税款并代为缴纳。
>
> 代扣代缴是税收法律、行政法规已经明确规定负有扣缴义务的单位和个人在支付款项时,代税务机关从支付给负有纳税义务的单位和个人的收入中扣留并向税务机关

解缴的行为;而代收代缴是税收法律、行政法规已经明确规定负有扣缴义务的单位和个人在收取款项时,代税务机关向负有纳税义务的单位和个人收取并向税务机关缴纳的行为。

三、税收保全措施和强制执行措施

为了确保税款能够及时、足额入库,我国《税收征管法》对于可能逃避纳税义务或拒不纳税的当事人,规定了明确的预防措施和强制性条款,以堵塞漏洞、严肃法纪。

(一)税收保全措施

1. 税收保全的概念

税收保全,是指税务机关有根据认为纳税人有可能逃避纳税义务的,可以在规定的纳税期之前,责令纳税人限期缴纳应缴纳税款、滞纳金或者责成纳税人提供纳税担保;对逾期未缴纳又不能提供纳税担保的,经县以上税务局(分局)局长批准,可以采取限制纳税人处理或转移商品、货物或其他财产等具有预防性的保全税收收入的措施。

担保,包括经税务机关认可的纳税保证人为纳税人提供的纳税保证,以及纳税人或者第三人以其未设置或者未全部设置担保物权的财产提供的担保。

纳税保证人,是指在中国境内具有纳税担保能力的自然人、法人或者其他经济组织。法律、行政法规规定的没有担保资格的单位和个人,不得作为纳税担保人。

纳税担保人同意为纳税人提供纳税担保的,应当填写纳税担保书,写明担保对象、担保范围、担保期限和担保责任以及其他有关事项。担保书须经纳税人、纳税担保人签字盖章并经税务机关同意,方为有效。

纳税人或者第三人以其财产提供纳税担保的,应当填写财产清单,并写明财产价值以及其他有关事项。纳税担保财产清单须经纳税人、第三人签字盖章并经税务机关确认,方为有效。

2. 税收保全措施的适用条件

税收保全措施的贯彻实施,具有很强的政策性,在具体操作上,必须重证据,谨慎把握,否则会影响纳税人的生产经营,造成税务上的法律纠纷。根据《税收征管法》的规定,税务机关有根据认为从事生产、经营的纳税人有逃避纳税义务行为的,可以在规定的纳税期之前,责令其限期缴纳应纳税款;在限期内发现纳税人有明显的转移、隐匿其应纳税的商品、货物以及其他财产或者应纳税的收入的迹象的,税务机关可以责成纳税人提供纳税担保。如果纳税人不能提供纳税担保,经县以上税务局(分局)局长批准,税务机关可以采取下列税收保全措施:

(1)书面通知纳税人开户银行或者其他金融机构冻结纳税人的金额相当于应纳税款的存款。

(2)扣押、查封纳税人的价值相当于应纳税款的商品、货物或者其他财产。

纳税人在上述规定的限期内缴纳税款的,税务机关必须立即解除税收保全措施。

限期期满后纳税人仍未缴纳税款的,经县以上税务局(分局)局长批准,税务机关可以书面通知纳税人开户银行或者其他金融机构从其冻结的存款中扣缴税款,或者依法拍卖、变卖所扣押、查封的商品、货物或者其他财产,以拍卖、变卖所得抵缴税款。

个人及其所扶养家属维持生活必需的住房和用品,不在税收保全措施的范围之内。

《税收征管法》第39条规定,纳税人在限期内已缴纳税款,税务机关未立即解除税收保全措施,使纳税人的合法利益遭受损失的,税务机关应当承担赔偿责任。

(二)税收强制执行措施

1. 税收强制执行的概念

税收强制执行是指从事生产经营的纳税人、扣缴义务人未按照规定的期限缴纳或者解缴税款,纳税担保人未按照规定的期限缴纳所担保的税款,由税务机关责令限期缴纳,逾期仍未缴纳的,经县以上税务机关批准,可以采取税收强制执行措施。税收强制执行是税收保全措施的延续,更充分地反映了税收强制性的特征。

2. 税收强制执行措施的适用条件

税收强制执行措施不仅适用于从事生产经营的纳税人,而且也适用于扣缴义务人和纳税担保人。税收强制执行措施应坚持"告诫在前,执行在后"的原则,对纳税期满仍不履行法定义务者,税务机关应先责令其限期缴纳,对拒不缴纳者,方可采取强制执行措施。

《税收征管法》第40条规定,从事生产、经营的纳税人、扣缴义务人未按照规定的期限缴纳或者解缴税款,纳税担保人未按照规定的期限缴纳所担保的税款,由税务机关责令限期缴纳,逾期仍未缴纳的,经县以上税务局(分局)局长批准,税务机关可以采取下列强制执行措施:

(1)书面通知其开户银行或者其他金融机构从其存款中扣缴税款。

(2)扣押、查封、依法拍卖或者变卖其价值相当于应纳税款的商品、货物或者其他财产,以拍卖或者变卖所得抵缴税款。

税务机关采取强制执行措施时,对前款所列纳税人、扣缴义务人、纳税担保人未缴纳的滞纳金同时强制执行。

个人及其所扶养家属维持生活必需的住房和用品,不在强制执行措施的范围之内。

(三)税收保全措施、强制执行措施的权力行使主体

《税收征管法》明确规定,采取税收保全措施、强制执行措施的权力,不得由法定的税务机关以外的单位和个人行使。

税务机关采取税收保全措施和强制执行措施必须依照法定权限和法定程序,不得查封、扣押纳税人个人及其所扶养家属,维持生活必需的住房和用品。

税务机关滥用职权违法采取税收保全措施、强制执行措施,或者采取税收保全措施、

强制执行措施不当,使纳税人、扣缴义务人或者纳税担保人的合法权益遭受损失的,应当依法承担赔偿责任。

四、税款征收的其他制度

(一)延期纳税制度

延期纳税制度是指在保障国家财政收入的前提下,对纳税人的合法保护。在履行纳税义务的过程中,纳税人可能遇到特殊的暂时困难,如自然灾害、意外事故、国家经济政策调整等。

对此,《税收征管法》第 31 条第 2 款规定,纳税人因有特殊困难,不能按期缴纳税款的,经省、自治区、直辖市国家税务局、地方税务局批准,可以延期缴纳税款,但是最长不得超过 3 个月。

(二)滞纳金制度

滞纳金制度,是指不按时履行纳税义务的当事人在欠缴国家税款时,主管税务机关从滞纳之日起,按日加收一定比例金额的制度。从立法意图上看,滞纳金制度不是一种处罚,它是对纳税人占用税款的一种补偿。如果纳税人不按照纳税期限缴纳税款,就等于无偿地占用国家财政资金,这不仅有损于国家利益,也会造成纳税人之间税收负担的不平衡。

根据我国《税收征管法》的规定,纳税人未按照规定期限缴纳税款的,扣缴义务人未按照规定期限解缴税款的,税务机关除责令其限期缴纳外,还可以从其滞纳税款之日起,按日加收滞纳税款万分之五的滞纳金。

(三)减免税制度

减免税制度是指对减免税申请、审批和执行的全过程进行管理的一项制度。减免税是国家根据一定时期的政治、经济、社会形势的要求,给予某些纳税人的一种税收优惠。减免税制度在实际操作中具有很强的政策性,充分体现了税收在国民经济中的调节作用。

《税收征管法》第 33 条规定,纳税人依照法律、行政法规的规定办理减税、免税。地方各级人民政府、各级人民政府主管部门、单位和个人违反法律、行政法规规定,擅自作出的减税、免税决定无效,税务机关不得执行,并向上级税务机关报告。

1. 减免税的种类

(1)法定减免。

法定减免是指在税收实体法中列举的减免税。目前我国的税收法规中,基本都列有减免税的条款。

(2)特案减免。

特案减免是指专案规定的减免税。特案减免有两种情况:一是伴随着国家政治、经济发展变化的需要,在原税法不宜频繁变动的情况下,政府颁布新的减免税条款;二是针对某些不宜或不能在实体税法中逐一列举的减免税条款,采取专案减免的形式。

(3)临时减免。

临时减免是指为了照顾纳税人生产、生活以及其他特殊困难而临时批准给予的减免税,如不可抗力、意外事故造成的重大损失等。

2. 减免税的程序及其内容

(1)纳税人报送减免税申请报告。

纳税人申请减免税须向主管税务部门提出书面报告,说明申请减免税的理由,提供企业生产经营的详细情况。

(2)税务机关审批。

主管税务机关要按照税收管理权限规定的范围,对纳税人的减免税申请提出初审意见报上级税务机关审批。

(3)减免税的实施。

根据上级主管税务机关的审批意见,减免税由基层征收机构负责具体实施。纳税人在享受减免税待遇期间,应当遵照税法规定办理纳税申报。减免税期满后,应当按规定重新办理减免税审批手续,不得自行延长减免税期限。

根据《税收征管法实施细则》第43条的规定,享受减税、免税优惠的纳税人,减税、免税期满,应当自期满次日起恢复纳税;减税、免税条件发生变化的,应当在纳税申报时向税务机关报告;不再符合减税、免税条件的,应当依法履行纳税义务;未依法纳税的,税务机关应当予以追缴。

(四)税额核定和税收调整制度

1. 税额核定制度

《税收征管法》第35条规定,纳税人有下列情形之一的,税务机关有权核定其应纳税额:

(1)依照法律、行政法规的规定可以不设置账簿的。

(2)依照法律、行政法规的规定应当设置账簿但未设置的。

(3)擅自销毁账簿或者拒不提供纳税资料的。

(4)虽设置账簿,但账目混乱或者成本资料、收入凭证、费用凭证残缺不全,难以查账的。

(5)发生纳税义务,未按照规定的期限办理纳税申报,经税务机关责令限期申报,逾期仍不申报的。

(6)纳税人申报的计税依据明显偏低,又无正当理由的。

税务机关核定应纳税额的具体程序和方法由国务院税务主管部门规定。

2. 税收调整制度

《税收征管法》第36条规定,企业或者外国企业在中国境内设立的从事生产、经营的机构、场所与其关联企业之间的业务往来,应当按照独立企业之间的业务往来收取或者支付价款、费用;不按照独立企业之间的业务往来收取或者支付价款、费用,而减少其应纳税的收入或者所得额的,税务机关有权进行合理调整。

(五)未办理税务登记的从事生产、经营的纳税人,临时从事经营的纳税人的税款征收制度

《税收征管法》第37条规定,对未按照规定办理税务登记的从事生产、经营的纳税人以及临时从事经营的纳税人,由税务机关核定其应纳税额,责令缴纳;不缴纳的,税务机关可以扣押其价值相当于应纳税款的商品、货物。扣押后缴纳应纳税款的,税务机关必须立即解除扣押,并归还所扣押的商品、货物;扣押后仍不缴纳应纳税款的,经县以上税务局(分局)局长批准,依法拍卖或者变卖所扣押的商品、货物,以拍卖或者变卖所得抵缴税款。

(六)欠税清缴制度

1. 严格控制欠缴税款的审批权限

《税收征管法》第31条规定,纳税人、扣缴义务人按照法律、行政法规规定或者税务机关依照法律、行政法规的规定确定的期限,缴纳或者解缴税款。

纳税人因有特殊困难,不能按期缴纳税款的,经省、自治区、直辖市国家税务局、地方税务局批准,可以延期缴纳税款,但是最长不得超过3个月。

> 💟 小贴士
>
> 《税收征管法实施细则》第41条规定,纳税人有下列情形之一的,属于《税收征管法》第31条所称特殊困难:(1)因不可抗力,导致纳税人发生较大损失,正常生产经营活动受到较大影响的;(2)当期货币资金在扣除应付职工工资、社会保险费后,不足以缴纳税款的。
>
> 计划单列市国家税务局、地方税务局可以参照《税收征管法》第31条第2款的批准权限,审批纳税人延期缴纳税款。

2. 扩大阻止出境对象范围

《税收征管法》第44条规定,欠缴税款的纳税人或者他的法定代表人需要出境的,应当在出境前向税务机关结清应纳税款、滞纳金或者提供担保。未结清税款、滞纳金,又不提供担保的,税务机关可以通知出境管理机关阻止其出境。

3. 建立改制纳税人欠税的清缴制度

《税收征管法》第48条规定,纳税人有合并、分立情形的,应当向税务机关报告,并依法缴清税款。纳税人合并时未缴清税款的,应当由合并后的纳税人继续履行未履行的纳税义务;纳税人分立时未缴清税款的,分立后的纳税人对未履行的纳税义务应当承担连带责任。

4. 大额欠税处分财产报告制度

欠缴税款数额较大的纳税人在处分其不动产或者大额资产之前,应当向税务机关报

告。《征管法实施细则》第 77 条规定的"欠缴税款数额较大",是指欠缴税款 5 万元以上。

5. 税务机关可以对欠缴税款的纳税人行使代位权、撤销权

《税收征管法》第 50 条规定,欠缴税款的纳税人因怠于行使到期债权,或者放弃到期债权,或者无偿转让财产,或者以明显不合理的低价转让财产而受让人知道该情形,对国家税收造成损害的,税务机关可以依照合同法(现为《中华人民共和国民法典》)的规定行使代位权、撤销权。

税务机关依照前款规定行使代位权、撤销权的,不免除欠缴税款的纳税人尚未履行的纳税义务和应承担的法律责任。

6. 建立欠税公告制度

税务机关征收税款,税收优先于无担保债权,法律另有规定的除外;纳税人欠缴的税款发生在纳税人以其财产设定抵押、质押或者纳税人的财产被留置之前的,税收应当先于抵押权、质权、留置权执行。纳税人欠缴税款,同时又被行政机关决定处以罚款、没收违法所得的,税收优先于罚款、没收违法所得。税务机关应当对纳税人欠缴税款的情况定期予以公告。

(七)税款的退还与追征制度

1. 税款退还制度

税款退还制度,是指纳税人超过应纳税额多纳的税款,由税务机关按照规定予以退还的制度。在实际税款征收过程中,由于计算错误或错用税率等原因,可能出现纳税人多缴税款的情况。

《税收征管法》第 51 条规定,纳税人超过应纳税额缴纳的税款,税务机关发现后应当立即退还;纳税人自结算缴纳税款之日起 3 年内发现的,可以向税务机关要求退还多缴的税款并加算银行同期存款利息,税务机关及时查实后应当立即退还;涉及从国库中退库的,依照法律、行政法规有关国库管理的规定退还。

对于此类情况主要有两种处理方式:一是税务机关发现纳税人多纳税款的,由税务机关填制《税收收入退还书》,主动办理退库手续;二是纳税人自己事后发现多缴纳税款的,可以自结算缴纳税款之日起 3 年内,向税务机关要求退还已多缴纳的税款,经主管税务机关核准后,办理退库手续。

税务机关发现纳税人多缴税款的,应当自发现之日起 10 日内办理退还手续;纳税人发现多缴税款,要求退还的,税务机关应当自接到纳税人退还申请之日起 30 日内查实并办理退还手续。

【随堂测验 11-1】

文天电器公司由于运用公式错误而在去年多缴了增值税,关于是否退还税款,下列说法中正确的是:(　　)。

A.税务机关发现纳税人多缴税款的,应当自发现之日起 30 日查实并办理退还手续

B.税务机关发现纳税人多缴税款的,退还税款时,不加算多缴税款的银行利息

C.纳税人发现多缴税款,要求退还的,税务机关应自接到纳税人退还申请之日起 10 日内办理退还手续

D.加算银行同期存款利息的多缴税款退税,是指依法预缴税款形成的结算退税、出口退税和各种减免退税

【解析】

正确答案 B。依照我国《税收征管法》的规定,税务机关发现纳税人多缴税款的,应当立即退还,退还税款时,不加算多缴税款的银行利息。

2.税款追征制度

税款追征制度是指纳税人、扣缴义务人未缴或少缴税款,税务机关依法追征的制度。根据《税收征管法》第 52 条的规定,可以看出,该项制度包括以下内容:

(1)因税务机关的责任,致使纳税人、扣缴义务人未缴或者少缴税款的,税务机关在 3 年内可以要求纳税人、扣缴义务人补缴税款,但是不得加收滞纳金。

(2)因纳税人、扣缴义务人计算错误等失误,未缴或者少缴税款的,税务机关在 3 年内可以追征税款、滞纳金;有特殊情况的,追征期可以延长到 5 年。

(3)对偷税、抗税、骗税的,税务机关追征其未缴或者少缴的税款、滞纳金或者所骗取的税款,不受前款规定期限的限制。

第四节 税 务 检 查

一、税务检查概述

(一)税务检查的概念

税务检查亦称纳税检查,是税务机关根据国家税收法律、法规以及财务会计制度的规定,对纳税人、扣缴义务人是否履行纳税义务、扣缴义务及其他有关纳税事项审查、核实、监督活动的总称。税务检查是税收征收管理重要的组成部分,是确保国家财政收入和税收法律、法规贯彻落实的重要手段。

(二)税务检查法律关系

在税务检查法律关系中:税务检查的主体是税务机关;税务检查的客体是纳税人、扣缴义务人;税务检查的依据是国家的税收法律法规。

税务机关应当建立科学的检查制度,统筹安排检查工作,严格控制对纳税人、扣缴义务人的检查次数。

税务机关应当制定合理的税务检查工作规程,负责选案、检查、审理、执行的人员的职责应当明确,并相互分离、相互制约,规范选案程序和检查行为。

【随堂测验 11-2】

根据群众举报,个体户张丰存在采取虚假纳税申报手段少缴个人所得税的行为。2022 年 3 月,税务机关依法对张某实施税务检查。在税务检查过程中,根据需要,经县税务局局长批准,税务稽查机关可以查询(　　)的储蓄存款。

A. 张丰　　B. 张丰及其妻子　　C. 张丰及其父母　　D. 张丰及其妻子、父母

【解析】

正确答案 A。根据需要,经县税务局局长批准,税务稽查机关可以查询张丰的储蓄存款。

二、税务检查的形式和方法

(一) 税务检查的形式

为了广泛、深入地开展税务检查工作,加快检查进度和提高检查效率,应选择适当的检查形式。

(1)重点检查。重点检查是指对公民举报、上级或其他部门交办、转办或有关部门转来的有偷税行为或偷税嫌疑的,纳税申报与实际生产经营情况有明显不符的纳税人及有普遍逃税行为的行业的检查。

(2)分类计划检查。分类计划检察是指根据纳税人历来纳税情况、纳税人的纳税规模及税务检查间隔时间的长短等综合因素,按事先确定的纳税人分类、计划检查时间及检查频率进行的检查。

(3)集中性检查。集中性检察是指税务机关在一定时间、一定范围内,统一安排、统一组织的税务检查,一般规模较大。

(4)临时性检查。临时性检查是由各级税务机关根据不同的经济形势、偷逃税趋势、税收任务完成情况等综合因素,在正常的检查计划之外安排的检查。典型的有调查性的检查。

(5)专项检查。专项检查是指以税务稽查机构为主体开展的一种检查形式,是税务机关有计划安排并统一组织实施的分行业、分税种或对某类纳税人进行的重点检查,如增值税专用发票的检查、商业企业增值税的检查等。

(二) 税务检查的方法

在税务检查工作中,采用何种方法,应视检查对象、检查目以及被查对象的生产经营特点、财务管理水平和会计核算水平等具体情况而定。目前实际工作中税务检查的方

法一般有以下几种。

1. 全查法

全查法又叫详查法,是对被查对象一定时期内所有的会计凭证、账簿和报表等会计资料进行全面、系统、详细检查的一种方法。全查法一般适用于规模较小,经济业务简单,账目比较混乱的少数企业。

2. 抽查法

抽查法是对被查对象一定时期的会计凭证、账簿、报表及有关纳税资料有针对性地抽取一部分进行检查的一种方法。该方法针对性强,检查重点突出,省时省力,效率高,检查效果较明显。抽查法一般适用于规模比较大、会计核算比较健全的纳税人。

3. 顺查法

顺查法又称正查法,是指对被查对象按照其会计核算的顺序,即证—账—表检查法,依次检查会计凭证、账簿、报表,并将其相互核对的一种检查方法。顺查法一般适用于检查那些管理混乱、管理水平低的企业。

4. 逆查法

逆查法又称倒查法,是指逆会计核算的顺序,即表—账—证检查法,依次检查会计报表、账簿、凭证,并将其相互核对的一种检查方法。这种方法一般适用于会计核算制度和财务管理比较健全的纳税人。在实际工作中,逆查法常常与抽查法结合使用。

5. 现场检查法

现场检查法与调账检查法对称,它是指税务机关派人员到被查纳税人的机构办公地点对其账务资料进行检查的一种方法。

6. 调账检查法

调账检查法与现场检查法对称,它是指将被查纳税人的账务资料调到税务机关进行检查的一种方法。

7. 比较分析法

比较分析法是将被查纳税人检查期有关财务指标的实际完成数进行纵向或横向比较,分析其异常变化情况,从中发现纳税问题线索的一种方法。

8. 控制计算法

控制计算法也称逻辑推算法,是指根据被查纳税人财务数据的相互关系,用可靠或科学测定的数据,验证其检查期账面记录或申报的资料是否正确的一种检查方法。

9. 审阅法

审阅法是指对被查纳税人的会计账簿、凭证等财务资料,通过直观地审查阅览,发现在纳税方面存在的问题的一种检查方法。

10. 核对法

核对法是通过对被查对象的各种相关联的会计凭证、账簿、报表及实物进行相互核对,验证其在纳税方面存在的问题的一种方法。这种方法适用于检查财务管理比较混乱、核算制度不够健全的企业,也适用于检查核算水平比较高,经营情况比较复杂的企业。

11. 观察法

观察法是指通过被查纳税人的生产经营场所、仓库、工地等现场,实地观察其生产经营及存货等情况,以发现纳税问题或验证账中可疑问题的一种检查方法。

12. 外调法

外调法是指对被查对象有怀疑或已掌握一定线索的经济事项,通过向与其有业务往来的单位或个人进行调查,予以查证核实的一种方法。外调可以函调,也可以派人外调。

13. 盘存法

盘存法是指通过对被查对象的货币资金、存货及固定资产等实物进行盘点清查,核实其账实是否相符,进而发现纳税问题的一种检查方法。

14. 交叉稽查法

交叉稽查法是指国家为加强增值税专用发票管理,应用计算机将开出的增值税专用发票抵扣联与存根联进行交叉稽核,以查出虚开及假开发票行为,避免国家税款流失。

以上的检查方法各有特点,在实际运用时,必须根据检查的目的、要求和企业的具体情况灵活运用,绝不能生搬硬套或拘泥于某一种方法,以免影响检查的效果。

三、税务检查的职责

(1) 税务机关有权进行下列税务检查。

① 检查纳税人的账簿、记账凭证、报表和有关资料,检查扣缴义务人代扣代缴、代收代缴税款账簿、记账凭证和有关资料。

《税收征管法实施细则》规定,税务机关行使上述职权时,可以在纳税人、扣缴义务人的业务场所进行;必要时,经县以上税务局(分局)局长批准,可以将纳税人、扣缴义务人以前会计年度的账簿、记账凭证、报表和其他有关资料调回税务机关检查,但是税务机关必须向纳税人、扣缴义务人开付清单,并在 3 个月内完整退还;有特殊情况的,经设区的市、自治州以上税务局局长批准,税务机关可以将纳税人、扣缴义务人当年的账簿、记账凭证、报表和其他有关资料调回检查,但是税务机关必须在 30 日内退还。

② 到纳税人的生产、经营场所和货物存放地检查纳税人应纳税的商品、货物或者其他财产,检查扣缴义务人与代扣代缴、代收代缴税款有关的经营情况。

③ 责成纳税人、扣缴义务人提供与纳税或者代扣代缴、代收代缴税款有关的文件、证明材料和有关资料。

④ 询问纳税人、扣缴义务人与纳税或者代扣代缴、代收代缴税款有关的问题和情况。

⑤ 到车站、码头、机场、邮政企业及其分支机构检查纳税人托运、邮寄应纳税商品、货物或者其他财产的有关单据、凭证和有关资料。

⑥经县以上税务局(分局)局长批准,凭全国统一格式的检查存款账户许可证明,查询从事生产、经营的纳税人、扣缴义务人在银行或者其他金融机构的存款账户。税务机关在调查税收违法案件时,经设区的市、自治州以上税务局(分局)局长批准,可以查询案件涉嫌人员的储蓄存款。税务机关查询所获得的资料,不得用于税收以外的用途。

《税收征管法实施细则》规定,税务机关行使上述职权时,应当指定专人负责,凭全国统一格式的检查存款账户许可证明进行,并有责任为被检查人保守秘密。

(2) 税务机关对从事生产、经营的纳税人以前纳税期的纳税情况依法进行税务检查时,发现纳税人有逃避纳税义务行为,并有明显的转移、隐匿其应纳税的商品、货物以及其他财产或者应纳税的收入的迹象的,可以按照本法规定的批准权限采取税收保全措施或者强制执行措施。

(3) 纳税人、扣缴义务人必须接受税务机关依法进行的税务检查,如实反映情况,提供有关资料,不得拒绝、隐瞒。

(4) 税务机关依法进行税务检查时,有权向有关单位和个人调查纳税人、扣缴义务人和其他当事人与纳税或者代扣代缴、代收代缴税款有关的情况,有关单位和个人有义务向税务机关如实提供有关资料及证明材料。

(5) 税务机关调查税务违法案件时,对与案件有关的情况和资料,可以记录、录音、录像、照相和复制。

(6) 税务机关派出的人员进行税务检查时,应当出示税务检查证和税务检查通知书,并有责任为被检查人保守秘密;未出示税务检查证和税务检查通知书的,被检查人有权拒绝检查。

(7) 税务机关查询的内容,包括纳税人存款账户余额和资金往来情况。

税务机关采取税收保全措施的期限一般不得超过 6 个月;重大案件需要延长的,应当报国家税务总局批准。

(8) 税务机关和税务人员应当依照《税收征管法》及相关细则的规定行使税务检查职权。

税务人员进行税务检查时,应当出示税务检查证和税务检查通知书;无税务检查证和税务检查通知书的,纳税人、扣缴义务人及其他当事人有权拒绝检查。税务机关对集贸市场及集中经营业户进行检查时,可以使用统一的税务检查通知书。

【导学案例解析】

2022 年,税务部门充分运用税收大数据,推动实现对虚开骗税等违法犯罪行为的惩处从事后打击向事前事中精准防范转变。同时,依托税务、公安、检察、海关、人民银行、外汇管理六部门联合打击涉税违法犯罪行为的工作机制,继续保持打击虚开骗税等涉税违法犯罪行为的高压态势,精准有效打击"假企业""假出口""假申报"等违法犯罪行为。

第十二章　税收法律责任及税务纠纷的解决

【本章学习目标】
1. 掌握税收法律责任,税务行政复议法律制度。
2. 理解税收主要犯罪的概念、犯罪构成、处罚。
3. 了解税务行政诉讼法律制度。

【案例导学】
A市大鹏实业有限公司2021年至2022年被A市税务局稽查局稽查出在个税申报缴纳方面存在违法事实:(1)公司2号楼第一、二层房产以5 800 000元的价格被拍卖给A省粮油公司;(2)2号楼第三层至第五层的房产转让给中国农业银行B市玄武支行,用于抵偿债务5 260 000元。上述销售不动产行为均未申报缴纳相应的城市维护建设税、教育费附加及地方教育附加、印花税、土地增值税、企业所得税和增值税。(3)公司未按规定保存有关账簿、凭证及有关纳税资料,并且未按规定申报缴纳企业所得税。

试分析:A市税务局对A市大鹏实业有限公司的违法行为应当如何处罚。

第一节　税收法律责任

一、税收法律责任的概念

税收法律责任,是指税收法律主体即征税主体和纳税主体,违反税法行为所引起的不利法律后果。税收法律责任的确认必须依照税法的规定进行,追究税收法律责任应以税收违法行为的存在为基本前提,必须按照法定的程序进行。

二、纳税主体税收法律责任的分类

根据法律责任性质的不同,纳税主体的税收法律责任主要有行政法律责任和刑事法律责任。

(一)税收行政法律责任

纳税主体的税收行政法律责任,是指纳税主体违反了税收行政管理法律法规,不需承担税收刑事法律责任,而应承担行政法律责任,主要体现为税收行政处罚。

税收行政处罚适用于各类纳税人和扣缴义务人,可以是企业单位,也可以是个体工商户、承包经营户等从事生产经营的个人。

税收行政处罚的形式主要包括以下几种。

(1)罚款。罚款是对违反税收法律、法规,不履行法定义务的当事人的一种经济上的处罚。由于罚款既不影响被处罚人的人身自由及其合法活动,又能起到对违法行为的惩戒作用,因而是税务行政处罚形式中应用最广泛的一种。运用这一处罚形式必须依法进行,严格遵循法律、法规规定的数额、限度、权限、程序及方式。

(2)责令限期改正。这是税务机关对违反法律、行政法规所规定义务的当事人的谴责和申诫。这种方式主要起到教育的作用,也有一定的处罚作用,在税收实务工作中广泛采用。

(3)责令限期缴纳。

(4)吊销税务登记证。

(5)收回税务机关发给的票证。

(6)吊销营业执照。

(7)采取税收保全措施。

(8)采取税收强制执行措施。

(9)没收违法所得。这是对行政管理相对一方当事人的财产权予以剥夺的处罚,主要有两种情况:一是将相对人非法所得的财物没收;二是财物虽系相对人所有,但是被用于非法活动,税收机关将其没收。

(10)停止出口退税权。

(二)税收刑事法律责任

税收刑事法律责任是指纳税主体违反税收法律规定,情节严重构成犯罪所应承担的法律责任。对严重的税收违法行为,追究违法行为人的刑事责任,体现了税法的严肃性。

追究纳税主体税收犯罪行为的刑事责任,一直是税收刑事责任的关注重点,它有助于直接保护国家税收利益,维护税收秩序。纳税主体违反刑事法律构成的犯罪主要有逃税罪、抗税罪等。

三、纳税主体税收行政法律责任的内容

(一)违反税务管理基本规定的法律责任

(1)根据《税收征管法》第60条和《税收征管法实施细则》第90条的规定,纳税人有下列行为之一的,由税务机关责令限期改正,可以处2000元以下的罚款;情节严重的,处2000元以上1万元以下的罚款:

①未按照规定的期限申报办理税务登记、变更或者注销登记的。

②未按照规定设置、保管账簿或者保管记账凭证和有关资料的。

③未按照规定将财务、会计制度或者财务、会计处理办法和会计核算软件报送税务机关备查的。

④未按照规定将其全部银行账号向税务机关报告的。

⑤未按照规定安装、使用税控装置,或者损毁、擅自改动税控装置的。

⑥纳税人未按照规定办理税务登记证件验证或者换证手续的。

(2)纳税人不办理税务登记的,由税务机关责令限期改正;逾期不改正的,经税务机关提请,由工商行政管理机关吊销其营业执照。

(3)纳税人未按照规定使用税务登记证件,或者转借、涂改、损毁、买卖、伪造税务登记证件的,处2000元以上1万元以下的罚款;情节严重的,处1万元以上5万元以下的罚款。

(二)扣缴义务人违反账簿、凭证管理的法律责任

根据《税收征管法》第61条的规定,扣缴义务人未按照规定设置、保管代扣代缴、代收代缴税款账簿或者保管代扣代缴、代收代缴税款记账凭证及有关资料的,由税务机关责令限期改正,可以处2000元以下的罚款;情节严重的,处2000元以上5000元以下的罚款。

(三)纳税人、扣缴义务人未按规定进行纳税申报的法律责任

根据《税收征管法》第62条的规定,纳税人未按照规定的期限办理纳税申报和报送纳税资料的,或者扣缴义务人未按照规定的期限向税务机关报送代扣代缴、代收代缴税款报告表和有关资料的,由税务机关责令限期改正,可以处2000元以下的罚款;情节严重的,可以处2000元以上10 000元以下的罚款。

(四)逃避缴纳税款的认定及其法律责任

根据《税收征管法》第63条的规定,纳税人伪造、变造、隐匿、擅自销毁账簿、记账凭证,或者在账簿上多列支出或者不列、少列收入,或者经税务机关通知申报而拒不申报或者进行虚假的纳税申报,不缴或者少缴应纳税款的,是逃避缴纳税款。纳税人偷税的,由税务机关追缴其不缴或者少缴的税款、滞纳金,并处不缴或者少缴的税款50%以上5倍以下的罚款;构成犯罪的,依法追究刑事责任。

扣缴义务人采取前款所列手段,不缴或者少缴已扣、已收税款,由税务机关追缴其不缴或者少缴的税款、滞纳金,并处不缴或者少缴的税款50%以上5倍以下的罚款;构成犯罪的,依法追究刑事责任。

(五)进行虚假申报或不进行申报的法律责任

根据《税收征管法》第64条的规定,纳税人、扣缴义务人编造虚假计税依据的,由税务机关责令限期改正,并处5万元以下的罚款。

纳税人不进行纳税申报,不缴或者少缴应纳税款的,由税务机关追缴其不缴或者少缴的税款、滞纳金,并处不缴或者少缴的税款50%以上5倍以下的罚款。

(六)逃避追缴欠税的法律责任

根据《税收征管法》第65条的规定,纳税人欠缴应纳税款,采取转移或者隐匿财产的手段,妨碍税务机关追缴欠缴的税款的,由税务机关追缴欠缴的税款、滞纳金,并处欠缴税款50%以上5倍以下的罚款;构成犯罪的,依法追究刑事责任。

(七)骗取出口退税的法律责任

根据《税收征管法》第66条的规定,以假报出口或者其他欺骗手段,骗取国家出口退税款的,由税务机关追缴其骗取的退税款,并处骗取税款1倍以上5倍以下的罚款;构成犯罪的,依法追究刑事责任。

对骗取国家出口退税款的,税务机关可以在规定期间内停止为其办理出口退税。

(八)抗税的法律责任

根据《税收征管法》第67条的规定,以暴力、威胁方法拒不缴纳税款的,是抗税,除由税务机关追缴其拒缴的税款、滞纳金外,还可依法追究刑事责任。情节轻微,未构成犯罪的,由税务机关追缴其拒缴的税款、滞纳金,并处拒缴税款1倍以上5倍以下的罚款。

(九)在规定期限内不缴或者少缴税款的法律责任

根据《税收征管法》第68条的规定,纳税人、扣缴义务人在规定期限内不缴或者少缴应纳或者应解缴的税款,经税务机关责令限期缴纳,逾期仍未缴纳的,税务机关除依照《税收征管法》第40条的规定采取强制执行措施追缴其不缴或者少缴的税款外,可以处不缴或者少缴的税款50%以上5倍以下罚款。

《税收征管法实施细则》第94条规定,纳税人拒绝代扣、代收税款的,扣缴义务人应当向税务机关报告,由税务机关直接向纳税人追缴税款、滞纳金;纳税人拒不缴纳的,依照《税收征管法》第68条的规定执行。

(十)扣缴义务人不履行扣缴义务的法律责任

根据《税收征管法》第69条的规定,扣缴义务人应扣未扣、应收而不收税款的,由税务机关向纳税人追缴税款,对扣缴义务人处应扣未扣、应收未收税款50%以上3倍以下的罚款。

(十一)不配合税务机关依法检查的法律责任

根据《税收征管法》第70条的规定,纳税人、扣缴义务人逃避、拒绝或者以其他方式阻挠税务机关检查的,由税务机关责令改正,可以处1万元以下的罚款;情节严重的,处1万元以上5万元以下的罚款。

纳税人、扣缴义务人有下列情形之一的,依照《税收征管法》第70条的规定处罚:

(1)提供虚假资料,不如实反映情况,或者拒绝提供有关资料的。

(2)拒绝或者阻止税务机关记录、录音、录像、照相和复制与案件有关的情况和资料的。

(3)在检查期间,纳税人、扣缴义务人转移、隐匿、销毁有关资料的。

(4)有不依法接受税务检查的其他情形的。

(十二)非法印制发票的法律责任

(1)根据《税收征管法》第71条的规定,违反该法第22条规定,非法印制发票的,由税务机关销毁非法印制的发票,没收违法所得和作案工具,并处1万元以上5万元以下的罚款;构成犯罪的,依法追究刑事责任。

(2)《税收征管法实施细则》规定,非法印制、转借、倒卖、变造或者伪造完税凭证的,由税务机关责令改正,处2000元以上1万元以下的罚款;情节严重的,处1万元以上5万元以下的罚款;构成犯罪的,依法追究刑事责任。

(十三)有税收违法行为,拒不接受税务机关处理的法律责任

根据《税收征管法》第72条的规定,从事生产、经营的纳税人、扣缴义务人有该法规定的税收违法行为,拒不接受税务机关处理的,税务机关可以收缴其发票或者停止向其发售发票。

(十四)银行及其他金融机构拒绝配合税务机关依法执行职务的法律责任

(1)《税收征管法实施细则》第92条规定,银行和其他金融机构未依照《税收征管法》的规定在从事生产、经营的纳税人的账户中登录税务登记证件号码,或者未按规定在税务登记证件中登录从事生产、经营的纳税人的账户账号的,由税务机关责令其限期改正,处2000元以上2万元以下的罚款;情节严重的,处2万元以上5万元以下的罚款。

(2)《税收征管法实施细则》第93条规定,为纳税人、扣缴义务人非法提供银行账户、发票、证明或者其他方便,导致纳税人、扣缴义务人未缴、少缴税款或者骗取国家出口退税款的,税务机关除没收其违法所得外,可以处未缴、少缴或者骗取的税款1倍以下的罚款。

(3)根据《税收征管法》第73条的规定,纳税人、扣缴义务人的开户银行或者其他金融机构拒绝接受税务机关依法检查纳税人、扣缴义务人存款账户,或者拒绝执行税务机关作出的冻结存款或者扣缴税款的决定,或者在接到税务机关的书面通知后帮助纳税人、扣缴义务人转移存款,造成税款流失的,由税务机关处10万元以上50万元以下的罚款,对直接负责的主管人员和其他直接责任人员处1000元以上1万元以下的罚款。

(十五)违反税务代理的法律责任

税务代理人违反税收法律、行政法规,造成纳税人未缴或者少缴税款的,除由纳税人

缴纳或者补缴应纳税款、滞纳金外,对税务代理人处纳税人未缴或者少缴税款50%以上3倍以下的罚款。

> 😊 **小贴士**
>
> **拖欠税款不缴与抗税的区别**
>
> 纳税人拖欠税款不缴与抗税不同,虽然两者都是为了不缴、少缴应缴纳的税款,但采取的方式不同:拖欠税款是"软抵",抗税是"硬抗"。
>
> 纳税人拖欠税款不缴的,并不否认其纳税义务,只是寻找借口推迟缴纳税款,直至不缴、少缴税款,通常不会构成犯罪;抗税则是公然对抗,对税务人员采取暴力、威胁的手段拒绝缴纳税款,通常会构成犯罪。因此,对拖欠税款不缴的行为,多采取行政处罚的方式;对抗税行为通常要追究刑事责任,情节轻微未构成犯罪的,进行行政处罚。

四、征税主体法律责任的分类

根据法律责任的性质的不同,征税主体的税收法律责任主要有行政法律责任和刑事法律责任。

(一)征税主体的行政法律责任

征税主体的税收行政法律责任,是指征税主体违反了税收行政管理法律法规,不需承担税收刑事法律责任,而应承担行政法律责任,主要体现为行政处分。

税收行政处分主要适用于征税人员和其他直接责任人员。按违法程度的不同,税收行政处分的形式有警告、记过、记大过、降级、降职、留用察看、开除等。

(二)征税主体的刑事法律责任

征税主体代表国家行使征税权力,他们应当依法履行职责,维护国家的税收利益,否则即应对其严重违法渎职行为追究刑事责任。税收法律关系主体违反刑事法律规定构成的犯罪主要有受贿罪、玩忽职守罪等。

五、征税主体行政法律责任的内容

(一)擅自改变税收征收管理范围的法律责任

根据《税收征管法》第76条的规定,税务机关违反规定擅自改变税收征收管理范围和税款入库预算级次的,责令限期改正,对直接负责的主管人员和其他直接责任人员依法给予降级或者撤职的行政处分。

(二)不移送的法律责任

根据《税收征管法》第77条的规定,纳税人、扣缴义务人有该法第63条、第65条、第

66条、第67条、第71条规定的涉嫌犯罪行为的,税务机关应当依法移交司法机关追究刑事责任。

税务人员徇私舞弊,对依法应当移交司法机关追究刑事责任的不移交,情节严重的,依法追究刑事责任。

(三)税务人员不依法行政的法律责任

根据《税收征管法》第80条的规定,税务人员与纳税人、扣缴义务人勾结,唆使或者协助纳税人、扣缴义务人实行该法第63条、第65条、第66条规定的行为,构成犯罪的,依法追究刑事责任;尚不构成犯罪的,依法给予行政处分。

(四)渎职行为的行政责任

(1)根据《税收征管法》第81条的规定,税务人员利用职务上的便利,收受或者索取纳税人、扣缴义务人财物或者谋取其他不正当利益,构成犯罪的,依法追究刑事责任;尚不构成犯罪的,依法给予行政处分。

(2)根据《税收征管法》第82条的规定,税务人员徇私舞弊或者玩忽职守,不征或者少征应征税款,致使国家税收遭受重大损失,构成犯罪的,依法追究刑事责任;尚不构成犯罪的,依法给予行政处分。

税务人员滥用职权,故意刁难纳税人、扣缴义务人的,调离税收工作岗位,并依法给予行政处分。

税务人员对控告、检举税收违法违纪行为的纳税人、扣缴义务人以及其他检举人进行打击报复的,依法给予行政处分;构成犯罪的,依法追究刑事责任。

(五)不按规定征收税款的法律责任

(1)根据《税收征管法》第83条的规定,违反法律、行政法规的规定提前征收、延缓征收或者摊派税款的,由其上级机关或者行政监察机关责令改正,对直接负责的主管人员和其他直接责任人员依法给予行政处分。

(2)根据《税收征管法》第84条的规定,违反法律、行政法规的规定,擅自作出税收的开征、停征或者减税、免税、退税、补税以及其他同税收法律、行政法规相抵触的决定的,除依照本法规定撤销其擅自作出的决定外,补征应征未征税款,退还不应征收而征收的税款,并由上级机关追究直接负责的主管人员和其他直接责任人员的行政责任;构成犯罪的,依法追究刑事责任。

根据《税收征管法》第74条的规定,该法规定的行政处罚,罚款额在2000元以下的,可以由税务所决定。

(六)未按规定回避的行政处分

根据《税收征管法》第85条的规定,税务人员在征收税款或者查处税收违法案件时,未按照该法规定进行回避的,对直接负责的主管人员和其他直接责任人员,依法给予行政处分。

(七) 未按规定保密的行政处分

未按照《税收征管法》规定为纳税人、扣缴义务人、检举人保密的,对直接负责的主管人员和其他直接责任人员,由所在单位或者有关单位依法给予行政处分。

违反税收法律、行政法规应当给予行政处罚的行为,在5年内未被发现的,不再给予行政处罚。

(八) 税务人员私分扣押、查封的商品、货物或者其他财产的法律责任

根据《税收征管法实施细则》第97条的规定,税务人员私分扣押、查封的商品、货物或者其他财产,情节严重,构成犯罪的,依法追究刑事责任;尚不构成犯罪的,依法给予行政处分。

《税收征管法实施细则》明确规定,税务机关对纳税人、扣缴义务人及其他当事人处以罚款或者没收违法所得时,应当开付罚没凭证;未开付罚没凭证的,纳税人、扣缴义务人以及其他当事人有权拒绝给付。

六、税收刑事法律责任的内容

因税收刑事违法行为往往涉及征税主体、纳税主体双方,且二者在构成犯罪方面与诸多相似之处,所以本书对二者的刑事责任内容同时进行介绍。

(一) 税收犯罪的构成要件

根据《刑法》的规定,税收犯罪是一个犯罪群,与具体犯罪的犯罪构成一样,税收犯罪的犯罪构成是一个由犯罪客体、犯罪客观方面、犯罪主体和犯罪主观方面这四个基本要件组成的有机整体。

1. 税收犯罪的犯罪客体

犯罪客体是指我国刑法所保护的、为犯罪行为所侵害的社会关系。对于税收犯罪来说,虽然从形式上看,其犯罪行为都是对国家税收征收法律、法规的违反,妨害了国家税收征管活动,侵犯了国家税收征管制度,但实质上是侵犯了国家的税收稽征权,其造成的直接后果是国库税金的短少,间接后果是经济秩序的混乱。

2. 税收犯罪的客观方面

税收犯罪的客观方面表现为违反国家税收法律、法规,妨害国家税收征管活动,情节严重的行为。这里的税收法收法律、法规,泛指国家制定、颁布的关于税收方面的法律、条例、办法、实施细则等。违反了国家税法收法律、法规,是构成税收犯罪的前提条件,不违反国家税法根本谈不上是税收犯罪的客观行为。

☺ **小贴士**

税收犯罪的行为,有不同的表现形式。从行为作用的对象上看,有的是针对税款的,

如逃税、抗税、骗取出口退税行为;有的是针对发票的,包括增值税专用发票犯罪行为和普通发票犯罪行为。就行为的性质来看,有的是规避纳税义务的行为,包括逃税、抗税、逃避追缴欠税行为;有的是妨害出口退税管理的行为,如骗取出口退税;还有的是妨害发票管理的行为,如虚开、非法制造、非法出售和非法购买发票等。

税收犯罪的行为可以表现为作为,也可以表现为不作为。而有的犯罪只能表现为不作为,如逃避追缴欠税行为。但绝大部分税收犯罪行为只能表现为作为。

3. 税收犯罪的主体

根据《刑法》规定,税收犯罪的主体分为自然人和单位两种。

(1)税收犯罪的自然人主体。

税收犯罪的自然人主体又可以分为一般主体和特殊主体。

税收犯罪自然人一般主体,是指年满16周岁,具有刑事责任能力,实施了税收犯罪行为的自然人。在税收犯罪中,骗取出口退税罪和发票犯罪的犯罪主体均可由自然人主体构成。

税收犯罪自然人特殊主体,是指除了年满16周岁,具有刑事责任能力外,还必须具备刑法规定的某种特定的身份而实施了税收犯罪的自然人。特定身份一般是指刑法明文规定的行为人所具有的影响定罪量刑的特定资格和其他特定关系。税收犯罪自然人特殊主体具体包括:纳税人、扣缴义务人、税收征管人员和其他有关国家机关工作人员。

一般说来,纳税人实施的税收犯罪,扣缴义务人同样可以实施。两者都可以成为逃税罪、抗税罪、逃避追缴欠税罪的主体。

😊 **小贴士**

税收作为一项行政管理活动,由作为行政主体的税收征管人员和作为行政相对人的纳税义务人共同形成税收行政法律关系,不仅纳税义务人可能违反国家税法,侵犯国家税收稽征权,而且税收征管人员或者其他有关国家机关工作人员同样也可能破坏国家税收征管制度,妨害国家税收征管活动,构成税收犯罪。如徇私舞弊不征、少征税款罪,徇私舞弊发售发票、抵扣税款、出口退税罪,违法提供出口退税凭证罪等,它们只能由税收征管人员或者有关国家机关工作人员实施。因此,税收征管人员或者其他有关国家机关工作人员也就成了税收犯罪的特殊主体。

(2)税收犯罪的单位主体。

单位是相对于自然人的又一类税收犯罪主体。根据我国现行刑法的规定,税收犯罪单位主体包括公司、企业、事业单位、机关团体。这里的单位并不是民法意义上的法人,而是泛指与自然人相区别的一切由自然人组成的人格化的社会有机整体。公司,主要是指依照《中华人民共和国公司法》成立的有限责任公司和股份有限公司;企业、事业单位,应包括依照我国有关法律成立的各种所有制和各种类型的企业和事业单位;机关,主要是指国家机关,同时也指党的机关;机关团体是指社会团体和人民团体。

作为税收犯罪主体的单位,实施犯罪通常是为本单位谋取非法利益,并经单位集体决定或者由直接负责的主管人员或者其他直接负责人员决定。

> **小贴士**
>
> 在税收犯罪中,尤其是在《刑法》分则第三章第六节危害税收征管罪一节中,除了抗税罪只能由自然人实施外,其他税收犯罪均可由单位作为犯罪主体实施。如自然人税收犯罪主体一样,单位税收犯罪主体也可以分为单位一般主体和单位特殊主体。单位一般主体即实施了税收犯罪行为、依法应受刑罚处罚的单位。如涉发票犯罪均可由单位一般主体构成。而单位特殊主体是指刑法明确规定具有一定资格的、实施了税收犯罪行为、依法应受刑罚处罚的单位,如逃税、逃避追缴欠税罪都可由纳税单位或扣缴义务单位作为犯罪主体。

4. 税收犯罪的主观方面

税收犯罪的主观方面,是指犯罪主体对其实施的税收犯罪行为的危害后果所持的心理态度。在税收犯罪中,行为人在实施犯罪行为时,通常表现为积极的作为,这种作为的犯罪方式是行为人在主观方面明知自己的行为会造成危害社会的结果,而希望并积极追求危害结果发生的心态的客观外在表现。因此,其主观方面只能是故意,且是直接故意,间接故意或过失均不能构成税收犯罪。

虽然税收犯罪的主观方面都表现为直接故意,但各种具体税收犯罪的故意内容又不尽一致。如逃税罪的行为人在主观方面表现为明知自己应当纳税,而故意逃避应缴纳的税款;虚开增值税专用发票罪的行为人在主观上明知法律禁止虚开增值税专用发票而故意虚开,等等。不同的税收犯罪在主观方面都有各自特定的内容。

(二)税收犯罪的类型

税收犯罪的类型,按其性质可以划分为下列两种。

1.《刑法》分则第三章第六节所规定的危害税收征管罪

这是税收犯罪最主要的犯罪类型。它包括纳税人逃避纳税义务的犯罪、骗税犯罪、妨害发票管理的犯罪等。这种犯罪按照其具体侵害的对象的不同可以进一步划分为三大类。

(1)规避税款缴纳义务的犯罪。包括逃税罪、抗税罪、逃避追缴欠税罪等。

(2)骗税犯罪。主要是指骗取出口退税罪,虚开增值税专用发票、用于骗取出口退税、抵扣税款发票罪。

(3)妨害发票管理犯罪。包括伪造、出售伪造的增值税专用发票罪,持有伪造发票罪,非法出售增值税专用发票罪,非法购买增值税专用发票、购买伪造的增值税专用发票罪;虚开增值税专用发票罪,出售伪造的增值税专用发票罪,非法出售增值税专用发票罪,非法制造、出售非法制造的用于骗取出口退税、抵扣税款发票罪;非法制造、出售非法制造的发票罪;非法出售用于骗取出口退税、抵扣税款发票罪;非法出售发票罪。

2. 税收征管渎职犯罪

它是指税收机关和其他机关的工作人员违反有关法律和行政法规的规定,侵犯国家税收征管制度,致使国家税收和其他国家利益遭受重大损失的犯罪。包括徇私舞弊不征、少征税款罪;徇私舞弊发售发票、抵扣税款、出口退税罪;违法提供出口退税证罪。

(三)税收犯罪的主要罪名

1. 逃税罪

(1)逃税罪的概念。

逃税罪,是指纳税人采取欺骗、隐瞒手段进行虚假纳税申报或者不申报,逃避缴纳税款数额较大的行为。

(2)逃税罪的犯罪构成要件。

本罪侵犯的客体是国家的税收征管制度。税收征管是国家为了实现其职能,依照法定标准,强制无偿地取得财政收入的行为,即国家凭借政治权力参与社会产品和国民收入的再分配以维护国家机器的正常运转活动。本罪不缴或少缴的税款,是依法应由海关征收的关税以外的其他国内税款。本罪的客观方面表现为纳税人采取欺骗、隐瞒手段,进行虚假纳税申报或者不申报,逃避缴纳税款数额较大且占应纳税额10%以上;扣缴义务人采取欺骗、隐瞒手段不缴或者少缴已扣、已收税款,数额较大的行为。

本罪的主体包括自然人和单位,即纳税人和扣缴义务人。本罪的主观方面一般是故意。进行虚假纳税申报行为是在故意的心理状态下进行的。不进行纳税申报一般也是故意的行为,有时也存在过失的可能,对于确因疏忽而没有纳税申报的,属于漏税,依法补缴即可,其行为不构成犯罪。

(3)逃税罪的处罚。

《刑法》第201条规定了逃税罪。纳税人采取欺骗、隐瞒手段进行虚假纳税申报或者不申报,逃避缴纳税款数额较大并且占应纳税额10%以上的,处3年以下有期徒刑或者拘役,并处罚金;数额巨大并且占应纳税额30%以上的,处3年以上7年以下有期徒刑,并处罚金。

扣缴义务人采取前款所列手段,不缴或者少缴已扣、已收税款,数额较大的,依照前款的规定处罚。

对多次实施前两款行为,未经处理的,按照累计数额计算。

有第一款行为,经税务机关依法下达追缴通知后,补缴应纳税款,缴纳滞纳金,已受行政处罚的,不予追究刑事责任;但是,5年内因逃避缴纳税款受过刑事处罚或者被税务机关给予两次以上行政处罚的除外。

2. 抗税罪

(1)抗税罪的概念。

抗税罪,是指负有纳税义务或者代扣代缴、代收代缴义务的个人或者企业事业单位的直接责任人员,故意违反税收法规,以暴力、威胁方法拒不缴纳税款的行为。

(2)抗税罪的犯罪构成要件。

本罪的犯罪对象,包括依法应缴纳的税款及依法征税的税务人员。暴力,是指犯罪分子对他人身体实施袭击或者使用其他强暴手段,如殴打、伤害、捆绑、禁闭等足以危及他人人身安全的行为。暴力致人重伤、死亡的,应分别以故意伤害罪或故意杀人罪论处。犯罪主体是依法负有纳税义务和扣缴税款义务的人。

(3)抗税罪的处罚。

《刑法》第202条规定了抗税罪。以暴力、威胁方法拒不缴纳税款的,处3年以下有期徒刑或者拘役,并处拒缴税款1倍以上5倍以下罚金;情节严重的,处3年以上7年以下有期徒刑,并处拒缴税款1倍以上5倍以下罚金。

3. 逃避追缴欠税罪

(1)逃避追缴欠税罪的概念。

逃避追缴欠税罪,是指纳税人故意违反税收法规,欠缴应纳税款,并采取转移或者隐匿财产的手段,致使税务机关无法追缴欠缴的税款,数额较大的行为。本罪侵犯的客体是国家的税收制度和国家的财产所有权。

(2)逃避追缴欠税罪的犯罪构成要件。

本罪在客观方面的表现为:违反国家税收法律法规;采取隐瞒或者转移财产的手段;致国家税务机关无法追缴所欠税款,数额较大的行为。本罪的犯罪主体是具有纳税义务的个体工商户、个体承包户、租赁经营户、个人合伙企业等特殊主体,不具备纳税义务人资格的不构成本罪。本罪的犯罪主观表现为明知自己有补缴所欠缴税款的义务,为逃避税务机关追缴欠税,故意隐瞒、转移财产,过失不构成本罪。

(3)逃避追缴欠税罪的处罚。

《刑法》第203条规定了逃避追缴欠税罪。纳税人欠缴应纳税款,采取转移或者隐匿财产的手段,致使税务机关无法追缴欠缴的税款,数额在1万元以上不满10万元的,处3年以下有期徒刑或者拘役,并处或者单处欠缴税款1倍以上5倍以下罚金;数额在10万元以上的,处3年以上7年以下有期徒刑,并处欠缴税款1倍以上5倍以下罚金。

4. 骗取出口退税罪

(1)骗取出口退税罪的概念。

骗取出口退税罪,是指故意违反税收法规,采取以假报出口等欺骗手段,骗取国家出口退税款,数额较大的行为。

(2)骗取出口退税罪的犯罪构成要件。

骗取出口退税罪侵犯的客体,是国家出口退税管理制度和国家财产权。骗取出口退税罪在客观方面表现为采取以假报出口等欺骗手段,骗取国家出口退税款,数额较大的行为。骗取出口退税罪主体为一般主体,凡达到刑事责任年龄且具备刑事责任能力的自然人均能构成骗取出口退税罪主体,依据《刑法》第211条的规定,单位亦能构成骗取出口退税罪。骗取出口退税罪在主观方面为直接故意,并且具有骗取出口退税的目的。

(3)骗取出口退税罪的处罚。

《刑法》第 204 条规定了骗取出口退税罪。以假报出口或者其他欺骗手段,骗取国家出口退税款,数额较大的,处 5 年以下有期徒刑或者拘役,并处骗取税款 1 倍以上 5 倍以下罚金;数额巨大或者有其他严重情节的,处 5 年以上 10 年以下有期徒刑,并处骗取税款 1 倍以上 5 倍以下罚金;数额特别巨大或者有其他特别严重情节的,处 10 年以上有期徒刑或者无期徒刑,并处骗取税款 1 倍以上 5 倍以下罚金或者没收财产。

纳税人缴纳税款后,采取前款规定的欺骗方法,骗取所缴纳的税款的,依照《刑法》第 201 条的规定定罪处罚;骗取税款超过所缴纳的税款部分,依照前款的规定处罚。

5. 虚开增值税专用发票、用于骗取出口退税、抵扣税款发票罪

(1)虚开增值税专用发票、用于骗取出口退税、抵扣税款发票罪的犯罪构成。

虚开增值税专用发票或者虚开用于骗取出口退税、抵扣税款的其他发票,是指有为他人虚开、为自己虚开、让他人为自己虚开、介绍他人虚开行为之一的。

"增值税专用发票",是增值税一般纳税人销售货物或者提供应税劳务开具的发票,是购买方支付增值税额并可按照增值税有关规定据以抵扣增税进项税额的凭证。"出口退税、抵扣税款的其他发票"是指除增值税专用发票以外的,具有出口退税、抵扣税款功能的收付款凭证或者完税凭证。税务机关及其工作人员将不具备条件的小规模纳税人虚报为一般纳税人,并让其采用"高开低征"的方法为他人代开增值税专用发票的行为,属于虚开增值税专用发票。虚开的发票只能是增值税专用发票和用于骗取出口退税、抵扣税款的其他发票。根据有关规定,虚开税款数额在 1 万元以上的或者致使国家税款被骗数额在 5000 元以上的,应予追诉。

(2)虚开增值税专用发票、用于骗取出口退税、抵扣税款发票罪的处罚。

《刑法》第 205 条规定了虚开增值税专用发票、用于骗取出口退税、抵扣税款发票罪。依据虚开增值税专用发票或者虚开用于骗取出口退税、抵扣税款的其他发票的,处 3 年以下有期徒刑或者拘役,并处 2 万元以上 20 万元以下罚金;虚开的税款数额较大或者有其他严重情节的,处 3 年以上 10 年以下有期徒刑,并处 5 万元以上 50 万元以下罚金;虚开的税款数额巨大或者有其他特别严重情节的,处 10 年以上有期徒刑或者无期徒刑,并处 5 万元以上 50 万元以下罚金或者没收财产。

单位犯本条规定之罪的,对单位判处罚金,并对其直接负责的主管人员和其他直接责任人员,处 3 年以下有期徒刑或者拘役;虚开的税款数额较大或者有其他严重情节的,处 3 年以上 10 年以下有期徒刑;虚开的税款数额巨大或者有其他特别严重情节的,处 10 年以上有期徒刑或者无期徒刑。

虚开《刑法》第 205 条规定以外的其他发票,情节严重的,处 2 年以下有期徒刑、拘役或者管制,并处罚金;情节特别严重的,处 2 年以上 7 年以下有期徒刑,并处罚金。

单位犯前款罪的,对单位判处罚金,并对其直接负责的主管人员和其他直接责任人员,依照前款的规定处罚。

6. 伪造、出售伪造的增值税专用发票罪

(1)伪造、出售伪造的增值税专用发票罪的概念。

伪造、出售伪造的增值税专用发票罪,是指非法印制、复制或者使用其他方法伪造增值税专用发票或者非法销售、倒卖伪造的增值税发票的行为。

(2)伪造、出售伪造的增值税专用发票罪的犯罪构成要件。

本罪犯罪主体是一般犯罪主体,单位亦可以成为本罪的犯罪主体。犯罪客观方面必须是实施了伪造或者出售伪造的增值税专用发票,数额较大的行为。犯罪的主观方面必须是故意。侵犯的客体是国家关于增值税专用发票的税收法律制度。

(3)伪造、出售伪造的增值税专用发票罪的处罚。

《刑法》第206条规定了伪造、出售伪造的增值税专用发票罪。伪造或者出售伪造的增值税专用发票的,处3年以下有期徒刑、拘役或者管制,并处2万元以上20万元以下罚金;数量较大或者有其他严重情节的,处3年以上10年以下有期徒刑,并处5万元以上50万元以下罚金;数量巨大或者有其他特别严重情节的,处10年以上有期徒刑或者无期徒刑,并处5万元以上50万元以下罚金或者没收财产。

单位犯本条规定之罪的,对单位判处罚金,并对其直接负责的主管人员和其他直接责任人员,处3年以下有期徒刑、拘役或者管制;数量较大或者有其他严重情节的,处3年以上10年以下有期徒刑;数量巨大或者有其他特别严重情节的,处10年以上有期徒刑或者无期徒刑。

7. 非法出售增值税专用发票罪

《刑法》第207条规定,非法出售增值税专用发票的,处3年以下有期徒刑、拘役或者管制,并处2万元以上20万元以下罚金;数量较大的,处3年以上10年以下有期徒刑,并处5万元以上50万元以下罚金;数量巨大的,处10年以上有期徒刑或者无期徒刑,并处5万元以上50万元以下罚金或者没收财产。

8. 非法购买增值税专用发票、购买伪造的增值税专用发票罪;虚开增值税专用发票罪、出售伪造的增值税专用发票罪、非法出售增值税专用发票罪

《刑法》第208条规定,非法购买增值税专用发票或者购买伪造的增值税专用发票的,处5年以下有期徒刑或者拘役,并处或者单处2万元以上20万元以下罚金。

非法购买增值税专用发票或者购买伪造的增值税专用发票又虚开或者出售的,分别依照《刑法》第205条至第207条的规定定罪处罚。

9. 非法制造、出售非法制造的用于骗取出口退税、抵扣税款发票罪;非法制造、非法制造的发票罪;非法出售用于骗取出口退税、抵扣税款发票罪;非法出售发票罪

《刑法》第209条规定,伪造、擅自制造或者出售伪造、擅自制造的可以用于骗取出口退税、抵扣税款的其他发票的,处3年以下有期徒刑、拘役或者管制,并处2万元以上20万元以下罚金;数量巨大的,处3年以上7年以下有期徒刑,并处5万元以上50万元以下罚金;数量特别巨大的,处7年以上有期徒刑,并处5万元以上50万元以下罚金或者没收财产。

伪造、擅自制造或者出售伪造、擅自制造的前款规定以外的其他发票的,处2年以下有期徒刑、拘役或者管制,并处或者单处1万元以上5万元以下罚金;情节严重的,处2年以上7年以下有期徒刑,并处5万元以上50万元以下罚金。

非法出售可以用于骗取出口退税、抵扣税款的其他发票的,依照第一款的规定处罚。

非法出售第三款规定以外的其他发票的,依照第二款的规定处罚。

【随堂测验12-1】

某外贸公司在缴纳了100万元的税款后,采取虚报出口的手段,骗得税务机关退税180万元,后被查获。试分析:依照《刑法》规定,对该公司的行为应当认定为何种罪名?

【解析】

《刑法》第201条规定了逃税罪,第204条规定了骗取出口退税罪。《刑法》第204条第2款规定,纳税人缴纳税款后,采取前款规定的欺骗方法,骗取所缴纳的税款的,依照本法第201条的规定定罪处罚;骗取税款超过所缴纳的税款部分,依照前款的规定处罚。

纳税人在缴纳税款后,采取假报出口或者其他欺骗手段,骗取所缴纳的税款的,应当按照逃税罪定罪处罚,但是认定逃税罪的数额仅限于先前所缴纳税款的数额。骗取税款超过所缴纳的税款部分,按照骗取出口退税罪定罪处罚。

本案中,某外贸公司骗取已缴纳的100万元税款应认定为逃税的数额,而超过100万元的这80万元部分应认定为骗取出口退税的数额。

10. 税务机关工作人员的渎职犯罪

(1)徇私舞弊不征、少征税款罪。

《刑法》第404条规定,税务机关的工作人员徇私舞弊,不征或者少征应征税款,致使国家税收遭受重大损失的,处5年以下有期徒刑或者拘役;造成特别重大损失的,处5年以上有期徒刑。

(2)徇私舞弊发售发票、抵扣税款、出口退税罪;违法提供出口退税证罪。

《刑法》第405条规定,税务机关的工作人员违反法律、行政法规的规定,在办理发售发票、抵扣税款、出口退税工作中,徇私舞弊,致使国家利益遭受重大损失的,处5年以下有期徒刑或者拘役;致使国家利益遭受特别重大损失的,处5年以上有期徒刑。

其他国家机关工作人员违反国家规定,在提供出口货物报关单、出口收汇核销单等出口退税凭证的工作中,徇私舞弊,致使国家利益遭受重大损失的,依照前款的规定处罚。

第二节 税收行政争议的解决

税收行政争议解决的主要方式是税务行政复议和税务行政诉讼,税务行政复议和税务行政诉讼对维护和监督税务机关依法行使税收执法权,防止和纠正违法或者不适当的税务具体行政行为,保护纳税人和其他有关当事人的合法权益有积极的作用。

一、税务行政复议

(一)税务行政复议概念

税务行政复议,是指当事人(纳税人、扣缴义务人、纳税担保人等)不服税务机关及其工作人员作出的具体行政行为,依法向上一级税务机关(复议机关)提出申请,复议机关经审理对原税务机关具体行政行为依法作出维持、变更、撤销等决定的活动。

税务行政复议是我国行政复议制度的一个重要组成部分。税务行政复议的法律依据如下:1999年4月29日第九届全国人民代表大会常务委员会第九次会议通过的,自1999年10月1日起施行的《中华人民共和国行政复议法》(以下简称《行政复议法》),该法分别于2009年、2017年两次修正。

此外,还包括《中华人民共和国行政复议法实施条例》(以下简称《行政复议法实施条例》)以及《税务行政复议规则》。

(二)税务行政复议的特点

税务行政复议是我国行政复议制度的重要组成部分,它除了具有一般行政复议的共性外,还有其自身的特征。

1. 税务行政复议的对象是税务行政争议

税务行政争议是指税务机关在税收征收管理过程中,同纳税人、扣缴义务人、纳税担保人等税务行政相对人之间因征税和违章处理等税务具体行政行为引起的纠纷。没有税务行政争议,便没有税务行政复议。

2. 税务行政复议一般采取书面审理的形式

书面审理是指税务行政复议机关通过对当事人提出的申请书和答辩书以及有关材料进行审查认定,依此作出复议裁决。

3. 税务行政复议的双方当事人是固定的

税务行政复议是以纳税人、扣缴义务人、纳税担保人等税务行政相对人为复议申请人,以作出税务具体行政行为的税务机关为复议被申请人,税务机关包括各级税务局、税务分局和税务所。

4. 税务行政复议与行政诉讼相衔接

对于因征税及滞纳金问题引起的争议,税务行政复议是税务行政诉讼的必经前置程序,未经复议不能向法院起诉,经复议仍不服的,才可以起诉;对因处罚、保全措施及强制执行措施引起的争议,当事人可以选择适用复议或诉讼程序。

(三)税务行政复议原则

我国税务行政复议应遵循合法、公正、公开、及时、便民的原则,坚持有错必纠,保障法律法规的正确实施。在具体操作上,税务行政复议实行以下原则。

1. 独立复议原则

税务行政复议权只能由复议机关行使,其他机关或组织不能主持税务行政复议活动。税务机关行使税务行政复议权不受司法机关或社会团体、组织的干预。

2. 一级复议制原则

税务行政复议权由引起争议的税务机关的上一级税务机关行使,当事人不得越级提出复议申请。同一案件的行政复议只进行一次,当事人对复议决定不服,可以向人民法院起诉,但不得再向同一复议机关或其上级复议机关重新提起复议。

3. 不停止执行原则

在税务行政复议期间,税务机关作出的有争议的具体行政行为不停止执行。除非被申请人或复议机关认为需要停止执行;或申请人申请停止执行,复议机关认为其要求合理,决定停止执行;或法律规定停止执行的。

4. 不实行调解原则

复议机关不能主持、协调双方当事人通过自愿、协商、达成一致来结束复议案件,解决税务争议。但对于复议案件有关赔偿的部分,有民事争议的性质,可以通过调解解决。

(四)税务行政复议的范围

税务行政复议的范围,是指税务行政复议的受案范围,申请人对税务机关的具体行政行为不服,可以申请复议的范围包括:

(1)征税行为,包括确认纳税主体、征税对象、征税范围、减税、免税、退税、抵扣税款、适用税率、计税依据、纳税环节、纳税期限、纳税地点和税款征收方式等具体行政行为,征收税款、加收滞纳金、扣缴义务人、受税务机关委托的单位和个人作出的代扣代缴、代收代缴、代征行为等。

(2)行政许可、行政审批行为。

(3)发票管理行为,包括发售、收缴、代开发票等。

(4)税收保全措施、强制执行措施。

(5)行政处罚行为,包括罚款、没收财物和违法所得、停止出口退税权。

(6)不依法履行下列职责的行为:颁发税务登记;开具、出具完税凭证、外出经营活动税收管理证明;行政赔偿;行政奖励;其他不依法履行职责的行为。

(7)资格认定行为。

(8)不依法确认纳税担保行为。

(9)政府信息公开工作中的具体行政行为。

(10)纳税信用等级评定行为。

(11)通知出入境管理机关阻止出境行为。

(12)其他具体行政行为。

申请人认为税务机关的具体行政行为所依据的下列规定不合法,对具体行政行为申请行政复议时,可以一并向行政复议机关提出对有关规定的审查申请;申请人对具体行政行为提出行政复议申请时不知道该具体行政行为所依据的规定的,可以在行政复议机关作出行政复议决定以前提出对该规定的审查申请:

(1)国家税务总局和国务院其他部门的规定。
(2)其他各级税务机关的规定。
(3)地方各级人民政府的规定。
(4)地方人民政府工作部门的规定。

前款中的规定不包括规章。

(五)税务行政复议的管辖

税务行政复议管辖,是指税务行政系统内部受理税务行政复议案件的分工,是明确复议申请人应向哪一个税务机关提出申请,由哪一个税务机关受理复议案件的制度。我国税务行政复议管辖的具体内容如下。

(1)对各级税务局的具体行政行为不服的,向其上一级税务局申请行政复议。对计划单列市税务局的具体行政行为不服的,向国家税务总局申请行政复议。

(2)对税务所(分局)、各级税务局的稽查局的具体行政行为不服的,向其所属税务局申请行政复议。

(3)对国家税务总局的具体行政行为不服的,向国家税务总局申请行政复议。对行政复议决定不服,申请人可以向人民法院提起行政诉讼,也可以向国务院申请裁决。国务院的裁决为最终裁决。

(4)对下列税务机关的具体行政行为不服的,按照下列规定申请行政复议:

①对两个以上税务机关以共同的名义作出的具体行政行为不服的,向共同上一级税务机关申请行政复议;对税务机关与其他行政机关以共同的名义作出的具体行政行为不服的,向其共同上一级行政机关申请行政复议。

②对被撤销的税务机关在撤销以前所作出的具体行政行为不服的,向继续行使其职权的税务机关的上一级税务机关申请行政复议。

③对税务机关作出逾期不缴纳罚款加处罚款的决定不服的,向作出行政处罚决定的税务机关申请行政复议。但是对已处罚款和加处罚款都不服的,一并向作出行政处罚决定的税务机关的上一级税务机关申请行政复议。

申请人向具体行政行为发生地的县级地方人民政府提交行政复议申请的,由接受申请的县级地方人民政府依照《行政复议法》第15条、第18条的规定予以转送。

(六)税务行政复议程序

税务行政复议程序,是指税务行政复议机关处理税务争议的法定程序,包括申请、受理、审理、决定等环节。

1. 复议的申请

(1)申请人可以在知道税务机关作出具体行政行为之日起 60 日内提出行政复议申请。因不可抗力或者被申请人设置障碍等原因耽误法定申请期限的,申请期限的计算应当扣除被耽误时间。

(2)申请人可以书面,也可口头申请。申请人书面申请行政复议的,可以采取当面递交、邮寄或者传真等方式提出行政复议申请。有条件的行政复议机关可以接受以电子邮件形式提出的行政复议申请。对以传真、电子邮件形式提出行政复议申请的,行政复议机关应当审核确认申请人的身份、复议事项。

口头申请的,复议机关应当场记录申请人的基本情况、行政复议请求、申请行政复议的主要事实、理由和时间。

(3)依法提起行政复议的纳税人或其他税务当事人为税务行政复议申请人,具体是指纳税人、扣缴义务人、纳税担保人和其他税务当事人,作出具体行政行为的税务机关是被申请人。

(4)申请人向行政复议机关申请行政复议,行政复议机关已经受理的,在法定行政复议期限内申请人不得向人民法院提起行政诉讼;申请人向人民法院提起行政诉讼,人民法院已经依法受理的,不得申请行政复议。

2. 复议的受理

(1)审查。复议机关收到复议申请后,应在 5 日内进行审查。

(2)复议机关对复议申请进行审查后,视情况分别作出处理:对于复议申请符合规定条件的,自复议机关法制工作机构收到之日起即为受理,并书面告知申请人;对于符合规定,但不属于本机关受理的行政复议申请,应当告知申请人向有关机关提出申请;对于不符合规定条件,如申请超过法定期限、行政行为不属于行政复议受案范围及申请人不具备申请复议主体资格等,决定不予受理的,也应书面告知申请人。行政复议申请材料不齐全、表述不清楚的,行政复议机构可以自收到该行政复议申请之日起 5 日内书面通知申请人补正。补正通知应当载明需要补正的事项和合理的补正期限。无正当理由逾期不补正的,视为申请人放弃行政复议申请。

(3)对应当先向行政复议机关申请行政复议,对行政复议决定不服再向人民法院提起行政诉讼的具体行政行为,行政复议机关决定不予受理或者受理以后超过行政复议期限不作答复的,申请人可以自收到不予受理决定书之日起或者行政复议期满之日起 15 日内,依法向人民法院提起行政诉讼。

(4)上级税务机关认为行政复议机关不予受理行政复议申请的理由不成立的,可以督促其受理;经督促仍然不受理的,责令其限期受理。

3. 复议的审理

(1)行政复议机构应当自受理行政复议申请之日起 7 日内,将行政复议申请书副本或者行政复议申请笔录复印件发送被申请人。被申请人应当自收到申请书副本或者申请笔录复印件之日起10日内提出书面答复,并提交当初作出具体行政行为的证据、依据和其他有关材料。

(2)申请人和第三人可查阅被申请人提出的书面答复及有关证据、依据和其他有关资料,除涉及国家秘密、商业秘密和个人隐私外,复议机关不得拒绝。

(3)对重大、复杂的案件,申请人提出要求或者行政复议机构认为必要时,可以采取听证的方式审理。听证应当公开举行,但是涉及国家秘密、商业秘密或者个人隐私的除外。

(4)行政复议机关应当全面审查被申请人的具体行政行为所依据的事实证据、法律程序、法律依据和设定的权利义务内容的合法性、适当性。

申请人在行政复议决定作出以前撤回行政复议申请的,经行政复议机构同意,可以撤回。

(5)申请人撤回行政复议申请的,不得再以同一事实和理由提出行政复议申请。但是,申请人能够证明撤回行政复议申请违背其真实意思表示的除外。

(6)申请人在申请行政复议时,依据《税务行政复议规则》第15条规定一并提出对有关规定的审查申请的,行政复议机关对该规定有权处理的,应当在30日内依法处理;无权处理的,应当在7日内按照法定程序逐级转送有权处理的行政机关依法处理,有权处理的行政机关应当在60日内依法处理。处理期间,中止对具体行政行为的审查。

(7)行政复议机关审查被申请人的具体行政行为时,认为其依据不合法,本机关有权处理的,应当在30日内依法处理;无权处理的,应当在7日内按照法定程序逐级转送有权处理的国家机关依法处理。处理期间,中止对具体行政行为的审查。

4. 复议的决定

(1)行政复议机关应当自受理申请之日起60日内作出行政复议决定。情况复杂,不能在规定期限内作出行政复议决定的,经行政复议机关负责人批准,可以适当延期,并告知申请人和被申请人;但是延期不得超过30日。

(2)行政复议机关作出行政复议决定,应当制作行政复议决定书,并加盖行政复议机关印章。行政复议决定书一经送达,即发生法律效力。

(3)被申请人应当履行行政复议决定。被申请人不履行、无正当理由拖延履行行政复议决定的,行政复议机关或者有关上级税务机关应当责令其限期履行。

(4)申请人、第三人逾期不起诉又不履行行政复议决定的,或者不履行最终裁决的行政复议决定的,按照下列规定分别处理:①维持具体行政行为的行政复议决定,由作出具体行政行为的税务机关依法强制执行,或者申请人民法院强制执行。②变更具体行政行为的行政复议决定,由行政复议机关依法强制执行,或者申请人民法院强制执行。

【随堂测验12-2】

某县个体工商户张某于2022年1月10日在A县领取营业执照,并开始从事生产经营活动。同年3月25日,A县税务局在稽查工作中,发现张某未向当地税务机关申请办理税务登记,也未申报纳税(应纳税款共计 8000 元)。

于是 A 县税务局对张某未按规定期限办理税务登记的行为,责令其限期改正,依照法定程序,作出罚款 1000 元的决定;对未申报纳税的行为,责令限期改正,同时依照法定程序作出追缴税款及加收滞纳金、并处未缴税款 3 倍即 24 000 元罚款的决定。张某对此不服,于是在接到税务处理和处罚决定书后的第二天向 A 县所属的 A 市税务局申请行政复议。

试分析:
(1)A 县税务局作出的行政处罚决定是否正确?
(2)对张某的行政复议申请,A 市税务局是否应该受理?

【解析】
(1)A 县税务局作出的行政处罚决定是正确的。

根据《税收征管法》第 60 条的规定,对未按照规定的期限办理税务登记的,由税务机关责令限期改正,可以处 2000 元以下罚款。根据《税收征管法》第 64 条第 2 款的规定,纳税人不进行纳税申报,不缴或者少缴税款的,由税务机关追缴欠缴的税款、滞纳金,并处欠缴税款 50% 以上 5 倍以下的罚款。

(2)对张某的行政复议申请,A 市税务局应分别处理。

对补税、加收滞纳金决定不能受理。因为,根据《税收征管法》第 88 条的规定,纳税人对税务机关作出的补税、加收滞纳金决定有异议的,应先解缴税款及滞纳金后或提供相应的担保后,再依法申请行政复议。对罚款一事的复议申请应予受理,根据《税收征管法》第 88 条第 2 款的规定,当事人对税务机关的处罚决定、强制执行措施或者税收保全措施不服的,可以依法申请行政复议,也可以依法向人民法院起诉。

二、税务行政诉讼

(一) 税务行政诉讼的概念

税务行政诉讼,是指公民、法人和其他组织认为税务机关及其工作人员的具体税务行政行为违法或者不当,侵犯了其合法权益,依法向人民法院提起行政诉讼,由人民法院对具体税务行政行为的合法性进行审查并作出裁决的司法活动。其目的是保证人民法院正确、及时审理税务行政案件,保护纳税人、扣缴义务人等当事人的合法权益,维护和监督税务机关依法行使行政职权。

税务行政诉讼作为行政诉讼的一个重要组成部分,法律依据主要是《行政诉讼法》。

(二) 税务行政诉讼的特点

1. 税务行政诉讼是由人民法院进行审理并作出裁决的司法活动

这是税务行政诉讼与税务行政复议的根本区别。由于税务行政争议范围广、数量多、专业性强,大量税务争议由税务机关以税务行政复议的方式解决,只有由人民法院对税务案件进行审理并作出裁决的活动,才是税务行政诉讼。

2. 税务行政诉讼以解决税务行政争议为前提

这是税务行政诉讼与其他行政诉讼的根本区别,具体表现为:被告必须是税务机关或经法律授权行使税务行政管理权的组织;税务行政诉讼解决的争议发生在税务行政管理过程中;因税款征纳问题发生争议,当事人在向人民法院提起诉讼前,必须先经税务行政复议,即复议前置。

(三)税务行政诉讼原则

行政诉讼的基本原则是由《行政诉讼法》规定的,是税务行政诉讼必须遵守的原则,例如,人民法院依法独立行使审判权原则;以事实为根据、以法律为准绳原则;实行合议、回避、公开、辩论、两审终审等原则。除此以外,税务行政诉讼还有其特殊的原则。

1. 人民法院特定主管原则

人民法院对税务行政案件只有部分管辖权,只能受理由具体行政行为引起的税务行政争议案件。

2. 合法性审查原则

除审查税务机关是否滥用权力、税务行政处罚是否显失公平外,人民法院只能对具体行政行为是否合法予以审查。

3. 不适用调解原则

税收行政管理权是国家权力的重要组成部分,税务机关只是代国家行使权力,无权根据自己的意愿进行处置,因此,人民法院不能对税务行政诉讼法律关系的双方当事人进行调解,这实质上是由于税收的强制性和固定性特征所决定的。

4. 起诉不停止执行原则

当事人不能以起诉为理由而停止执行税务机关作出的具体行政行为,如税收保全措施和税收强制执行措施。

5. 税务机关负举证责任原则

由于税务行政行为是税务机关单方面依据一定事实和法律作出的,只有税务机关才可能了解作出该行为的证据。如果税务机关不提供或不能提供证据,就很可能败诉。税务机关承担举证责任,并不排斥原告纳税人等举证,只是原告不举证或不能举证时,不承担败诉的法律风险。

6. 由税务机关负责赔偿的原则

税务机关及其工作人员因执行职务不当,给当事人人身及财产造成损害的,应承担赔偿责任。

(四)税务行政诉讼的管辖

税务行政诉讼的管辖,是指人民法院之间受理第一审税务案件的职权分工。人民法院对税务行政诉讼一般适用《行政诉讼法》关于管辖的规定,涉及级别管辖、地域管辖和裁定管辖。

1. 级别管辖

级别管辖是上下级人民法院之间受理第一审税务案件的职权分工。基层人民法院管辖一般的税务行政诉讼案件;中级人民法院管辖本辖区内的重大、复杂的第一审案件和对国家税务总局直接作出的具体行政行为提起诉讼的案件;高级人民法院管辖全国范围内重大、复杂的税务行政诉讼案件。

2. 地域管辖

地域管辖是同级人民法院之间受理第一审税务案件的职权分工。地域管辖分为一般地域管辖和特殊地域管辖。

(1)一般地域管辖,是指按照最初作出税务具体行政行为的税务机关所在地来确定管辖法院。

(2)特殊地域管辖,是相对于一般地域管辖而言的,它是按照法律的特别规定,以诉讼标的所在地来确定地域管辖。

3. 裁定管辖

裁定管辖,是指人民法院依法自行裁定的管辖,包括移送管辖、指定管辖及移转管辖。

(1)移送管辖,是指人民法院发现受理的税务行政案件不属于自己管辖时,应当将其移送有管辖权的人民法院。

(2)指定管辖,是指上级人民法院以裁定的方式,指定下一级法院管辖某一案件。有管辖权的人民法院因特殊原因不能行使管辖权的,由其上级人民法院指定管辖;人民法院对管辖权发生争议且协商不成的,由他们共同的上级人民法院指定管辖。

(3)移转管辖,是指经上级人民法院决定或同意,对第一审税务行政案件的管辖权,由下一级人民法院移送给上级人民法院,或者反之,由上级人民法院转给下级人民法院。

(五)税务行政诉讼的受案范围

税务行政诉讼的受案范围与税务行政复议的受案范围基本一致,具体如下:

(1)征税行为,包括确认纳税主体、征税对象、征税范围、减税、免税、退税、抵扣税款、适用税率、计税依据、纳税环节、纳税期限、纳税地点和税款征收方式等具体行政行为,征收税款、加收滞纳金,扣缴义务人、受税务机关委托的单位和个人作出的代扣代缴、代收代缴、代征行为等。

(2)税务机关作出的责令纳税人提交纳税保证金或者纳税担保行为。

(3)税务机关作出的税务行政处罚行为:罚款;没收违法所得;停止出口退税权;收缴发票和暂停供应发票。

(4)税务机关作出的通知出境管理机关阻止出境行为。

(5)税务机关作出的税收保全措施:书面通知银行或者其他金融机构冻结存款;扣押、查封商品、货物或者其他财产。

(6)税务机关作出的税收强制执行措施:书面通知银行或者其他金融机构扣缴税款;拍卖所扣押、查封的商品、货物或者其他财产抵缴税款。

(7)认为符合法定条件申请税务机关颁发税务登记证和发售发票,税务机关拒绝颁发、发售或者不予答复的行为。

(8)税务机关的复议行为:复议机关改变了原具体行政行为;期限届满,税务机关不予答复。

(六)税务行政诉讼的程序

税务行政诉讼程序,是指人民法院通过诉讼活动最终解决税务行政争议的法定程序,主要包括起诉、受理、审理、判决等环节。

1. 税务行政诉讼的起诉

税务行政诉讼的起诉,是指公民、法人或者其他组织认为自己的合法权益受到税务机关行政行为的侵害,而向人民法院提出诉讼请求,要求人民法院行使审判权,依法予以保护的诉讼行为。在税务行政诉讼中,起诉权是单向性权利,税务机关不享有起诉权,只有应诉权,即税务机关只能作为被告,而且税务机关不能反诉。

对税务机关的征税行为不服的,必须先经过税务行政复议;对复议决定不服的,可以在接到复议决定书 15 日内向人民法院起诉。对其他具体行政行为不服的,当事人可以在接到通知或者知道之日起 15 日内直接向人民法院起诉。

税务机关作出具体行政行为时,未告知当事人诉权和起诉期限,致使当事人逾期向人民法院起诉的,其起诉期从当事人实际知道诉权或起诉时限时计算,但最长不超过 2 年。

> 💗 小贴士
>
> 根据《行政诉讼法》第 49 条的规定,提起诉讼应当符合下列条件:(1)原告是符合本法第 25 条规定的公民、法人或者其他组织;(2)有明确的被告;(3)有具体的诉讼请求和事实根据;(4)属于人民法院受案范围和受诉人民法院管辖。

2. 税务行政诉讼的受理

受理,是指原告起诉,经人民法院审查,认为符合起诉条件并立案受理的行为。对当事人的起诉,人民法院一般从以下几个方面进行审查从而决定是否受理:(1)审查是否属于法定的诉讼受案范围;(2)审查是否具备法定的起诉条件;(3)审查是否已受理或正在受理(是否有管辖权);(4)审查是否符合法定期限;(5)审查是否经过必经行政复议程序。

人民法院在接到起诉状时对符合《行政诉讼法》规定的起诉条件的,应当登记立案。对当场不能判定是否符合《行政诉讼法》规定的起诉条件的,应当接收起诉状,出具注明收到日期的书面凭证,并在7日内决定是否立案。对不符合起诉条件的,作出不予立案的裁定。裁定书应当载明不予立案的理由。原告对裁定不服的,可以提起上诉。

起诉状内容欠缺或者有其他错误的,应当给予指导和释明,并一次性告知当事人需要补正的内容。不得未经指导和释明即以起诉不符合条件为由不接收起诉状。

对于不接收起诉状、接收起诉状后不出具书面凭证,以及不一次性告知当事人需要补正的起诉状内容的,当事人可以向上级人民法院投诉,上级人民法院应当责令改正,并对直接负责的主管人员和其他直接责任人员依法给予处分。

人民法院既不立案,又不作出不予立案裁定的,当事人可以向上一级人民法院起诉。上一级人民法院认为符合起诉条件的,应当立案、审理,也可以指定其他下级人民法院立案、审理。

【随堂测验12-3】

A市市民高某因不服A市税务局行政处罚决定向人民法院提起诉讼。诉讼过程中,税务局撤销了原处罚决定,高某遂向人民法院申请撤诉,人民法院作出准予撤诉的裁定。两天以后,A市税务局又以同一事实和理由作出了与原来相同的处罚决定,高某应当如何处理?

【解析】

《行政诉讼法》第62条规定,人民法院对行政案件宣告判决或者裁定前,原告申请撤诉的,或者被告改变其所作的行政行为,原告同意并申请撤诉的,是否准许,由人民法院裁定。本案中高某申请撤诉,人民法院准许。税务局撤销处罚决定后,又作出同样的处罚,这一处罚实际上是一个新的行政行为,所以,高某可以重新起诉。

3. 税务行政诉讼的审理和判决

(1)税务行政诉讼审理的核心是审查被诉具体行政行为是否合法,即作出该行为的税务机关是否依法享有该税务行政管理权;该行为是否依据一定的事实和法律作出;税务机关作出该行为是否遵照必备的程序等。

(2)人民法院公开审理行政案件,但涉及国家秘密、个人隐私和法律另有规定的除外。涉及商业秘密的案件,当事人申请不公开审理的,可以不公开审理。

(3)当事人认为审判人员与本案有利害关系或者有其他关系可能影响公正审判的,有权申请审判人员回避。

(4)人民法院审理行政案件,以法律和行政法规、地方性法规为依据。地方性法规适用于本行政区域内发生的行政案件。人民法院审理民族自治地方的行政案件,并以该民族自治地方的自治条例和单行条例为依据。人民法院审理行政案件,参照规章。

(5)根据不同情况,判决结果包括对原具体行政行为维持、履行、撤销或部分撤销,并责令被告重新作出具体行政行为;对行政处罚显失公正的,可以判决变更;给原告造成损失的,可依法判决赔偿。判决书应载明当事人的上诉权利、上诉期限及管辖法院。

(6)人民法院判决税务机关重新作出具体行政行为的,税务机关不得以同一事实和理由作出与原具体行政行为基本相同的具体行政行为。人民法院应当在立案之日起3个月内作出第一审判决。有特殊情况需要延长的,由高级人民法院批准;高级人民法院审理第一审案件需要延长的,由最高人民法院批准。

(7)税务行政案件的当事人不服人民法院第一审判决的,有权在判决书送达之日起15日内向上一级人民法院提起上诉。当事人不服人民法院第一审裁定的,有权在裁定书送达之日起10日内向上一级人民法院提起上诉。逾期不提起上诉的,人民法院的第一审判决或者裁定发生法律效力。

(8)公民、法人或者其他组织对行政行为在法定期限内不提起诉讼又不履行的,行政机关可以申请人民法院强制执行,或者依法强制执行。

【导学案例解析】

A市税务局稽查局可以对大鹏实业有限公司进行行政处罚,具体内容如下。

本局于2022年1月24日进行公告送达了A市税务局税务行政处罚事项告知书。目前,公告送达期已满,现对你单位作出如下处罚决定。

(1)根据《税收征管法》第64条的规定,对大鹏实业有限公司进行虚假纳税申报,少缴城市维护建设税、印花税、土地增值税、企业所得税和增值税税的逃税行为,计逃税4 020 310元,处以少缴税款0.5倍罚款,计罚款6 030 465元。

(2)根据《税收征管法》第60条的规定,对大鹏实业有限公司未按规定保管账簿、凭证和有关资料的行为处以2000元罚款。

以上应缴款项共计6 032 465元。限大鹏实业有限公司自本决定书送达之日起15日内到A市税务局办理相关手续,缴入国库。到期不缴纳罚款,我局将依照《中华人民共和国行政处罚法》第51条第(1)项规定,每日按罚款数额的3%加处罚款。

如对本决定不服,可以自收到本决定书之日起60日内依法向省税务局申请行政复议,或者自收到本决定书之日起3个月内依法向人民法院起诉。如对处罚决定逾期不申请复议也不向人民法院起诉、又不履行的,我局将采取《税收征管法》第40条规定的强制执行措施,或者申请人民法院强制执行。